中国语言文学
一流学科建设文库

华中学术传播论坛

（第二辑）

——回顾与展望：中国编辑出版史研究四十年

范　军　主编

华中师范大学出版社

新出图证(鄂)字 10 号

图书在版编目(CIP)数据

华中学术传播论坛(第二辑)——回顾与展望:中国编辑出版史研究四十年/范军　主编.
—武汉:华中师范大学出版社,2019.10
ISBN 978-7-5622-8827-5

Ⅰ.①华…　Ⅱ.①范…　Ⅲ.①编辑工作—文化史—中国—文集　②出版工作—文化史—中国—文集　Ⅳ.①G239.29-53

中国版本图书馆 CIP 数据核字(2019)第 222168 号

华中学术传播论坛(第二辑)——回顾与展望:中国编辑出版史研究四十年
主　　编/范　军
出版发行/华中师范大学出版社
地　　址/湖北省武汉市洪山区珞喻路 152 号
邮政编码/430079
责任部门/学术出版中心 (027) 67863220
电子信箱/press@mail.ccnu.edu.cn
读者服务/读者服务中心 (027) 67867353

责任编辑/周方羲　冯会平
封面设计/罗明波
责任校对/肖绪旭
责任印制/王兴平

印　　装/湖北恒泰印务有限公司
开　　本/710mm×1000mm　1/16
版　　次/2019 年 10 月第 1 版
印　　次/2019 年 10 月第 1 次印刷
书　　号/ISBN 978-7-5622-8827-5
定　　价/61.00 元

印　　张/20
字　　数/303 千字

目　录

【第三篇】出版机构与出版活动研究

在第二届华中学术传播论坛上的讲话

范　军

尊敬的各位领导、各位专家、老师们、同学们：

大家早上好！在这天寒地冻的隆冬季节，来自全国各地的专家学者和出版学界同行齐聚一堂，共同探讨出版史学，进行40年的回顾与展望。在此，我谨代表主办方之一的《华中师范大学学报》编辑部对莅临今天会议的朋友们表示诚挚的感谢和热烈的欢迎。

中国出版史研究滥觞于19世纪末和20世纪初叶，直到20世纪40年代后期方有杨寿清的专著《中国出版界简史》面世。50年代，张静庐的八卷本《中国近代现代出版史料》陆续编纂刊行，一些图书史、印刷史、报刊史论著和普及性小册子、图籍的相继推出，使得出版史研究有所推进。而出版史学这个领域的真正发展与繁荣，还是受益于改革开放的好政策和大环境的。对于近百年特别是近40年来的中国出版史研究（包括海外），已故的肖东发先生，还有吴道弘、张志强、吴永贵、刘兰肖、张文彦、姬建敏诸位都有过钩沉与评述，这里我们不再细说。

40年来，多种中国出版通史性著作的面世，一些断代编辑出版史、出版专门（专题）史的推出，近现代大型出版史料的影印和整理刊行，不少运用新理论、新方法对出版史领域的开疆拓土，国外相关理论成果的系统引进和积极借鉴，加之《中国出版史研究》《出版史料》《新闻出版博物馆》等专门杂志（集刊）的创立或复刊，相关的国内国际会议或论坛的陆续举办，北京、上海、南京、郑州、武汉等研究重镇的形成，一些中青年学者尤其是博士生的纷纷加盟，思想史、文化史、文学史、教育史乃至正宗的近现代史专家对出版史领域的青睐与涉足，使得中国出版史学从稚嫩渐趋成熟，从单薄走向厚重，从肤浅走向深刻，也从冷寂趋于繁盛。我个人认为，在整个编辑出版学研究领域中，这些年最有成就、最能得到学界广泛认可的应该就是出版史研究。拿湖北来说，连续三届的省社科优秀成果奖，就分别有吴永贵教授的《民国出版史》、吴平教授的《中国编辑思想史》和我本人牵头的《中国现代书业企业制度研究》（系列论文）获得一等奖（两年一届，每届一等奖大约20项，一个学科一般只有1项；其中二位吴老师的成果后来也获得了教育部人文社科优秀成果奖）。当然，在看到出版史研究取得巨大进步和骄人成就的同时，我们也亟须看清问题，总结经验，分析不足，深入探讨出版史的研究规律和未来发展之路。对此，我个人有几点不成熟的想法，就教于同行和方家。

一是需要加强出版史学的基础理论研究。在历史学研究中，史学理论是很重要的一个方面。相形之下，在中国出版史研究中，出版史学基本理论的研究是很不充分的。这也是既有的某些出版通史没有产生足够影响的一个原因。出版是什么，不是什么；出版史研究什么，不研究什么，这些问题至今并没有完全解决。而当下新技术的发展，新业态的出现，对出版学、出版史学研究都提出了新挑战、新课题。几年前，章宏伟先生在故宫博物院组织了一个出版史研究方法论的会议，是围绕刘光裕老师的《先秦两汉出版史论》展开的，很有意义。我觉得这方面的工作还需要进一步加强。出版史学的理论建构比较难，但出版史研究要有突破，这个硬骨头就得有人啃。

二是需要加强出版史研究的范式转换。这个问题与第一条是密切相关的。近现代史领域的专家、新闻史学界的朋友其实早已注意到这个问题，并进行了积极的探索，如复旦大学黄旦教授及其团队的新报刊（媒介）史研究就是。和新闻史一样，我们过去的出版史研究主要是革命史的范式，还有现代化范式。近些年这个局面开始有所改变，一些中青年学者开展了大胆而有效的探索。这次到会的青年才俊何朝晖关于中国出版史研究范式的转换的论文（刚刚获评第二届全国编辑出版学优秀论文），我们武汉地区的诸位同仁一起开展的近现代出版企业制度史、现代出版生活史研究的探究，都有试水的意义。范式的转换在一定程度上也意味着视野的开阔、领域的拓展。应该说，出版史研究的范式转换刚刚起步，拿出有说服力的成果还需要学界共同的、持久的努力。

三是需要在继续做好出版史料发掘、整理和刊刻的基础上加强出版史料学尤其是中国近现代出版史料学的建设。40年来，老辈学者宋原放、赵家璧、汪家熔、宋应离、吴道弘等高度重视出版史料工作，在系统整理、刊行出版史料方面取得了显著成就。近些年来，中青年学者周武、吴永贵、张稷、黄林、李明山、张玉亮等充分利用现代化方法及手段发掘、整理和利用史料，成效显著。过去有“史料即史学”的说法，虽说强调得有点绝对，但没有史料就没有史学无疑是肯定的。在出版史领域，同样也是没有出版史料就没有出版史学。我们注意到，当史料整理到某个阶段、某种程度的时候，理论的概括提升也就显得特别迫切了。前些年，刘光裕先生写了一篇关于古代出版史料学的文章，似乎学界重视还不够。我觉得就中国出版史研究来说，近现代无疑是重点，近现代出版史料学的建构更有条件，也更加迫切。出版史料的概念、范围、构成和分类，以及出版史料的一般性质和特征等问题，也都需要抓紧研究。这样的理论归纳和总结，有助于推动出版史料搜集、整理和研究的更高水平、更高层次的发展。中国古代史料学、中国近代史料学、中国现代史料学、中国现代文学史料学之类的著作很容易找到，我们希望早日有类似《中国出版史料学》《中国近现代出版史料学》的专著推出。

四是需要进一步加强国外出版史学成果的译介。中国现代史学在很大程度上吸纳借鉴了西方史学的养分。中国出版史学近些年也一直注重放眼世界，积极引进西方出版史学的研究理论和方法。最近这些年，商务印书馆、北京大学出版社、广西师范大学出版社等都推出了相关的系列译介丛书，张志强、何朝晖、于文等出版学专家在这方面用力甚勤，沾溉学林。但进一步加强顶层设计，做好长远规划，有组织、有计划地加以实施仍然需要大家同心协力。比如，关于法国年鉴学派、新文化史的译介，法国的印刷史、书籍史、书籍社会学等方面的论著已多有翻译出版，但四卷本的《法国出版史》至今没有引进。大学出版机构，人们言必称牛津、剑桥，但我们从百度网查询到的相关资料非常陈旧，中国知网上也没有像样的新成果；而大部头、史料丰富的《剑桥出版社社史》早有英文本。至于英国人写的《英国出版史》，美国人写的《美国出版史》等等似也有译介之必要。如此等等，不一而足。我们国内今天还没有一本像样的《外国出版史》《欧美出版史》之类的著作，这与我们对国外出版史学成果的翻译出版不足也有一定关系。

当然，我这里提出的中国出版史研究的问题与建议只能说是挂一漏万、一孔之见，难免有偏颇甚至错误之处。今天，我们请来众多学界同行，不少是真正大咖级专家，就是希望大家集体“把脉问诊”，对症下药，让出版史研究能够健康持续发展，并不断取得新的突破。

各位专家、各位朋友，比起首届华中学术传播论坛，这次会议主题更集中，问题更聚焦，纯粹是出版史学的学术圈聚会，是学术共同体聚会。会议原计划为正式代表50人，后稍有突破。几乎所有参会者都带了论文，并且全部是关于出版史研究的，收到的论文有49篇之多。对中国出版史研究40年的回顾与前瞻，是为了新时代的“再出发”。明年，我们想把第三届论坛提早一点举行，初步打算以文学的出版与传播为中心来研讨。希望有兴趣的朋友多提宝贵意见和建议，也期待朋友们来年再聚首。

再次谢谢各位！

（范军　《华中师范大学学报》主编，文学院教授）

基本认知·问题·方法
——第二届华中学术传播论坛感言

李　频

一、想起胡风，想起“半同人刊物”观念

此时此地，此情此景，让我油然想起了湖北蕲春人胡风，他是著名文艺理论家，也是中国期刊史上里程碑式的期刊理论家。他提出并践行了诸多重要的期刊理论命题。1938 年夏天的汉口，他在一次有关抗战文艺的小型探讨会上，提出了“半同人刊物”的主张，尽管他本人以及与他有所交往的人因为这一主张在 1955 年后付出了过于惨烈的代价，但在后来的十几年里，甚至在他逝世前的七八年里，他依然坚持这一主张。同人刊物是五四运动后新兴的文学期刊形态，推崇自组织性，或者说以自组织为特征的社会关联，而半同人刊物则在同人刊物的基础上开了一个豁口，在张扬自组织个性的同时又以开放的态势选择性地包容吸纳新生力量。应该说，这是胡风在文学期刊理论和实践上对中国期刊史里程碑式的创造之一。有关文学活动、文学运动、社会组织、媒介中介等现在习见的专业术语白纸黑字地印在人民文学出版社 1986 年版的《胡风评论集》（中册）里。

说及胡风，我还想起 1988 年 11 月在牛汉家中访问时，牛汉告诉我，1956 年，反右派斗争前夕，大鸣大放之时，邵荃麟亲口对他说过，新中国成立以后办的文学期刊，没有一个超过胡风创办的刊物。这是我学习、研究中国期刊史听到的惊天响雷。当时，李辉著的《胡风集团冤案始末》热销，我也读过。为什么邵荃麟给胡风这么高的评价？胡风那时可已经是万众声讨的“罪囚”。这成为我一直试图求解的问题。带着这一问题，我辗

转北京、开封、武汉、上海、南京等地图书馆，总算读全了胡风主编的《七月》。胡风主编的《希望》倒是在我当时就读的河南大学图书馆有完整保存。我清楚地记得，当时全国没有一家图书馆完整保存了胡风主编的《七月》，武汉大学图书馆保存相对较多，很多图书馆所存《七月》中，将20世纪50年代认为有毒有害的“胡风分子”文章整页剪去了，有“目”无文。要读全一套《七月》真考验访求的韧性。牛汉转述启发我的问题一直伴随我的期刊史研究，初次访问牛汉近20年后，我才想到进一步追问，为什么中国作家协会党组书记邵荃麟给胡风这么高的评价？为什么邵荃麟在那个特定时间点给予这一评价？访牛汉成为我期刊史研究历程中最重要的几堂启蒙课之一，记忆深刻，影响尤深。这启发我历史研究要寻访见证者，学术研究要拜访高人。

胡风于中国现代文学史、当代社会史，于中国现代出版史，都是永难磨灭的历史记忆。我之所以今天想起他，只是想借以唤醒与会大家潜存多年的中国编辑出版史共同的学术志趣与追求。咱们借华中学术传播论坛，开放与坚守并举，自组织与社会规范并重，共同开创华中学术传播论坛的理想未来。

二、中国出版史研究的几点基本认知

（一）编辑与出版的不同内涵与编辑出版史的整体统一观

编辑与出版的关系是长期困扰编辑出版学界的史论问题。过去局限于工业文明时段，以出版为视域，将其处理成理论问题来求解，视野局限带来一定意义上的认识模糊。现在进入数字传播时代，传播成为必然选择的视域，编辑与出版的关系便因此成为史论问题（历史中的理论问题或历史和理论问题），而不仅仅是理论问题。尽管依然见仁见智，难定一说，但有一点当无异议：编辑与出版的关系作为“元问题”关联决定了编辑出版史研究的选题、史料取舍、解释策略、价值取向乃至水平高下。

为明确概念、清晰思想路径（可还原）以达至解释基本有效的目的，我本人主张将编辑与出版明确区分开来的解释策略。它们是相关联的两个概念，各有其人类行为理念、目的及方式方法，编辑集中指向知识生产和人类知识的累积增长，出版集中指向知识产品最大化的传播效果。两者各有其不同的理论域、问题域①。在理论研究中要把编辑与出版明确分开以求讨论的深入。编辑出版史研究要在清晰辨析概念的基础上把两者紧密关联起来，统一思考以还原历史现场，认知编辑出版推动人类认知演化、国民思想观念更新进而社会变迁的出版传播效应。

（二）中国编辑出版史的三个时期与数字时代编辑出版史研究

参照人类文明发展进程，中国编辑出版史可以总体性地想象、勾画出三个时期及三种形态，这就是农业文明时期的编辑出版、工业文明时代的编辑出版、数字传播时代的编辑出版。如此想象（暂且还不是论证、书写）以技术决定论作为理论基础：数字传播技术不同于手工复制技术、机械印刷技术，决定至少映衬了三种不同技术引致的出版行为形态、出版业态，给中国编辑出版史的总体观照提供了结构化启迪。如此假定借以辨析并明确两组两两相对的概念：工业文明时代的编辑出版和数字传播时代的编辑出版；工业文明时代的编辑出版研究与数字传播时代的编辑出版研究。工业文明时代的编辑出版研究伴随出版之兴盛与辉煌，数字时代的出版研究伴随出版的衰退与转型，显然有不同的时代命题与专业主题。因此，在数字时代编辑出版史研究的时代命题和专业主题下，强化史学范式，系统打磨理论工具殊为关键。比如，区分数字出版和数字时代出版、数字时代出版研究和数字时代出版史研究看似简单，实则颇为重要。类似这样的一些关键概念都是编辑出版史研究及其方法重要的理论基石。如果不系统打磨理论工具，则编辑出版史研究难有超越前贤的重大突破。

（三）以出版业40年改革开放的艰难复杂进程为借镜

过往40年铸就了中国编辑出版史的辉煌，由于当代人难写当代史的原因，这段历史的书写只能待诸来日后人。改革开放出版史在展现壮丽、辉煌的同时，又充分演绎、释放了出版所凝结的政治、经济与文化的矛盾。这是改革开放出版史的根本所在，魅力所系。出版业40年改革开放的艰巨性、复杂性启迪出版史研究者要对编辑行为、出版行为、编辑出版行为背

① 李频．编辑出版学科的发展与变革管窥——以编辑出版的专业逻辑为讨论中心［J］．现代出版，2018，115（3）：75-77.

后潜在的官与民、仕与商、个体与组织等政治、经济、文化的复杂矛盾保持高度警觉。直面而不回避矛盾是应有的治学态度与策略，着力于此后的发现或许别有洞天。

三、好的编辑出版史研究要满足以下三个条件

（一）研究选题：从过去走向未来的时空结构

数字传播带来了人类传播史上的极致传播力。极致传播力强烈要求数字传播研究者自觉强化时间、空间等范畴的理论范式意义。这是我主张评价编辑出版史研究选题从时空结构切入的理论基础和社会基础。

编辑出版史研究选题的确定要紧密围绕编辑出版核心，这当然毫无疑义。更紧迫且更紧要的是，数字传播时代编辑出版史研究的边界在哪里。在核心与边界之间，就是编辑出版史研究广阔的选题区间。在理论上省思并自觉寻觅编辑出版史的核心与边界有助于研究领域的拓展、研究对象的深化、个人或同好明晰研究取向以及相应的理论工具准备。

良史总是立足现在、解析过去以及面向未来的三维时空结构。同时，不论是作为历史书写语境的现在还是作为历史陈述对象的过去都有时段和时点之分，年代、世纪是时段单位，年、月、日是时点单位。当然，时段、时点都有社会时段、社会时点和自然时段、自然时点的区分。一般而言，立足现在的时段比仅立足现在的时点的历史考察、省思更有主体性价值，锁定过去的时段（以重要的社会时点为区割）比锁定过去时点的历史考察、省思更有对象性价值，某些重要时点性事件在时段中细致考察其来龙去脉，在我看来是以时段为背景的研究而不是时点性研究。

（二）思想操作：以问题为导向的解释结构

人工智能时代，写作已沦为一项机器人可以参与竞争的活动。学人研究性写作超越人工智能之处在于思想，突破设计程序的思想。数字传播时代信息超载冗余，某些堪为史料、可用为史料的材料泛滥，史料难以独家占有，比拼史学研究水平高下的已不再仅仅是史料，而是史料加解释，在史料的基础上自圆其说的解释。这种解释必然也只能是以问题为导向的解

释结构。

解释一个问题以解释另一个问题为理论前提，正如确定一个概念以确定另一个相邻的属概念为理论前提。以问题为导向的解释结构在文本形态上首先表现为特定专业领域的问题串，正是这种问题串及其内在关系显示出研究的专业性和专业水准。周武教授今天上午报告的《现代中的古典——张元济与商务印书馆古籍丛刊影印研究》在这方面堪称范例，他在起始段就说："有关商务版古籍丛刊，单纯从版本学和文献学角度去理解它的价值和意义显然是不够的。至少还有几个重要的问题需要而且值得追问和深入研究，譬如：张元济和他的同道为什么要编纂、影印这些古籍丛刊？这些古籍丛刊的编纂与影印经历了怎样一个过程？哪些人参与了这个过程，为什么要参与？丛刊是如何赢得市场的？丛刊商业上的成功对民国出版业意味着什么？这些问题实际上关联着一个更大的问题，即在现代语境中古典如何存续。本文拟就上述问题略做探讨。"

这种以问题为导向的解释结构有以下三方面的思想和理论价值：

去史料碎片化。史料如果不能解释成"史"，那它永远只是有待裁剪处理成"器"与"具"的"料"与"材"。单独的一条史料如果不还原到其生成语境中并与其他史料结合成某种思想结构，以成为对过往现象的一种解释或另一种解释，其价值也是有限的。因此，去史料碎片化总是历史学家的座右铭，总是史学训练的基本功。在这传播技术高度发达、碎片化阅读成为日常生活的时代，编辑出版史研究的碎片化倾向颇有与日俱增的趋势，但愿这是我个人的错觉，亦不构成"现象"，且毫不抹杀近年来编辑出版史研究的长足进步。如果碎片化倾向在一定意义上确实存在，那对编辑出版史学科发展是极为不利的。去碎片化（包括研究理念的去碎片化、研究操作的去碎片化、史料运用的去碎片化等）应该成为编辑出版史学工作者的自觉追求，借以提升编辑出版史研究水准，拓展编辑出版史研究的新境界、新天地。

去文本陈述化、平面化。缺失编辑出版历史问题是当下诸多编辑出版史研究文章的通病。由于没有问题统领研究、统率全文，某些编辑出版史研究文章成为往事的复述、转述，稍好的文章也往往成为史料的拼接，有材料没观点。因为没有观点，再加上没有明确的历史解释问题，便难以充分显示该研究的思想纵深和专业价值。在我看来，在座的青年学子如真对编辑出版史有一定程度上的专业向往，就要在研究和写作中化文本叙述结构为以历史情境问题为中心的思想结构，只有下功夫力矫此弊，才庶几有成，长足进步。

可思想还原。理论研究、历史研究都要自圆其说。在我看来，自圆其说的简单检验方式是，思想论证是否合成一个闭环，有去可回，读者可顺研究者的问题提出、问题分析、史料举证等解释环节再回归到提出历史研究问题的起点。起点、中点和终点合成历史过程，思想过程亦然。检验命题真假、价值高低首先在于思想的可还原性，检视、修正思想者的错误亦首先在于循思想者路径，省思省察其进退、歧路。

（三）价值追求：反哺编辑学、改革开放出版理论研究

编辑学在数字传播时代将显示其更久长、难以替代的生命力。编辑出版史研究首先要遵循史学规范，其次要以编辑出版理论为前提。史论难分，编辑出版史研究的深化路径可以也应该多样，在我看来，关键路径之一在于编辑出版理论的突破。以知识生产为中心突破狭隘的出版过程，以求解出版活动的社会文化语境关联；以出版物作为知识产品并作为中心突破某些单一量化指标，以求解出版活动在社会文化变迁时段中的影响力、影响方式等。

改革开放是艰难、复杂、艰巨的历史过程。中华民族复兴之路唯有克服艰难险阻进一步改革开放。就此而言，建构、发展改革开放出版理论是意义重大的时代任务，与改革开放相伴相随，任重道远。改革开放出版理论是对 1978 年以来改革开放出版实践以及未来发展规律的解释和说明。它以改革开放的时代命题、实践主题为中心，以现代化、全球化理论为参照，集中探讨以知识生产为核心的政治、经济、文化矛盾及其调适，出版物与文明传承、内容产业与社会文化发展、出版体制与运行机制等是其主要的理论内容。编辑出版史研究可以也应该为改革开放出版理论开掘、积累思想资源，改革开放出版史应该成为编辑出版史研究的重要组成部分。

同时满足上述三个条件的中国编辑出版史研究在我看来是上上品，满足一、二两个条件，或二、三两个条件的是中上品，只满足其中一个条件的研究也是很不错的。

或者还可以这样自我审视和批判中国编辑出版史研究，从过去走向未

来的时空结构是评价评定中国编辑出版史研究选题价值的必要条件；以问题为导向的解释结构，反哺编辑学、改革开放出版理论研究是衡量中国编辑出版史研究思想、理论价值的充分条件。三个条件的结合才同时构成或满足好的中国编辑出版史研究的充分必要条件。

根据 2018 年 12 月 9 日发言整理，略有补充。

（李频　中国传媒大学传播研究院教授）

【第一篇】

理论建构与史料钩沉

源流、核心与价值：罗杰·夏蒂埃书史理论的学术方位

李贝贝[1]　王鹏飞[2]

（1. 武汉大学信息管理学院，湖北武汉，430072；
2. 河南大学新闻与传播学院，河南开封，475001）

摘要：罗杰·夏蒂埃是20世纪重要的书史研究学者之一，他年鉴学派的背景、新文化史的立场，以及对研究方法的反思、批判，形成了独树一帜的书史研究。他的书史研究主要围绕阅读、文本和作者三个核心要素展开。他认为，阅读是一种文化实践活动，阅读史研究应通过对阅读实践的研究重建阅读网络；借鉴和发展麦肯锡“形式塑造意义”的观点，将戏剧、印刷品、电子文本等都包括进其文本概念；讨论作者得以回归书史研究的理论依据和现实原因，指出作者功能的有限性。夏蒂埃的书史理论从横向上打通了阅读史、书籍史和思想史，拓展了书史研究视野；纵向上融合了书史研究的不同范式，完善了书史理论体系。

关键词：罗杰·夏蒂埃；书史理论；阅读；文本；作者

1982年，罗伯特·达恩顿（Robert Darnton）发表《书籍史话》（*What's the History of Books?*）一文，文中提出书史研究“很可能获得与科技史、艺术史这样的学科平起平坐的地位”①。同时，达恩顿以书籍的传播线路图为核心，建构了书史研究的基本模型。书史研究模型的建构，代表着书史研究框架的基本形成。在这个基础上，诸多对书籍史或对书籍的社会意义感兴趣的学者，无论是来自历史学研究，还是文学研究，抑或是

---

① 罗伯特·达恩顿. 拉莫莱特之吻：有关文化史的思考［M］. 萧知纬，译. 上海：华东师范大学出版社，2010：85.

社会学或图书馆学领域，都以“图书史”为核心观照点，打造了西方书史研究的繁荣景象。在西方书史研究近30年的光辉历程中，涌现了诸多杰出学者，其中一位与达恩顿齐名的领军人物，就是法国著名历史学家罗杰·夏蒂埃（Roger Chartier）。夏蒂埃出生于1945年，他的研究领域包括法国大革命、14—18世纪的阅读史、私人生活史等诸多方面，但最大的影响，还是体现在他对出版史和阅读史的研究。戴维·芬克尔斯坦等的《书史导论》中，对夏蒂埃称引多达15处。收录在《中国和欧洲——印刷术与书籍史》一书中的梅洛《何为书籍？何为书籍史？——出发点与展望》一文，论及马尔坦和夏蒂埃主编的《法国出版史》，将其作为书籍史发展成熟阶段的代表成果。盛名之下，夏蒂埃的书史研究和理论一定程度上影响了西方书籍史研究的整体面貌，他的理论源流如何，核心论述是什么，学科史上的方位在哪里，就构成了本文要梳理的三个问题。

一、理论源流：从年鉴学派到新文化史

发源于20世纪初的年鉴学派，是法国20世纪最有影响的历史流派。作为战后成长的一代历史学家，夏蒂埃的学术成长深受该学派的影响，以至于后来夏蒂埃本人，也被视为法国年鉴学派第四代学者的代表之一。从20世纪二三十年代起，年鉴学派对传统史学进行了诸多革新。如受到计量学发展的影响，在历史研究中使用计量的方法而形成的计量史学，一度成为20世纪前期年鉴学派的流行动作。再如年鉴学派第二代历史学家布罗代尔，在费弗尔等人注重历史研究中的地理因素的影响下，在20世纪30年代开创的地理历史学的研究范式，也一度影响甚巨。这些研究方法经过布罗代尔等人的卓越实践，逐渐沉淀为该学派的底色。到了夏蒂埃这一代学人，无论批判或继承，都或多或少地受到这些方法的影响。

年鉴学派的思想，体现在夏蒂埃的诸多研究之中。如他在《写作的实践影响》（*The Practical Impact of Writing*①）一文中，有一部分为 *The Geography of Literacy*，论述私人阅读给欧洲社会带来的改变，指出这种改变在不同地区以不同的速度进行着。18世纪末，在文化程度较高的地

① Roger Chartier. Passions of Die Renaissance [M] //A History of Private Life: Volume 3. Cambrigde: The Belknap Press of Harvard University Press, 1989.

区，60%～70%的男性会写自己的名字：法国北部为71%，低地国家为61%，英格兰为60%，苏格兰为65%。对女性来说，法国北部和东北部会写自己的名字的比例为44%，低地国家为37%，英格兰为40%①。对读写能力地理分布的研究首先展现出夏蒂埃在历史研究中注重地理纬度，大量数据的使用呈现出其计量史学的研究路径。

年鉴学派构成了夏蒂埃的首要思想来源，但随着时代发展，尤其到了20世纪80年代，年鉴学派开始遭遇危机。这种情况下，夏蒂埃开始对其展开反思。他也认为这一时期的法国历史学家在某些方面已经开始脱离《年鉴》杂志的研究方法，从外部到内部都遭到了质疑。“外部的质疑有意大利微观史学的命题，内部的质疑表现为它的理解模式产生裂痕并使其他研究方法应运而生。这些研究方法所强调的是集体表象而不是客观分类，是个别把握而不是统计分类，是意识的运筹而不是无人知晓的限定因素。”② 对于这种质疑，此时的夏蒂埃开始逐渐突破年鉴学派的影响。夏蒂埃选择的危机应对路径，是走微观史取向，注重表象，重视心态史。在他编著的《私人生活史》（*The History of Private Life*③）一书中的第三卷 *Passions of the Renaissance*，分别选取了 Alain Collomp、Daniel Fabre 和 Arlette Farge 等人的文章，这些文章从个体家庭和人物出发，呈现文艺复兴的历史面貌，也反映出夏蒂埃开始逐渐形成学术研究的新文化史立场。

新文化史旨在“通过对各种文化体系的调查去研究话语、仪式、再现（representation）中权力运作的机制、所使用的技术手段以及所达到的成效，从而揭示权力是如何通过控制知识的生产来展开博弈的”④。它具备两个明显的特征，其一是强调文化在社会发展中的作用，其二是研究视角从社会精英转向对普通人生活的关注。这种思路，被夏蒂埃运用到他的阅读史研究中。他对专门为大众编辑的“蓝皮书库”进行研究，发现所谓的精

---

① David Finkelstein, Alistair McCleery. The Book History Reader [M]. New York: Routledge, 2006: 160.

② 皮埃尔·布尔迪厄，罗杰·夏蒂埃. 社会学家与历史学家 [M]. 马胜利，译. 北京：北京大学出版社，2012：7.

③ Roger Chartier. Passions of the Renaissance [M] //A History of Private Life: Volume 3. Cambridge: The Belknap Press of Harvard University Press, 1989: 654.

④ 罗伯特·达恩顿. 拉莫莱特之吻：有关文化史的思考 [M]. 萧知纬，译. 上海：华东师范大学出版社，2010：7.

英版本和大众版本并不能完全区分开来，来自上层社会的读者也会阅读“蓝皮书库”的图书，从而打破了社会阶层和文化基层的对应关系，从二者的文化实践，即阅读的层面，重新界定了大众文化和精英文化。

在新文化史的影响下，夏蒂埃提出了两个关键概念：“实践”和“表象”，并将它们认定为新文化史的核心。在这种思考之上，夏蒂埃将文化史界定为：“一方面，它必须被理解为对表象过程的分析，即分析适用于某时或某地的社会和概念结构的分类和排斥的产生……它们是由构成其形态的一些相互连接的政治的、社会的和杂乱的实践活动历史地产生的。”另一方面，“这种历史还必须理解为对意义建构过程的研究”①。这样的认识，首先体现在他的阅读史研究中。夏蒂埃的阅读史研究正是从阅读实践入手，考察阅读活动的历史，继而借助阅读活动探讨意义建构和思想传播。他对阅读实践（reading practices）的研究成果包括默读（silence reading）、新教阅读（protestant reading）、家庭阅读（family reading）等②。

二、研究核心：阅读、文本、作者

夏蒂埃的书史研究包括了文本、书写、印刷、阅读、文化、读者、作者等诸多内容，就书史理论而言，大致形成了以阅读、文本、作者为核心的三个区域。他最具特色的研究，也主要体现在对上述三个要素的体认上。故本文以文本、阅读、作者为结点，梳理、提炼、归纳其书史理论。

（一）作为文化实践的阅读

夏蒂埃阅读理论形成的一个重要来源，就是对法国大革命中的书籍与阅读的研究。在写于1991年的《法国大革命的文化起源》一书中，他追问思想的传播与书籍的关系。“讽刺榜文和小册子所呈现的形象，并没

① 周兵. 新文化史：历史学的文化转向［M］. 上海：复旦大学出版社，2013：243.

② David Finkelstein，Alistair McCleery. The Book History Reader［M］. New York：Routledge，2006：157.

有像随意刻印的软蜡那样刻入其读者的头脑里，阅读并不必然带来信仰。”① 他认为，书籍之传播不能等同于思想之传播，二者之间存在着读者接受这一关键因素。“一旦书籍成为一种共有物品，仅凭对书籍的占有这一点已经无法显示区别，那么展现社会阶层的变化与凸显其中的差异的任务就应该被有关阅读方式的研究而取代……”② 夏蒂埃不仅指出要考察书籍与思想之间的关系必须经由阅读这一途径，还指出要研究阅读，就要将阅读作为人的文化实践活动。在夏蒂埃看来，阅读实质上是一种再创作，而阅读史研究的任务就是“重建阅读实践网络”。

阅读实践网络的重建从不同的维度展开。从实践层面看，需要研究两组关系，“我所界定的阅读实践包括阅读与印刷品（绝不仅限于书本）的关系，以及阅读与读者所读文本的关系”③。从著述意义呈现层面看，要关注三个要素，“要重现该过程的复杂性，我们就需要考虑三个极点之间的紧密关系，即文本本身、文本的传达对象和控制文本的行为”④。从读者的创造性层面看，阅读不会单纯地屈从于文本的机巧（machinery），要区分意义的多样性。不管怎么说，阅读也是一种创造性的实践，会创造出文本作者或书本作者的意图不能简约的、独特个别的含义（meanings）和意义(significations)⑤。

夏蒂埃在1992年对新阅读史研究的“可能性条件”作出勾勒，通过整合不同因素为阅读史研究打开了思路。他认为：其范围可以由三个关键中心来界定，而这三者在学术传统中通常是彼此分离的：第一，对作品——无论它们是经典的或者是平常的——进行分析，以识别其结构、主题和目的。第二，书籍史，以及所有带有书写文字的物品和形式的历史。第三，

---

① 罗杰·夏蒂埃. 法国大革命的文化起源［M］. 洪庆明，译. 南京：译林出版社，2015：66-77.

② 林·亨特. 新文化史［M］. 姜进，译. 上海：华东师范大学出版社，2011：163.

③ 林·亨特. 新文化史［M］. 姜进，译. 上海：华东师范大学出版社，2011：146.

④ 林·亨特. 新文化史［M］. 姜进，译. 上海：华东师范大学出版社，2011：152.

⑤ 林·亨特. 新文化史［M］. 姜进，译. 上海：华东师范大学出版社，2011：147.

研究以不同的方式拥有这些物品和形式并能产生出不同的用途和意义的实践活动①。总的来说，夏蒂埃的阅读史研究以阅读这一文化实践活动为中心，进而厘清文本、读者、作者、印刷商、出版商等之间的关系，关注三者的变化，以及在变化中呈现的不同状态，从内、外两方面研究阅读。

（二）文本概念的扩大

夏蒂埃认为，一切文本皆有载体。他说："我们反对这种观点：不存在没有载体的文本，无载体如何读（或听）？任何一种对文字的理解都在一定程度上依赖于读者所接触到的实体形式。"② 夏蒂埃的这一观点借鉴了麦肯锡的思想，麦肯锡在 *Bibliography and the Sociology of Texts* 一书中，从文学社会学的角度，提出"形式塑造意义"（forms shapes meaning）的重要论断。夏蒂埃把它引入书史研究，扩大了"文本"的概念，"一个文本通常包含一些元素，承载它的书写客体，阅读或复述的声音，使它能够被理解的表征。所有这些形式都由各自的机构组成，每种过程要素在意义的生产中扮演着不可或缺的角色"③。同样，对于印刷文本来说也是如此。书籍的开本、页码布局、文本分割方式和排字习惯都对意义的建构有着富于表现力的作用和贡献④。夏蒂埃对"文本"概念的扩大事实上是将一切阅读对象都列入其中，包括内容、载体、表现形式等。

夏蒂埃"对象即文本"的文本观体现在他的诸多个案研究中，如对戏剧《乔治·唐丹》的研究，该剧最先是一部供皇家贵族欣赏的戏剧，而后有了印刷形式，在民间流传。夏蒂埃认为，"同一个文本，呈现的方式和环境不同，必然会引发迥异的期许和观感"。他提出，"要理解《乔治·唐

① 玛丽娜·弗拉斯卡-斯帕达，尼克·贾丁．历史上的书籍与科学［M］．苏贤贵，等译．上海：上海科技教育出版社，2006：435-436.

② 罗杰·夏蒂埃．书籍的秩序［M］．吴泓缈，张璐，译．北京：商务印书馆，2013：92.

③ Roger Chartier. On the Edge of the Cliff：History，Language，and Practice［M］. translated by Lydia G. Cochrane，Baltimore and London：The John Hopkins University Press，1997：82.

④ Roger Chartier. On the Edge of the Cliff：History，Language，and Practice［M］. translated by Lydia G. Cochrane，Baltimore and London：The John Hopkins University Press，1997：82.

丹》，就必须了解1668年的观众对它的种种观感，对文本的意义进行建构，而不是拘泥于文字本身”。“同一个固定文本的意义会因为印刷方法的不同，如改变纸张大小和页面排版，插图和文本切分，而彻底改变；与此相类，莫里哀戏剧的表现形式因宗旨不同而大相径庭，其含义当然也会因之而产生大的变化。”①

无论印刷品、表演，还是电子屏幕，在夏蒂埃的研究中都被定义为“文本”，故数字出版和电子文本就必然是其关注的对象。他认为，电子文本世界中将会出现什么，依赖于它的使用者的创造，同时受到政治和经济力量的影响。他对电子文本的感知，亦是首先从文本形式的变革入手，继而思考形式变革对阅读的影响。夏蒂埃在反省书写载体从卷轴书、翻页书、印刷书，到而今世界的电子荧幕书这个长期演变的历史问题时，特别从书写载体的物质形态和文本被阅读的方式这两个面向，检验史学工作对于书籍和阅读文化所预设的普遍模式，诸如从手抄书到印刷书的革命、从精读到泛读之阅读革命的有效性②。

（三）作者的学术回归与功能界定

在夏蒂埃的研究中，作者以一种回归的姿态受到重视。他在《作者的角色》一文中梳理了14世纪至十八九世纪作者功能的发现及演变。以往的研究，无论是文献学对于复原原初或正确版本的执着造成了对作者的忽视，还是符号学称霸时代对作者的抹杀，都使作者在有关书籍史的研究中处于边缘位置。随着书史研究逐渐厘定其研究领域和相关学科理论的发展，作者角色也随之慢慢浮出水面。夏蒂埃为作者的回归找到了理论依据和现实原因，他认为，作者能够回归书史研究视野，得益于四个方面：第一，连接起读者、阅读、作者三个关键因素的接受美学，使作者成为文本意义传播的重要环节；第二，新历史主义对文学创作的关注，延伸到对创作主体的考察；第三，布尔迪厄的文化生产的“场域”理论使作为文化生产者之一的作者获得重要地位；第四，文本的社会学对文本物质形态的关

① 罗杰·夏蒂埃. 书籍的秩序［M］. 吴泓缈，张璐，译. 北京：商务印书馆，2013：106.

② 秦曼仪. 书籍史方法论的反省与实践：马尔坦和夏提埃对于书籍、阅读及书写文化的研究［J］. 台大历史学报，2008（6）：259.

注区分出作者意图和出版商意图，从而发现了作者。

在书史研究中得以回归的作者具备怎样的功能？夏蒂埃从出版活动的层面指出作者在文本意义构成和传播中的功能的有限性。他做出的有限性界定，是基于巴特和福柯在20世纪60年代关于作者的研究和讨论。巴特提出“作者之死”，认为作者在完成作品之后对文本的意义完全无能为力，从而造成一种文本解放、读者欢愉的状态。福柯与之讨论，追问“作者是什么”，主张作者死后留下了“空的空间”，而这并非真的空无一物，比如莎士比亚作为一个作者代表了一种文体和风格，即作者具备文化功能。夏蒂埃将目光聚焦于书史和阅读史研究，对“未死的作者”有过如下评述，“当他回归到文艺评论和文艺社会中时，作者既是从属的又是受限制的。他是从属的，因为他不是文本意义的唯一主人，并且他的创作的动机，也就是写作文本的冲动，不一定会强加于为他出书的人（书商、出版商或者印刷工人）和通过读他的书而使用它的那些人。他是受限制的，因为他遭受了组织文艺作品的社会空间的多重限定，并且，在更广泛的意义上，这些限定决定着作为写作素材的种类和经验”①。夏蒂埃对作者功能的界定，发现了编辑或出版活动在知识生产和传播中的作用，同时为这一发现提供了理论依据。

三、理论价值：领域的拓展与范式的整合

夏蒂埃以阅读、文本和作者为核心的书史研究，产出了丰富的理论成果。这些成果对于西方书史研究范式的形成具有相当影响，横向上拓展了书史研究的领域，纵向上整合了以往的书籍史研究方法。同时塑造了夏蒂埃与众不同的研究风格，使其成为西方书史研究中颇具辨识度的学者。

（一）阅读史研究领域的拓展

夏蒂埃从三个层面拓展了书史研究。一是以不同于文学研究和接受美学的方法研究阅读，拓展了阅读史的研究空间。关于阅读，文学批评提供了两种研究路径，“一种研究路径是从文本的内部结构对阅读行为或读者

① 玛丽娜·弗拉斯卡-斯帕达，尼克·贾丁．历史上的书籍与科学［M］．苏贤贵，等译．上海：上海科技教育出版社，2006：443.

进行推断；另一种研究路径是注入研究阅读行为的现象学或‘接受美学’(reception aesthetics)，却试图能从文本外部找到决定阐释模式的个人因素和共同因素”。历史学提供的研究路径也有两种：一是从零星稀疏但又头绪纷繁的史迹中重新建构古老阅读的多样性；另外就是要整理出作者和出版商采用了哪些策略，试图对文本施加正统的或预设的阅读。文学批评的接受理论忽视了书籍出版的编辑、印刷环节，将作者的文本等同于出版的文本，历史学家的方法注重从外部通过数据进行研究，将对图书的拥有等同于对图书意义的接受，忽视了文本意义构建中读者与作者的博弈。接受美学和传统历史学的阅读研究止步的地方，正是书史研究取得突破的地方。夏蒂埃将阅读认定为一种文化实践活动，使个人对文本意义的把握这种原本神秘、个别的创作行为变得有迹可循，对读者的研究也具备了更多的可能性。

二是在文本、作者、读者之间打开了广阔的研究空间。文本是连接作者和读者的要素，夏蒂埃“对象即文本”的文本观在扩大文本范围的同时，也扩大了读者范围，阅读文字、符号的是读者，阅听人是读者，使用电子文本的也是读者。从意义表达与接受的层面，作者、文本和读者之间的关系也错综复杂，作者所写的文本不是读者看到的文本，作者想表达的意义经过阅读这一创造性活动，也不再是作者的本意。

三是提供了书籍史与思想史交叉研究的新路径，扩大书史研究的关照视域。阅读史连接着思想史和书籍史，书籍史研究伊始，即与思想史关系密切。学者们希望通过对书籍历史的研究，揭示历史上人们的观念、心理、思想等不易把握的东西，故通过考察书籍之传播，研究思想观念之变迁，成为思想史研究的主要路径之一。书史研究经历了从注重文本、注重作者、注重书籍统计，到注重阅读的历程，阅读的视角为书史研究提出了诸多不容忽视的新命题，如夏蒂埃在《法国大革命的文化起源》中回答的诸多发问，文化何以通过印刷品在社会上传播，一种观念或思想如何借助印刷品得以形成，书籍意义如何被读者解读，在意义的建构上读者和作者进行了怎样的博弈，等等。

（二）新研究范式的理论建构

夏蒂埃与达恩顿是密切的学术伙伴，以不同的风格引领书史研究的发展，在论争中推动书史理论范式的建构。夏蒂埃在《法国大革命的文化起源》一书的致谢部分，称达恩顿为“二十年来我的研究和争论中的亲密伙伴”，同样，达恩顿在接受玛丽亚·露西娅·帕拉蕾丝-伯克的采访时也说，“人们经常会问我：‘你为什么会与罗杰·夏蒂埃发生这样的论战呢?’实际上，我们是很要好的朋友”。这种友谊发生在两位气质和志趣不尽相同的学者之间。总体来看，达恩顿更倾心于处理史料，如他自己所说的，是“钻到故纸堆中，双手脏兮兮地来做研究”；夏蒂埃则更具思辨气质，达恩顿称其总是不断地有新的想法。在他的 *On the Edge of the Cliff* 一书中，夏蒂埃与历史学家海登·怀特、德·塞尔托等进行对话，足见其对历史哲学的偏好，以及对历史研究方法的反思。在著述方面，达恩顿的书具备明显的新文化史叙述风格，擅长讲故事，有时会运用“深描”的手法，如《启蒙运动的生意》《屠猫狂欢》等等，夏蒂埃的历史写作中这种色彩就弱很多，他更擅长在史、论之间自由穿行，如《书籍的秩序》《法国大革命的文化起源》等。

西方书史研究以达恩顿为分水岭，目前可粗略地分为两个阶段。第一个阶段大致是从 1958 年到 1981 年，以年鉴学派的书籍史研究为代表，包括文学社会学对图书出版的研究，如“法国书籍史之父”马尔坦的著作《印刷书的诞生》，该书运用大量的统计数据，再现 1450—1800 年的书籍生产和分布情况，并进一步探究文化的社会作用与影响，代表了传统法国书史研究的特色，如罗贝尔·埃斯卡皮的《文学社会学》中对书籍出版、传播、阅读的研究。第二个阶段自 1982 年达恩顿的《书籍史话》开始，绘制研究蓝图，汇聚了多学科学者，以文化史和新文化史为背景，展开跨学科研究，如以达恩顿等为代表的美国书史学者的书史研究路径，更倾向于从新文化史的角度切入，考察书籍由作者到出版者的生产过程，和从文本到读者的传播过程，再现人们的书籍阅读情况。夏蒂埃的研究一方面继承了年鉴学派的史学传统；另一方面与美国其他书史研究路径不谋而合，整合了欧美学者的研究方法。他的研究常常既具有严谨古板的传统史学脾气，又具有新文化史活泼灵动的性格；既运用年鉴学派扎实的计量学等传统，又运用了社会史、文化史的多种视角。

结语

当下的欧洲书史研究已走过夏蒂埃的时代，但其在学科知识累进中的作用、在学科发展史上的地位不容忽视。对夏蒂埃书史理论的探究，不仅是构建某位学者的思想脉络，更是完备西方书史研究理论框架要做的工作。随着书史研究的推进，和更多的学者关注、投身到这一领域，许多观点已成为学界共识，如“文本”的概念。但依然有必要对基础理论追根溯源，在知其然之后，知其所以然。如果说书籍史在历史研究领域大放异彩，那么阅读和阅读史研究则是一门博古通今的学问，夏蒂埃的“作为文化实践的阅读”“对象即文本”等大大小小的观点，提供了贯通的诸多启发。

从阐释到建构：麦克卢汉的翻译、出版与传播

秦　琼

（江汉大学人文学院，湖北武汉，430079）

摘要： 20世纪80年代，中国社会科学研究院和人民日报出版社、兰州大学出版社等机构，翻译出版了一批传播学著作，首次系统地向国内学界介绍了传播学。伴随着传播学的传播，麦克卢汉的媒介学说开始进入中国大陆。其后，在中国传播学30余年的发展历程中，麦克卢汉始终占有一席之地。对应着国内媒介大环境的上升趋势，以及麦克卢汉对人与媒介关系的认知、对“地球村”的准确预言，导致在相当长的一段时间里，麦克卢汉都是国内传播学研究的一个热点。此外，伊尼斯、麦克卢汉、莱文森等人的著作的持续出版，更是使得相关研究不断地向着纵深发展。中国大陆形成了一个阐释并建构麦克卢汉的热潮。

关键词： 麦克卢汉；阐释；建构

中国传播学的发展，是建立在译介西方经典著作的基础上的。经过30余年的选择性介绍和自主发展，中国传播学才有了今天的面貌。而在中国传播学的版图中，麦克卢汉及其媒介学说是一个绕不过去的重要领域。20世纪60年代，麦克卢汉在西方声名鹊起，但很快就引来了大量的批评和质疑而逐渐褪去热度。20余年后，随着传播学被正式介绍进中国大陆，麦克卢汉及其媒介学说在遥远的东方又开始了新一轮的认知—传播—广为人知的历程。

一、麦克卢汉的出版与传播

麦克卢汉媒介学说进入中国的历史，要追溯到20世纪80年代。1949

年后，在历次政治运动中不断进行改造和自我审查的中国新闻界，在20世纪80年代开始感受到某种桎梏，业界和学界都期盼着一场革新。在这样的时代背景下，传播学作为一门把新闻传播活动当作客观现象予以科学研究的学科，恰逢其时地引起了国内学界的关注。于是，一大批传播学著作被翻译、引介、出版。而麦克卢汉及其学说也是在这个时期进入学界的视线的。

（一）认知阶段：1983—1989年

在这一阶段，通过翻译出版西方经典著作、自主编撰传播学专著（主要是教材）的方式，麦克卢汉及其理论被介绍到中国来。

1983年，中国社会科学院新闻研究所世界新闻研究室编著的《传播学（简介）》由人民日报出版社出版发行。作为大陆第一本传播学专著，该书系统介绍了传播学在西方的发展历程及主要传播理论，并首次介绍了麦克卢汉的“媒介及讯息”“媒介是人的延伸”“热媒介、冷媒介”三个重要理论，并给出了如此评价：“麦克卢汉关于传播媒介的种种观点和理论，有的是有道理的，如媒介是人体的延伸；有的是值得重视但被过分渲染了的，如媒介就是信息；有的则是毫无意义的，如把媒介分为凉和热。”①1984年施拉姆的著作《传播学概论》翻译出版。在这本重要的著作中，施拉姆本人并未详细介绍麦克卢汉媒介理论的具体内容，而是着重介绍了其对于“印刷文化”的批判，并以此为基础详细分析了“热媒介、冷媒介”。此后，研究者们在介绍麦克卢汉的理论时大都沿用了类似框架和价值立场。

1988年，第一本由大陆学者撰写的传播学专著《传播学应用与原理》（戴元光）出版。该书对麦克卢汉的“媒介即讯息”“热媒介、冷媒介”进行了详细的介绍，并评价其“论述缺乏科学性，虽言此即彼，但对一些基本概念缺乏进一步解释和论证，有东拉西扯，界说不清的现象”。同时，该书也注意到麦克卢汉是“把媒介置于广阔的社会、历史、文化背景中去考察”②。

从1988年起，国内学者撰写的4篇学术论文中首次出现麦克卢汉的名

---

① 中国社会科学院新闻研究所世界新闻研究室．传播学（简介）［M］．北京：人民日报出版社，1983.

② 戴元光．传播学应用与原理［M］．兰州：兰州大学出版社，1988：240.

字——《电视小说：电视剧的非电视化》（申凡，《视听界》1988 年第 1 期）、《电视与现代教育》（田本相，《阜阳师范学院学报（社会科学版）》1988 年第 4 期）、《电视文化随想录》（邓曈曈，《社会》1990 年第 7 期）、《为什么开始由“冷变热”而现在又“热变冷”——谈谈电视的收视效果》（布莱恩撰写、张为公翻译，《当代电视》1988 年第 7 期）。前三篇文章均是以麦克卢汉的名义发挥“引用名人名言”的功效：申凡引用麦克卢汉关于“媒介杂交”的论述来证明其关于“电视小说”音响和画面的组合功能，田本相引用麦克卢汉的只言片语来支撑他关于电视教育功能的研究，邓曈曈则仅借由“地球村”一词引出其研究对象——电视文化；布莱恩撰写、张为公翻译的文章则是一篇对麦克卢汉的报刊访谈，但访谈的主题并非麦氏媒介理论，而是请他以专家的身份对当时西方电视节目影响力下降的原因进行探讨。

这一阶段，通过译介出版西方传播学经典著作，大陆学术界首次关注到了麦克卢汉及其理论。但值得注意的是，早期关于麦克卢汉的资料几乎都是转引自施拉姆的《传播学概论》一书。囿于第一手资料的缺乏，加上施拉姆本人对麦克卢汉的理论评价不高：“有必要指出，虽然麦克卢汉强调媒介本身的作用这一点是有益处的，但是研究人员仍然发现，在所传递的讯息的内部的传播作用的变化同媒介内部的传播作用的变化相比要大得多。讯息是讯息，媒介是媒介。”① 因此这一阶段，人们对于麦克卢汉的学说仅仅处于初识阶段，缺少辩证的分析和运用。

（二）传播阶段：1990—2002 年

这一阶段，国内学者自主编撰出版的一批传播学教材或专著，成为推介传播学的主要载体。麦克卢汉原著的翻译出版，则为此后的研究热潮提供了大量的一手资料。此外，期刊上也出现了一些以研究麦克卢汉为主题的文章。麦克卢汉逐步发展成为国内学界的理论研究热点。

20 世纪 90 年代，一批由国内学者编撰的传播学专著出版发行，促进了传播学在我国的进一步传播。主要有沙莲香的《传播学：以人为主体的图像之谜》（人民大学出版社，1990 年 2 月）、周晓明的《人类交流与传播》（上海文艺出版社，1990 年 3 月）、张咏华的《大众传播学》（上海外

① 施拉姆. 传播学概论［M］. 北京：新华出版社，1984：136.

语教育出版社，1992 年 8 月）、张隆栋的《大众传播学总论》（中国人民大学出版社，1993 年 7 月）、李彬的《传播学引论》（新华出版社，1993 年 10 月）、董天策的《传播学导论》（四川大学出版社，1995 年 11 月）、张国良的《传播学原理》（复旦大学出版社，1995 年 12 月）、段京肃的《基础传播学》（兰州大学出版社，1996 年 4 月）、邵培仁的《传播学导论》（浙江大学出版社，1997 年 1 月）、胡正荣的《传播学总论》（北京广播学院出版社，1997 年 4 月）、张国良的《现代大众传播学》（四川人民出版社，1998 年 5 月）、郭庆光的《传播学教程》（中国人民大学出版社，1999 年 11 月）等。在所列举的传播学专著中，除周晓明的《人类传播与交流》没有明确谈到麦克卢汉及其理论外，其余专著均已系统涉及麦克卢汉的媒介理论，几乎都对麦氏“媒介三论”进行了详细的解读；有不少论述是直接引用自麦克卢汉的著作，并结合实际情况对麦克卢汉的理论予以评价。

尤为值得注意的是，1992 年 1 月，四川人民出版社出版发行了由何道宽翻译的麦克卢汉的著作《人的延伸——媒介通论》。从此，何道宽的译著成为国内了解麦克卢汉思想的重要来源，与施拉姆的《传播学概论》共同构成早期研究麦克卢汉思想的两个引用渠道，见表 1。

表 1　1990—1999 年传播学专著对麦克卢汉思想的引用来源

出版时间	书名	引用：《人的延伸——媒介通论》	引用：《传播学概论》	引用其他
1990 年	以人为主体的图像之谜		√	
1992 年	大众传播学		√	
1993 年	大众传播学总论			√
1993 年	传播学引论	√		
1995 年	传播学导论	√		
1995 年	传播学原理			√
1996 年	基础传播学		√	
1997 年	传播学导论	√		
1997 年	传播学总论	√		
1998 年	现代大众传播学			√
1999 年	传播学教程			√

注：①除 1992 年出版的《大众传播学》直接引自施拉姆《传播学概论》中译本（新华

出版社，1984年）外，其余均转引自《传播学：简介》（人民日报出版社，1983年）。

②引用源为“其他”的，分别引自《了解大众媒介：人的延长》（加拿大潘格盎书籍有限公司，1964年）、《传播媒介与美国人的思想》（中国广播电视出版社，1980年）、《传播学应用与原理》（兰州大学出版社，1988年）。

自1993年起，国内学术刊物上陆续出现了关于麦克卢汉及其理论的学术文章。这些文章不再囿于第二手资料的引介，或是停留在“媒介三论”的初级阶段，而是从麦克卢汉的著作出发详细研究文本，逐步关注到其理论的基点——媒介与人的感知平衡。“麦克卢汉认为，媒介的发展不仅是历史研究的一个途径，而且是书写西方文明的一个途径：与口头文化相对应的是‘听觉空间’，与印刷文化相对应的是‘视觉空间’，与电子媒介相对应的则是‘触觉空间’；触觉代表着人类所有的感觉总和，也就是部落人长期失落的‘感觉总体’。”① 他还逐步运用其媒介理论对现实形成观照。纵观这一阶段麦克卢汉研究的基本情况，可以看到其呈现出刊物等级高、文章数量多、研究人员专业化程度高的特点，见表2、表3。

表2　1990—2002年国内学术刊物有关麦克卢汉的论文数量

刊名	论文数量
《新闻大学》	4
《现代传播》	5
《新闻与传播研究》	2
《当代传播》	2
《复旦学报（社会科学版）》	1
《深圳大学学报》	3
《当代电影》	1
《湖南师范大学社会科学学报》	1
《当代电视》	1
《中国电视》	1

注：①检索途径：中国知网。②检索项目，主题：麦克卢汉；期刊类别：核心；年份：1990—2002年。

① 殷晓蓉．麦克卢汉对美国传播学的冲击及其现代文化意义［J］．复旦学报（社会科学版），1999（2）：84-91．

表 3　1990—2002 年有关麦克卢汉的论文数量

年份	论文数量
1993 年	1
1994 年	1
1995 年	2
1996 年	3
1997 年	1
1998 年	1
1999 年	2
2000 年	5
2001 年	2
2002 年	3

注：未标明年份的，即该年度没有以麦克卢汉为主题的发表在核心刊物上的文章。

在这一阶段，出现了《麦克卢汉的传播思想》（陈卫星，《新闻与传播研究》1997 年第 4 期）、《传奇式的传播学家——关于麦克卢汉》（高竹梅，《现代传播》1998 年第 2 期）、《麦克卢汉对美国传播学的冲击及其现代文化意义》（殷晓蓉，《复旦学报（社会科学版）》1999 年第 2 期）、《新形势下对麦克卢汉媒介理论的再认识》（张咏华，《现代传播》2000 年第 1 期）、《媒介即文化——麦克卢汉媒介理论批评》（何道宽，《现代传播》2000 年第 6 期）等重要文章。“麦克卢汉把传播当作一种总体意义上的文明现象。这使得他专心致力于从媒介的文化特点来阐述现代传播媒介的心理学和生态学征。”① “它不仅促使大众传播理论成为当代文化的核心要素之一，而且包含着激励后人继续其事业的现实精神和批判精神。”② 这些文章大多出自当时国内知名学者或最早从事传播学研究的学者之手，如张咏华、陈卫星等人。他们不再孤立地看待麦克卢汉的理论，而是从西方传播学的学术

① 陈卫星. 麦克卢汉的传播思想 [J]. 新闻与传播研究，1997（4）.

② 殷晓蓉. 麦克卢汉对美国传播学的冲击及其现代文化意义 [J]. 复旦学报（社会科学版），1999（2）：84-91.

传统出发，对其进行抽丝剥茧式的系统分析，不再武断地将之定义为“技术决定论”。

2000 年，国内新闻传播学界的重要刊物《现代传播》《新闻大学》，以及《深圳大学学报》陆续刊发了 5 篇关于麦克卢汉思想的文章，足见世纪之交麦克卢汉研究在国内学术界的火热状况。同年 10 月，在 1992 年《人的延伸——媒介通论》的既有基础上，何道宽翻译的《理解媒介——论人的延伸》由商务印书馆出版发行。

（三）广为人知阶段：2002—2015 年

这一阶段有几个重要的变化。第一，以麦克卢汉、伊尼斯、莱文森等人为代表的媒介环境学派的专著陆续翻译出版。出版物的规模、质量和层次空前提高。第二，出现了以麦克卢汉为研究对象的硕（博士）学位论文，意味着麦克卢汉引发了学界的集体关注。研究麦克卢汉的学术文章数量增加。刊发文章的刊物等级继续提高。第三，何道宽异军突起，成为国内最重要的麦克卢汉的翻译者和解读者。

1992 年 1 月，四川人民出版社出版发行了由何道宽翻译的麦克卢汉的著作《人的延伸——媒介通论》，自此国内对麦克卢汉的研究由引介走向译介。其著作《机器新娘——工业人的民俗》（2003 年）、《麦克卢汉如是说：理解我》（2006 年）、《谷登堡星汉璀璨：印刷文明的诞生》（2014 年）陆续在国内翻译出版。同时，与麦克卢汉有承继关系的伊尼斯、莱文森等人的著作也被引介进来，极大丰富了研究麦克卢汉的第一手资料。人们不再囿于“媒介三论”的传统视域，而是从麦氏文本出发，研究其理论精髓、核心；不再人云亦云地将其定义为“技术决定论”，而是从人的感知与媒介应用这一理论基点出发研究麦克卢汉思想，并观照现实。

何道宽作为国内最主要的翻译者，逐步实现了从翻译麦克卢汉到解读麦克卢汉的转变。十多年间，他紧紧围绕麦克卢汉，先后发表了《麦克卢汉的遗产：超越现代思维定势的后现代思维》（1999 年）、《媒介即文化：麦克卢汉媒介理论批评》（2000 年）、《媒介革命与学习革命：麦克卢汉媒介理论批评》（2001 年）、《加拿大传播学派的双星：伊尼斯与麦克卢汉》（2002 年）、《“天书”能读——麦克卢汉的当代阐释》（2003 年）、《麦克卢汉的昨天、今天和明天：纪念麦克卢汉百年诞辰》（2011

年)、《关于新媒介文化及思想路径的对话》(2013 年) 等文章，并持续翻译麦克卢汉、伊尼斯、莱文森等人的著作。何道宽逐步形成了以译著为基点、以论文为核心的麦克卢汉研究结构。同时他也遵循了麦克卢汉的学术轨迹，从英美文学转向传播学研究，一跃成为国内媒介环境学派的最重要的学者之一。

在中国知网上进行搜索，2002 年以前，没有一篇以麦克卢汉为主题的硕（博）士学位论文。2002 年是个起点。这一年，学术界的基础性、潜在性力量——研究生——首次表现出对麦克卢汉的热情。将检索年份设置为“2002—2015 年”，检索主题设置为“麦克卢汉”，类别设置为“不限”，共检索到 337 篇硕士学位论文、19 篇博士学位论文。其中，硕士学位论文呈现逐年增多的趋势，仅 2011 年、2012 年就分别有 26 篇、52 篇相关论文，而 2011 年恰好是麦克卢汉 100 周年诞辰。

2002 年以后，大量以麦克卢汉为主题的文章发表，仅收录在中国知网中的就有 545 篇，其中发表的刊物级别为 CSSCI、核心期刊的分别有 141 篇、404 篇。麦克卢汉的理论在进入中国大陆新闻传播学界以后，经过近 20 年的传播，成为传播学研究中的一个热点并呈现出一些变化——关注群体从以学者为主转以学者为主、学子为辅；传播范围进一步扩大；研究的深度、广度都极大拓展。

二、麦克卢汉理论的传播特点

（一）研究深度增加

版规模和层次的日益扩大，国内对麦克卢汉的评价也逐渐发生了变化。

早期研究麦克卢汉的学者很少，加上当时传播学是非常小众的一门科学，能接触到的材料十分有限。因此早期学者在研究麦克卢汉思想时，多借助第二手资料停留在“媒介三论”的层面。随着一批传播学专著的出版，加上传播学自身的发展，研究麦克卢汉不再是一个难题。而其译著的出版又为研究人员提供了较为丰富的第一手资料，因此在研究的深度上有了较大发展。如《传播学通论》（上海交通大学出版社，2000 年）用整个小节的篇幅介绍麦氏理论；《传播学基础理论》（新华出版社，2003 年）在对“媒介三论”进行详细介绍的同时，还引用了莱文森对麦克卢汉的解读；《传播学总论（第二版）》（清华大学出版社，2008 年）专节介绍多伦多学派。1991 年起，国内出现第一篇以麦克卢汉思想为研究对象的文章；而到了 2002 年，已经有 545 篇以麦克卢汉为主题的文章发表在核心期刊和 CSSCI 期刊上；有 337 篇硕士学位论文、19 篇博士学位论文以麦克卢汉为主题。经过 30 余年的传播，麦克卢汉的理论成为传播学研究中的一个热点，研究主体由精英转向普通学者和学子。

（二）评价取向多元

囿于第一手资料的缺乏，早期研究者只能通过西方经典著作中对麦克卢汉原著的有限引用来从事研究。他们的关注点也多集中在“媒介即讯息”“媒介是人的延伸”和“热媒介、冷媒介”这三个最为引人瞩目的观点上。有限的文本决定了人们并不能很好地理解“媒介三论”，因此导致人们在评价其价值时武断地认为“论述缺乏科学性”（张咏华）、“奇谈怪论”（李彬）、“到底有多少科学价值还值得进一步研究”（董天策）、“工艺论决定者”（张隆栋）。

随着麦克卢汉著作的翻译出版，在掌握了较为翔实的第一手资料的基础上，人们在介绍麦克卢汉理论时，开始“知其所以然”，在新的形势下重新审视麦克卢汉及其理论价值。“这些论述可说含有对人类目前正在步入的知识经济时代的轮廓性的勾画。麦克卢汉的深刻洞察力和预言能力，不能不令人赞叹。”① “对媒介形式的影响做了充分肯定，理论大胆，富于新意且切中要害。观照当今……麦氏理论具有很强前瞻性。”② 自 1983 年麦克卢汉及其理论首次进入中国大陆新闻传播学界以来，经过第一阶段依靠西方著作“省略式”“借鉴式”的引介，到 1992 年《媒介通论》的出版，再到 2000 年国内权威期刊连续刊发 5 篇麦克卢汉专论文章，经过近 40 年的“迟滞”，中国大陆新闻传播学界终于在世纪之交时，迎头赶上全球范围内兴起的第二次麦克卢汉热潮。然而，赶上世界性的研究热潮，并不意

---

① 张咏华. 新形势下对麦克卢汉媒介理论的再认识［J］. 现代传播，2000（1）：33-39.

② 戴元光. 传播学通论［M］. 上海：上海交通大学出版社，2000.

味着达到世界性的研究水平。在相当长一段时间内，我国学界对麦克卢汉的研究集中于对“媒介三论”的溯源、推广与应用上。

1998年起，何道宽在一系列文章中称麦克卢汉为“20世纪最富原创性，又最富有争议的媒介理论家”（《加拿大传播学派的双星：伊尼斯与麦克卢汉》）、“西方传播学巨匠”（《跨学科的文化研究——〈人的延伸〉中译本序》）、“推不倒的先知和圣人”（《麦克卢汉的遗产：超越现代思维定势的后现代思维》），赋予麦克卢汉以权威性。自2000年以来，共有309篇以麦克卢汉为主题的学术论文、206篇硕士学位论文、18篇博士学位论文，引用或参考了何道宽的译著、论文，因而在评价麦克卢汉的学术成就时，这些研究也大抵持有类似的立场。

三、麦氏学说在中国内地的传播动力探因

实际上，麦克卢汉的媒介理论在概念界定、理论框架、逻辑演绎等方面都存在问题。第一，麦克卢汉极少集中精力关注某一个具体的媒介类型，在他的观念里“一切发明创造都是媒介”，这与人们的既有认知相去甚远。因此，他不得不使用大量的比喻、类比、联想来阐述他对于媒介的观点和看法，而这种论证方式又使得他的理论显得不太严谨，同时也为多样化解读埋下了伏笔。第二，麦克卢汉极少尝试建构一个庞大的理论体系，而主要把关注点集中于“人的感知平衡”之上。故此在论及与人、与媒介相关的问题时，他就难以从理论层面厘清逻辑关系，而表现出思维的跳跃、论述的前后矛盾，也为他人构建麦克卢汉式的理论留下了障碍。第三，麦克卢汉在论述媒介对人的影响时，不是以媒介现象而是以文学现象为例，不是按照媒介研究的方式而是采用文学研究的方法，因此就使得他的理论显得格格不入。但是，这些问题都没能阻止麦克卢汉逐步发展成为国内学界的热点。相较于在西方的遭遇，麦克卢汉在国内的传播和发展可谓一帆风顺，那么造就这种现象的原因是什么呢？

20世纪80年代，经济体制改革促进了社会的高速发展，媒介由意识形态斗争宣传工具转向以市场为导向的独立主体，迸发出巨大的活力，并日益扮演着重要角色，影响着人们的生活。早在20世纪50年代，电视机就已进入历史舞台，但直到80年代中后期，电视机才作为生活必需品逐步

进入千家万户。相较于报纸，电视观众不需要具备较好的读写水平；相较于广播，电视的音画栩栩如生；人们通过电视了解外部世界，通过观看同一部电视剧、同一场晚会（如“春晚”），迅速结成最广大的观众群体。20世纪90年代末，互联网横空出世，短短20年，就已成为当代社会最重要的构成要素，并深刻影响着人们的思维方式、生活方式乃至情感方式。而这一切，似乎印证了麦克卢汉所言：“就我们这颗行星而言，时间差异和空间差异已不复存在。我们正在迅速逼近人类延伸的最后一个阶段——从技术上模拟意识的阶段。在这个阶段，创造性的认识过程将会在群体中和在总体上得到延伸，并进入人类社会的一切领域，正像我们的感觉器官和神经系统凭借各种媒介而得以延伸一样。”① 随着时代发展，媒介日益成为影响社会的重要力量，日益影响着人们的日常生活和认知，麦克卢汉似乎早在50年前就预言了电视让人们看到世界各地（电视是眼睛的延伸）；再遥远的距离都能用航班时长衡量（电力的加速度）；中东动乱造成油价波动（地球村）。对于当时国内正处于上升期的媒介大环境而言，西方学者关注的媒介暴力与儿童认知、媒介与意识形态国家机器，似乎显得杞人忧天或是遥不可及。相较之下，麦克卢汉先知式的准确预言，则显得更具时代意义。

麦克卢汉在他的著作中运用比喻、暗喻来论证，用文学文本解释媒介现象，以及跳跃的论证方式，都成为理解麦克卢汉的难点，同时也为解读麦克卢汉提供了多种可能。早期，人们将关注点集中于“媒介三论”。作为概念较为明确且西方已有定论的代表性概念，国内对“媒介三论”的争议不多。随着麦氏著作的翻译出版，对文本的解读、概念的运用成为21世纪以来麦克卢汉研究热潮的显著特征。麦氏理论的天然属性——不重学理、逻辑、实证研究；文学式的表述；大量引用西方经典文学文本的阐释方式，契合了相当一部分学者的学养。

1978年，复旦大学新闻系开设传播学课程，随后中国人民大学、暨南大学、复旦大学相继开设此类课程。直到1996年，经教育部批准，原新闻学由二级学科提升为一级学科，并定名为新闻学与传播学。1997年，传播学正式成为国家二级学科。此后，作为一门学科，各大高校陆续开设相关

① 马歇尔·麦克卢汉. 理解媒介：论人的延伸［M］. 何道宽，译. 南京：译林出版社，2011：4.

专业或课程，以制度化的方式促进了传播学学科及研究在国内的发展。这个历史时期，也正是麦氏思想在国内传播的时期。长期以来，国内从事传播学研究的学者大多出身于中文或新闻（新闻学在相当长一段时期内是文学的二级学科），因此，麦克卢汉这种文学式的研究方式，天然地吸引着早期学者的注意。相较于需要大量实证样本和理论素养，需要严格的专业训练才能开展研究的经验学派、批判学派，麦克卢汉从古今中外的文学作品出发研究媒介，用字母表文字和象形文字谈印刷文化、口头文化，以及用格言警句来下命题的方式，契合了一部分学者的素养。

麦克卢汉研究的是人的感知平衡与媒介发展的关系，他认为人类历史上任何一种发明和技术都可以视作人的延伸，都是某种意义上的媒介。这种媒介不是作为载体传递信息，而是作为人的器官或感官的延伸，去感知世界。如车轮是脚的延伸，它通过飞速运转实现了脚的功能，但人的脚无法承受机械式的压力，因此人在使用轮子的过程中，是意识不到脚的存在的。否则他会因为这种超出负荷的压力而崩溃。人为了维系感觉系统的平衡，必须发展出新的感知比例。这就是麦克卢汉在考察媒介发展史时所秉承的核心思想。基于这个思路，他系统地考察了口语词、书面词、道路、服装、住宅、货币、时钟等非传统媒介，和报纸、广播、电视等传统媒介在人类认知史上的地位，以及由媒介形态变化带来的人的感知、生活和社会文化变化。他认为媒介与人的感知的关系是一个不断运动、发展的过程，只有置于宏观的社会、历史视角下才能考察其功能。麦氏思想的内核是辩证的、历史唯物的，基于这种内核，他将媒介视为推动人类历史发展的重要工具，其思想也被部分研究者涵括为“技术决定论”。20 世纪 80 年代以来，得益于经济体制改革以及科技的推动，我国实现了跨越式发展。科学技术是第一生产力已成为共识①。麦克卢汉思想中蕴含的辩证的、历史唯物主义的内核，对技术的积极期待，都与国内学术界主流价值相契合。

在经验、实证占主导地位的西方传播学界，麦克卢汉秉承传统，从“人”这个人文学科的真正研究对象出发，探讨人与媒介的关系。他将人

---

① 马克思说过，科学技术是生产力，事实证明这话讲得很对，依我看，科学技术是第一生产力。”转引自：邓小平．邓小平文选：第三卷［M］．北京：人民出版社，1993：279．

的主体性视为思辨核心。他的思想无疑是划时代的。“总体而言，麦克卢汉学说自有其魅力和力量，他对自己所处时代的新媒介态度乐观，他对媒介承载和传递的美感兴趣，他拒绝割裂流行文化、大众文化和精英文化，他为促成大众媒介研究这个独立的文化研究领域发挥了首要作用。”① 但他的缺陷也正在于此，任何一种理论都要有确定的研究对象和研究范围，而跳跃的、灵光乍现式的论述方法，在引人瞩目的同时也蕴含着流于表面的关注。

① 埃里克·麦格雷. 传播理论史：一种社会学视角［M］. 北京：中国传媒大学出版社，2009：38.

方寸之间见天地：古籍实物及副文本的出版史料价值

李明杰

（武汉大学信息管理学院，湖北武汉，430072）

摘要： 出版史研究与其他专题史研究一样，必然以翔实的史料为基础，出版史料学的建设应提上日程。对于古代出版史研究而言，学界在重视编纂文字史料的同时，还应重视实物史料的搜集工作，尤其要从古籍正文以外的序、跋、卷端、牌记、刻工、藏印等副文本信息当中，发掘出与中国古代出版活动相关的史料。这样做，既有助于从微观的角度开拓单书出版史研究的新领域，也可促使宏观出版史的研究在研究方法上有所革新。

关键词： 出版史；古籍；史料学；副文本

一

对于史料在历史研究中的重要性，前贤都有着深刻的认识。远者如2000多年前的孔子在为学生讲授夏殷之礼时曾发出“文献不足征也”（《论语·八佾》）的慨叹，近者如傅斯年倡导“史学便是史料学”的观点。受此影响，我国学者历来重视出版史料的编纂整理工作，取得了不少基础性的成果，如：1953—1959年张静庐辑注《中国近代出版史料初编》《中国近代出版史料二编》和《中国出版史料补编》，以及《中国现代出版史料》（甲、乙、丙编）；1999年宋应离等编纂《中国当代出版史料》；2001—2004年宋原放主编《中国出版史料》（古代部分由宋原放、王有朋辑注，近代部分由汪家熔辑注，现代部分由陈江、吴道弘、方厚枢辑注）；1995—2013年袁亮主编《中华人民共和国出版史料》；2013年吴永贵编纂

《民国时期出版史料汇编》及其续编。此外，开明书店还于 1982 年创办了专门的期刊《出版史料》。

然而，通过对以上编纂成果的分析，我们不难发现，前代学者对中国出版史料的整理主要集中在近代至现当代，而古代部分明显薄弱，目前只有《中国出版史料·古代部分》一书出版，且该书仅收录沈括《活板印刷术》、王祯《造活字印书法》、金简《钦定武英殿聚珍版程式》三篇古代文献，其余都是今人研究古代出版史的论文，并非第一手的史料。前不久缪咏禾先生就中国古代出版史研究提出的十二个方面的课题①，其中有不少目前仍处于悬而未决或浅尝辄止的状态，究其原因，还是与古代出版史料的整理不力有关。显然，相对于中国悠久的出版历史而言，有规模、成系统的古代出版史料整理工作尚处于起步阶段。

根据史料的存在形态，史料学将史料划分为文字史料、实物史料和口头史料。现当代出版史研究尤其注重搜集健在的出版人物的口头史料，但对于古代出版史而言，口头史料的搜集因为年代久远已无可能，所以重点要做好文字史料和实物史料的搜集整理工作。文字史料，指的是历代文献的正文中关于中国古代出版活动的文字记录，涉及图书的创作、生产、传播及管理等各个方面。它们广泛地分布于书目、正史、政书、文集、笔记小说、方志、谱牒等历史文献，甚至奏疏、日记等档案文献中，需要花费大量的时间和精力去做系统的甄别、筛选、摘录工作，不发扬“上穷碧落下黄泉”的精神不克成功。搜集文字史料并对其内容进行深入细致的考察、研究，是我们做出版史的常规方法，这里姑且不谈。本文重点要阐述的是容易被我们忽略的古籍实物及副文本信息。

对于古代出版史研究而言，考古发现的简策、帛书和遗存至今的纸卷、纸册等古代出版实物（即古籍），以及这些出版物正文以外的副文本，与出版物的正文内容一样，具有同等重要的史料价值。通过对古籍实物外在形制的考察，可以研究古代的书籍装帧、版式设计的特点及演变规律；通过对副文本信息的解读，可以探究单书的初印与后印、底本与翻刻本、原版与盗版、作者与整理者、出版者与读者、收藏与递藏之间的关系。前者是书籍装帧史研究的必然途径，已为我们所熟知；而后者为传统的出版

① 缪咏禾．中国出版史研究课题浅议［J］．中国出版史研究，2018（2）：61-70.

史研究者所忽略，但它可能开启古代出版史研究的一个新领域——单书出版史研究。这是一种微观的、完全有别于宏观叙述的出版史研究模式。更为可观的是，我国现存古籍的数量约有19万种，如果能将这么大规模的古籍副文本信息中的出版史料发掘出来，聚少成多，积沙成塔，不仅能为各种单书出版史、专题出版史研究提供极为丰富的素材，而且反过来终将汇聚成一幅宏大的中国古代出版史图景。

二

20世纪以来，我国先后出土了14批简策帛书，分别是敦煌汉简、居延汉简、湖南长沙子弹库楚墓帛书、河南信阳长台关楚墓竹书、甘肃武威磨咀子汉墓竹书、山东临沂银雀山汉墓竹书、甘肃武威旱滩汉墓医方简、长沙马王堆帛书、定县八角廊汉墓竹书、新出居延汉简、湖北云梦睡虎地秦墓竹书、安徽阜阳双古堆汉墓竹书、湖北江陵张家山汉墓竹书、湖北荆门郭店竹简等①，加上1900年发现的敦煌遗书，写本时代的出版物在数量上已经很可观了。这些早期出版的古籍实物理应成为我们研究写本时代出版史的第一手的实物资料。然而，受学术传统与研究方法的影响，我国现有的出版史研究偏向的是一种宏大的叙述模式，切入点无非是出版物的装帧形制、纸墨技术、编纂活动、流通和管理等，而忽略了一些看似微不足道的细节问题，比如书写顺序及行款格式、字体演化、篇名及作者名的题署、单篇文献的结集过程、分卷及命名方法、早期标点符号的使用、写本的传播聚散等。出版史研究要想成长为学术丛林里的一棵枝繁叶茂的大树，固然离不开宏大的历史叙述，但也少不了微观的历史考察。考古发现的写本实物既可为微观的出版专题史研究提供生动、直观的素材，同时也可促使我们在研究方法上有所革新。

“副文本”的概念最早是由法国文论家杰拉德·热奈特（Gerard Genette）于20世纪70年代提出来的。他在《副文本：阐释的门槛》一书中归纳了副文本的13种类型，即出版商的内文本、作者名、标题、插页、献辞和题词、题记、序言交流情境、原序、其他序言、内部标题、提示、公众外文本和私

① 李明杰. 中国古代图书著作权研究［M］. 北京：社会科学文献出版社，2013：26.

人内文本等。这个概念也可引入对中国古籍的描述之中，指的是古籍正文以外的书名页、序言、跋记、批注、校语、卷端、牌记、刻工、藏印等。无论是写本时代还是刻本时代，古籍的副文本无不蕴藏了丰富的出版信息。

书名页最早见于元代，明清以后就较为普遍了。古籍的书名页虽无固定的格式，但通常包括书名，或书名和刻书者，或书名、刻书者和刻书时间，或书名、广告式文字和插图。如元至治年间建安虞氏刻《新全相三国志平话》，其书名页分为三栏：上端一窄栏横题“建安虞氏新刊”，中栏是一幅人物插图，下栏题两行大字书名“新全相三国志平话”，中间刻有小字“至治新刊”。又如元至正十六年（1356 年）刻本《广韵》的书名页，正中题书名“新刊足注明本广韵”，左右各一行小字，右边是“五音四声切韵图谱详明”，左边是“至正丙申仲夏绣梓印行”，横眉题“翠岩精舍校正无误”。通过对历代古籍书名页的比照，本身可以考察书名页演变、规范的过程。另外，书名页所提供的刻书者、刻书时间及书籍广告等信息，对于研究该书的出版传播无疑是极具价值的。清代以后的刻本书名页常见“××藏版”字样，这可能存在两种情况，一是藏版者即刻书人，二是藏版者仅是版片的收藏人，而后者反映的是图书后印的情况。

古籍的序，有作者的自序，有请师长、友人题写的序，还可能有作者身后的编订者、校刻者、评注者题写的序。作者自序或请师长、友人题写的序，多介绍一书的创作动机、成书经过及内容主旨，如司马迁的《太史公自序》、班固的《汉书叙传》等；而后期由整理者题写的序，多记载一书的传承脉络、版本来历、整理和刊刻经过，是当之无愧的第一手出版史料。例如，南宋周必大嘉泰四年（1204 年）为刘弇《龙云集》作序称：“先是，汴京及麻沙《刘公集》二十五卷。绍兴初，予故人会昌尉罗良弼遍求别本，手自编纂，增至三十二卷，凡六百三十余篇。嘉泰三年，贤守豫章胡元衡平一表郑公之乡里，访襄阳之耆旧，欲广其书，激厉后学。予亟属罗尉之子泌缮写定本，授俟刻之。”① 通过此序，我们可以清楚地知道刘弇的《龙云集》在北宋时已有汴京和建阳麻沙两地的刻本，且均为二十五卷。南宋绍兴初由罗良弼增补为三十二卷，其子罗泌缮定，豫章太守胡元衡资助刊刻。又如，清阮元《重刻宋本〈太平御览〉序》对《太平御

① 祝尚书．宋人别集叙录［M］．北京：中华书局，1999：548.

览》的成书年代及价值、明清两代的刊刻及校改情况作了详细交代①。

跋记，也称为后序，其内容和功能同序言，但缀于书后，通常是由后人在图书流传过程中补加上去的，或述作者身世，或考图书流传，或评学术流变，其中也有相当一部分涉及出版史，足资参考。如南宋张栻为《二程遗书》跋云："《二先生遗书》，近岁既刊于建宁，又刊于曲江、于严陵，今又刊于长沙。长沙最后刊，故是正为尤密。始先生绪言传于世，学者每恨不克睹其备，私相传写，人自为本。及是书之出，裒辑之精，亦庶几尽矣。"② 寥寥数行文字，对《二程遗书》在两宋的刊刻经过交代得非常清楚。以上所举两序一跋，对于研究《龙云集》《太平御览》《二程遗书》的单书出版史，其价值自不待言。

卷端是古籍每卷正文之前两三行标明书名、卷次、作者及编纂校刊者姓名、著述方式、版刻情况的文字，其所蕴藏的出版史料尤为丰富：第一，卷端书名可揭示作者的籍贯、朝代、职官、姓名等信息，如《南丰先生元丰类稿》《唐孙樵集》《豫章罗先生文集》《翰林杨仲弘诗》之类。第二，卷端书名可揭示刻书者信息，如《三桂堂王振华刻本警世通言》《太平路新刊汉书》之类。第三，卷端书名可揭示版本、版次及底本信息，如《百衲本二十四史》《重刊拜经楼丛书》《宋刊巾箱本八经》之类。第四，卷端题署可揭示作者与整理者之间的关系，如明嘉靖南京国子监刻本《前汉书》卷端题"汉兰台令史班固撰；唐正议大夫行秘书少监琅邪县开国子颜师古注"，揭示的是作者与注者的关系。清乾隆间刻本《半舫斋古文》卷端题"高沙夏之蓉醴谷氏著；秣陵戴祖启敬咸批点"，揭示的是作者与批点者的关系。清乾隆辛巳（1761 年）承学堂刻本《梅氏丛书辑要》卷端题"宣城梅文鼎定九甫著；弟文鼐尔素学孙瑴成重校辑"，揭示的是作者与编者的关系。明毛晋汲古阁刻本《图画闻见志》卷端题"宋郭若虚撰；明毛晋订"，揭示的是作者与校订者的关系。这些关系都是单书出版史研究必不可少的考察内容。

牌记作为版权页的雏形，也具有重要的出版史料价值。牌记的内容五花八门：有的标明主要出版信息，包括刻书时间、刻书地点、刻书者及其堂号等，如明嘉靖三十五年（1556 年）刻本《周易传义》，书末牌记"嘉

① 彭铎．群书序跋举要［M］．济南：山东教育出版社，1995：30-31.

② 张栻．张栻集［M］．长沙：岳麓书社，2010：809.

靖丙辰岁孟秋广东崇正堂重刊”。有的交代出版经过，如明成化古田张淮刻本《翠屏集三卷张氏至宝挽诗一卷》，序后牌记曰：“诗文一依监本，博士石仲濂先生批点，中间漏板不复刊行，今将家藏本增于后，成化十六年庚子岁孟冬吉旦嗣孙张淮捐俸重刊。”有的说明底本及校勘情况，如宋王叔边刻本《后汉书注》牌记云：“本家今将前后汉书精加校证，并写作大字，锓板刊行，的无差错。收书英杰，伏望炳察。钱塘王叔边谨咨。”有的介绍图书内容及体例，如明万历十九年（1591 年）金陵周曰校刻本《新刻校正古本大字音释三国志通俗演义》牌记云：“是书也，刻已数种，悉皆讹舛，辄购求古本，敦请名士，按鉴参考，再三雠校。俾句读有圈点、难字有注音、地里有释义、典故有考证、缺略有增补、节目有全像。”有的与读者进行交流，如明宣德刻本《新笺古今决科源流至论》牌记云：“《源流至论》一书，议论精确，条分缕析，场屋之士得而读之，如射之中乎正鹄，甚有赖焉。然此书板行于世久矣，先因回禄之余，遂为缺典。本堂今求到邑校官孟声董先生镛抄本，欲便刊行，唯恐中间鲁鱼亥豕者，多更于好事处访购到原本，端请名儒，重加标点，参考无误，仍分四集，敬寿诸梓，嘉与四方君子共之，幸鉴。宣德疆园协洽之岁仲夏建阳书林刘克常敬识。”还有的申明版权，如明崇祯刻本《乌程县志》目录后牌记曰：“志板贮库贵在典守，如有私自刷印、妄为增损者严究。”各种情况不一而足，构成了丰富多彩的古代出版活动场景。

刻工是古籍出版的直接参与者和操刀人，其姓名或代号多见于版心下方，或序后、目录后、凡例后、卷后等处。刻工在版片上留名，并非想流芳千古，而是有两个非常实际的用途，一是对版片上的文字负责，二是便于计件算工钱。宋代的刻工人数，据张秀民《宋元的印工和装褙工》① 一文考证有 3000 余人；明代是雕版印刷的黄金时期，李国庆《明代刊工姓名全录》② 收录明代刻工 15000 余人。清代因文字狱的缘故，刻工留名者反不如前朝多。刻工信息对于出版史研究至少有以下四个意义：一是通过刻工在不同版片上的留名情况，考察工匠在刻书过程中的组织、协作情况；二是通过同一版本中留下的不同年代的刻工信息，考察版本递修情况；三是考察刻工的地域分布，比较不同地区的版刻风格和特点；四是结合版刻

① 张秀民．宋元的印工和装背工［J］．文献，1981（4）：195-199．

② 李国庆．明代刊工姓名全录：前言［M］．上海：上海古籍出版社，2014．

地考察刻工的流动情况，分析古代刻书中心的聚合和变迁过程。

藏印是在图书出版后，收藏者出于标明图书藏所、赏鉴结果、个人志趣，或告诫子孙爱护书籍等目的，而钤盖在图书卷端、跋尾等处的印章。这些古色古香、朱墨灿烂的藏印不仅具有艺术欣赏价值，同时兼具一定的史料价值。国家图书馆所藏南宋陈宅书籍铺刻本《唐女郎鱼玄机诗集》，寥寥十余页的书就有40余方藏印，如明代朱承爵钤有“子儋”“西舜城居士”两印，项元汴钤有“项元汴印”“子京父印”“项子京家珍藏”“项墨林父秘笈之印”“墨林秘玩”“檇李项氏士家宝玩”等印，清初沈榕钤有“沈榕之印”“木公”“沈木公氏图书”“麟湖沈氏世家”“木公珍玩”“劲寒松书画记”“休文后人”“北山草堂”等印，康熙年间何焯钤有“茶仙”藏印一枚，嘉庆时黄丕烈钤有“黄丕烈印”“荛圃”“士礼居藏”“平江黄氏图书”等印，上海徐紫珊钤有“徐渭仁”“修止轩”两印，民国后袁世凯之子袁克文钤有“惟庚寅吾以降”“上第二子”“臣克文印”“后百宋一廛”“寒云如意”“寒云心赏”“寒云主人”“云和楼”“八经阁”“袌存欢喜”“袌道人”“佞宋”“侍儿文云掌记”“克文与梅真夫人同赏”、二十九岁小像印等①。如果按照时间顺序，将这一枚枚藏书印连接起来，反映的就是这一版本的图书的阅读史、传播史；如果将同一种书不同版本中留下的藏书印连接起来，反映的就是这一种书的全部阅读史和传播史。对于古籍藏书印的整理，可尝试用数字化的方法，如日本国文学研究资料馆（NIJL）将古籍中的藏书印扫描后建成“藏书印图像”数据库，可实现浏览藏书印图像、考察并著录印主传记信息、检索书签目录等功能。我国有条件的图书馆也可借鉴这种做法。

三

古籍实物附载的序、跋、书名页、卷端、牌记、刻工、藏印等副文本信息，反映了一书从成书、刊刻、流传，到后期校订整理、再版、收藏等各个环节的情况，还兼及作者、后来整理者及不同著述方式之间的复杂关系，几乎涉及一书出版的各个方面。因此，对古籍实物出版史料的发掘整

① 王玥琳. 中国古代藏书印小史［M］. 北京：中国长安出版社，2015：253.

理，可能推动古代出版史研究在微观领域取得新进展，单书出版史研究或将成为一个引人关注的新热点。从出版史研究的长远发展来看，古籍实物出版史料的编纂整理势在必行。

其实，我国在题跋编纂方面是有优良传统的，如晚清潘祖荫辑有黄丕烈的《士礼居藏书题跋记》；缪荃孙辑有黄丕烈的《士礼居藏书题跋记续》《荛圃藏书题识》《荛圃刻书题识》和徐（火勃）的《红雨楼题跋》；王大隆（字欣夫，以字行）辑有黄丕烈的《荛圃藏书题识续录》《荛圃藏书题识再续录》和顾广圻的《思适斋书跋》；顾廷龙辑有张元济的《涉园序跋集录》；罗继祖为其祖父罗振玉辑有《大云书库藏书题识》等。这类编纂是以学者为对象，题跋内容涉及藏书、校勘、鉴赏、刻印、版本等各个方面，与出版史尚有密切关系。20 世纪八九十年代又有一批序跋编纂成果问世，如大连图书馆参考部编的《明清小说序跋选》（春风文艺出版社，1983 年）、曾祖荫等人编的《中国历代小说序跋辑录》（华中师范大学出版社，1989 年）、杜云编的《明清小说序跋选》（广西人民出版社，1989 年）、南开大学古籍整理研究所编的《清代经部序跋选》和《清代史部序跋选》（天津古籍出版社，1991—1992 年）、彭铎编的《群书序跋举要》（山东教育出版社，1995 年）、周俊旗及汪丹编译的《历代序跋名篇选译》（中国青年出版社，1998 年）等，但这些编纂成果几乎都是从文学、经学、史学的角度选辑资料的，于出版史研究参考价值不大。

专门收集古籍书名页和卷端信息的史料编纂尚未见到，但在一些古籍版刻图录或书影中可见到一些，如瞿启甲《铁琴铜剑楼宋金元本书影》（1922 年）、南京国学图书馆《盋山书影》（1929 年）、刘承干《嘉业堂善本书影》（1929 年）、陶湘《涉园所见宋版书影》（1937 年）、赵万里《中国古籍版刻图录》（文物出版社，1960 年）、上海图书馆《善本书影》（上海古籍出版社，1978 年）、黄裳《清代版刻一隅》（齐鲁书社，1992 年）、吴希贤《所见中国古代小说戏曲版本图录》（全国图书馆文献缩微中心，1995 年）、黄永年等《清代版本图录》（浙江人民出版社，1997 年）、故宫博物院《重整内阁大库残本书影》（广陵古籍刻印社，1998 年）。2007 年国家古籍保护中心成立，借由它的推动，不少图书馆编纂出版了本馆的善本图录，如《辽宁省图书馆藏古籍精品图录》（沈阳出版社，2008 年）、《江苏首批国家珍贵古籍名录图录》（凤凰出版社，2008 年）、《天津图书馆古籍善本图录》（天津古籍出版社，2009 年）、《江西省图书馆馆藏珍本古籍图录》（江西人民出版社，2010 年）、《苏州市国家珍贵古籍名录图录》（西泠印社出版社，2011 年）、《吉林省珍贵古籍名录图录》（吉林人民出版社，2012 年）、《山西大学藏珍贵古籍图录》（三晋出版社，2012 年）、《武汉大学图书馆藏古籍善本图录》（武汉大学出版社，2016 年）、《复旦大学图书馆藏古籍善本图录》（复旦大学出版社，2018 年）等，国家图书馆出版社也推出了多批《国家珍贵古籍名录图录》。以上编纂基本上都是从揭示馆藏的角度来编纂书影的，对于出版史研究而言，还需从中披沙拣金，择取所需，或干脆从中选辑有出版史料价值的书名页或卷端信息，另编成册。

牌记的编纂成果现只有两部，一是林申清编纂的《宋元书刻牌记图录》（北京图书馆出版社，1999 年），二是国家图书馆古籍馆编的《清代版刻牌记图录》（学苑出版社，2007 年）。前者取宋元书刻牌记 65 家 92 种 104 幅汇为一编，其中宋刻本 38 家 51 种 56 幅，元刻本 27 家 41 种 48 幅，殊为珍贵；后者收录清代版本 2000 多种，书影约 4000 幅，但除收录牌记外，也大量收录了书名页，体例颇为不纯，不过反倒因此出版史料价值不菲。明代作为我国雕版印刷的黄金时期，牌记的搜集、整理却为空白，后来者当大有可为。

刻工资料的编纂主要集中在宋、元、明三朝，如日本人长泽规矩也编纂的《宋元刊本刻工名表初稿》（上海古旧书店业务科，1960 年）、王重民的《中国善本书提要》附《刻工人名索引》（上海古籍出版社，1983 年）、李国庆的《明代刊工姓名索引》（上海古籍出版社，1998 年）和《明代刊工姓名全录》（上海古籍出版社，2014 年）、王肇文的《古籍宋元刊工姓名索引》（上海古籍出版社，2012 年）。显然，清代刻工资料的搜集、整理仍有艰巨的工作要做。

印章的收集编纂在我国有较长的历史。现存最早的印谱为明隆庆年间顾从德所辑《集古印谱》，为后来印谱的编制体例、用笺规格、释文考证等方面奠定了基础。其他的还有明代潘云杰等编辑的《秦汉印范》、陆鑨编辑的《片玉堂集古印章》、梁袠编辑的《印隽》，以及清代汪启淑编辑的《飞鸿堂印谱》、陈介祺编辑的《十钟山房印举》等。但要说明的是，这些文献所收印章并不是以藏书印为主。今人所编藏书印文献有林申清的《明清著名藏书家藏书印》（北京图书馆出版社，2000 年）和国家图书馆分馆普通古籍组编《国家图书馆古籍藏书印选编》（线装书局，2004 年），足资参考。

综上所述，当前在古籍实物及副文本出版史料的搜集、整理方面，尚有不少空白领域，仍有许多查漏补缺的工作要做。因此，我们一方面要重视对古籍内容的出版史料的系统梳理；另一方面也要重视对古籍实物及副文本出版史料的发掘整理；同时要注意利用现有的古籍数字化成果，运用现代信息检索技术，从已有的古籍影像数据库中截取我们需要的副文本信息。唯有从多途径入手，才能全面建立中国古代出版史研究的史料体系，将中国古代出版史研究引向深入。

读屏时代“影视同期书”的出版传播策略

邬　玲

（华中科技大学新闻与信息传播学院，湖北武汉，430074）

摘要：随着互联网、手机等新媒介的出现，读者渐渐步入了读屏时代。他们的阅读对象从传统的纸质图书转变为电子图书，由厚重的书本阅读变为轻便的移动电子阅读。而这一阅读方式的转变，给图书出版带来了巨大的机遇与挑战。随着影视改编的兴起，文学作品、网络小说等纷纷被搬上银幕，改编成好看的影视作品；与此同时热门的影视作品也出版为图书，影视与图书的相互反哺、互动，更新了整个出版生态格局。“影视同期书”，就是影视到文学的逆向改编，相较于文学到影视的正向改编，这类改编出现较晚、模式较新，它表现了影视对文学、对图书出版的影响。“影视同期书”作为一种新型的图书出版产物，是一把双刃剑，能使文学平面化、肤浅化，但与此同时使得影视图书出版再次回热。因此，本文从读屏时代入手，分析“影视同期书”的传播现状及弊端，探究其健康传播的策略，为图书出版、传播提供启示与借鉴。

关键词：屏读；“影视同期书”；读屏时代；出版传播；融媒体策略

读屏时代，是以电视屏幕、电脑屏幕、笔记本电脑屏幕、手机屏幕、各类电子屏幕为载体进行阅读的时代，它改变了人们从读纸获取信息的阅读习惯。

凯文·凯利在《必然》一书中列举了12种必然的趋势，其中第四章就提到了“屏读”这一必然①。诚然，我们已经迈入了读屏时代，而且接受

① 凯文·凯利. 必然［M］. 周峰，董理，金阳，译. 北京：电子工业出版社，2016：55-60.

并习惯着通过屏幕获取信息、消磨时光。我们随时随地都可以发现地铁、大街上人们拿着手机，看着电视剧、网络小说、新闻资讯等等。“屏读”已然是我们生活中的一种方式。随着媒介的日益迭代，从纸质图书、电视、电脑到手机媒介，人们的休闲时光越来越被屏幕占据。我们的阅读方式由以前的读书看报变为追剧和低头玩手机。

“影视同期书”，正是由“屏读”这一趋势带动而流行起来的。人们看过文学作品改编的影视剧后，会再次回顾一下图书，也会在追完剧之后觉得还未尽兴再去阅读“影视同期书”。这一现象着实为影视图书出版、传播带来了机遇，但同时也带来了挑战，因为影视图书的质量较低、网络小说的同质化，还有版权纠纷、营销策划不成熟、缺乏成熟的影视图书衍生物市场等等问题，也为图书出版带来了巨大挑战。鉴于此，本文从读屏时代入手，分析“影视同期书”的传播现状及其问题，探究其如何健康有序地出版、传播，为图书出版、传播提供启示与借鉴。

一、“影视同期书”的出版传播现状及问题

（一）何谓“影视同期书”

“影视同期书”诞生于20世纪90年代初。由于影视业的迅猛发展，大众日益增长的观影需求，对影视业的创作提出了高要求，这一要求正好由作家来满足：一方面，作家将作品源源不断提供给影视制作人，争取作品在屏幕上获得传播；另一方面，作家参与影视剧的编创，一些作家主动承担了相应的“影视同期书”的创作任务。

“影视同期书”作为一个新词，始于2004年张文红的《“结盟”中的凯旋与失意：从90年代作家“触电”和“影视同期书”现象谈起》一文，文中指出，“影视同期书”顾名思义，就是影视创作参与者在影视剧的热播过程中或其刚刚结束不久，利用观众对于影视剧情节和人物命运发展的好奇和先睹为快心理，及时出版发行的影视剧的文字“克隆版”①。2006年《电影评介》发表的《文学与影视之间——就“影视同期书”现象

① 张文红.“结盟”中的凯旋与失意：从90年代作家“触电”和“影视同期书”现象谈起［J］.文艺评论，2004（1）：24-28.

采访葛红兵教授》也从文学与影视的关系探讨了“影视同期书”能不能算严格意义上的纯文学小说的问题。2008 年《沧桑》第 2 期发表的《“影视同期书”现象的冷思考》一文，通过对“影视同期书”产生的原因以及特征的分析，得出“影视同期书”是一把双刃剑，它仅仅是市场运作的一种“有意识的形式”，不应该成为名利的道具，为此出版界应做好“麦田里的守望者”角色的结论①。

从“影视同期书”的出版传播现状来看，它是指三种性质的图书：第一种是原已出版的图书改编为影视作品，并因影视剧上映而重新出版的原著图书；第二种是指原已出版的图书改编为影视作品，因影视剧上映而重新设计原著内容和形式并再版的图书；第三种是在影视剧推广上映期间或结束不久出版的与影视剧同名的图书，这类图书在内容呈现上近似影视剧的脚本，在装帧形式设计和宣传推广方面紧密结合影视剧，受影视剧播出档期的深刻影响②。综上所述，笔者认为“影视同期书”是指，在影视剧上映期间或结束后不久，出版单位利用影视剧传播的市场预热效应，及时跟进出版的影视剧同名图书、原著图书或吸收了影视剧元素的原著再版书。

（二）“影视同期书”出版热销

纵观近年来的图书畅销榜，我们可以发现，每年都有相当数目的影视图书成为畅销读物。“影视同期书”在各大图书网站畅销排行榜上的排名不断提升，并且其数目上也有不断增加的趋势。每年新电影的上映及影视剧的热播，很大程度上影响着图书畅销榜的构成比例。历数 2011 年当当网年度畅销榜前 10 名，“影视同期书”占据了其中 30％的份额，《失恋 33 天》因同名电影受到欢迎而销量升至畅销榜第 2 名，《杜拉拉大结局》一书则被徐静蕾导演的电影带动而跻身榜内第 3 名，《步步惊心》则因影视剧的热播而升至第 7 名。此外，还有《金陵十三钗》《千山暮雪》等影视图书均进入了畅销榜的前 20 名。

2012 年图书年度畅销榜前 10 名中，《白鹿原》一书因同期上映的电影

① 薛月兵.“影视同期书”现象的冷思考［J］. 沧桑，2008（2）：239-241.

② 张文红，叶磊.“影视同期书”出版现状调查与分析［J］. 出版广角，2012（1）：67-69.

而位列畅销榜的第 3 名；由台湾网络小说作家九把刀同名小说改编的电影《那些年，我们一起追的女孩》，则带动了同名“影视同期书”的热销，其销量一路上升，并迈入年度畅销榜第 6 名。2013 年，李安执导的 3D 电影《少年派的奇幻漂流》在各大影院上线，同名小说《少年派的奇幻漂流》在 1—4 月的各大畅销榜上都上升至前 6 名。赵薇执导的首部电影《致我们终将逝去的青春》在 4 月 26 日上映后，在电影前期宣传的带动下，辛夷坞的同名小说在 3 月份登上畅销榜的第 4 名，4 月份升到第 2 名，6 月份登上畅销榜榜首。随后，郭敬明的小说《小时代》因其电影的上映而得以再次出版热销，并进入当当网年度畅销榜前 5 名。

据亚马逊中国发布的 2015 年度图书排行榜数据，《花千骨》《琅琊榜》《盗墓笔记》等图书在同名影视剧上映后，销量成倍增长，其中《琅琊榜》销量提升达 33 倍。除了影视剧带动原版图书热销外，也有诸如《芈月传》，其小说与电视剧同时创作，先后面市，两者均凭借此前《甄嬛传》造成的巨大影响成为市场爆款。与上述情况不同，综艺节目《爸爸去哪儿》的走红带动了图书衍生品的供不应求，2017 年的《人民的名义》《悟空传》再度让图书热销，显示出影视文化对出版文化的反哺效应。“影视同期书”的热销成为一个令人瞩目的现象。影视与图书之间反哺、互动，形成一个牢不可破的产业链。一系列“影视同期书”的热销进一步推动了出版社争相出版影视图书的热潮，同时也带来了诸多问题。

（三）“影视同期书”出版传播过程中的问题

“影视同期书”在国内从兴起到发展至今不过十多年，并不成熟。有些图书取得了骄人的成绩，而不少影视图书并不令人满意。在“影视同期书”的发展过程中也出现了不少问题，这些问题也往往制约着影视图书的出版传播。

1. 同质化现象严重，版权纠纷不断

在影视图书出版领域，盲目跟风是一大顽疾。一旦有影视剧热播，相关的图书出版立即跟风影视热点。这就导致图书同质化现象严重，也导致不断出现版权纠纷。图书出版资源是相当有限的，单一、重复的图书不仅无益于图书市场的繁荣与发展，同时对丰富多彩的原创作品也造成了极大的阻碍。同质化的“影视同期书”在图书市场上的泛滥，必然会抑制图书的原创力。

影视图书的盲目跟风，图书与影视剧之间的相互模仿与改编带来的另一个问题就是影视与图书之间的版权纠纷不断，这种版权纠纷，有时涉及作者的著作权，有时也会涉及影视的著作权。如近几年反反复复闹得沸沸扬扬的影视作品抄袭侵权案。

2. 图书质量低下，缺乏文学艺术价值

在“影视同期书”畅销的背景下，出版业竞争激烈，盲目跟风，不少出版社纷纷为了短暂的经济利益，草率盲目地出版影视图书。这样出版的影视图书大多内容单薄，内容严重依赖影视，缺乏文化内涵和文学艺术价值。很多影视图书为了赶进度，与影视剧同步推出，只能是草率行事，快速出版，根本无法与多年苦心孤诣的原著创作相提并论，大多只是流于影视剧情的介绍和解说，泛泛而谈而精华尽失。

3. “影视同期书”衍生品市场不成熟

图书衍生品，是图书的副产品，是以图书为中心，在其产业链层面上进行相关其他产业的开发制造。它的内容丰富多样，包括首饰、礼品、文具、影视、游戏软件等等。对于“影视同期书”来说，由于其跟影视有着天然的联系，其对于衍生品的开发有着更为便利的条件。“影视同期书”的衍生品相对其他图书来说可以更为多元化。

在国外，对于“影视同期书”相应出版衍生品的发展已基本成熟。美国每年影视衍生品收入往往是一部电影票房收入的两三倍。如《哈利·波特》系列丛书，其电影取得了非常好的票房成绩，在此同时，此系列丛书也促成了其衍生品如文具、玩具、音像、电子产品等相关产品的开发。据粗略统计表明，“哈利·波特”品牌带动的相关产业的经济规模已超过2000亿美元。在《哈利·波特》系列丛书所产生的经济效益中，其影视衍生品的收益已占到总量的70%以上①。

在我国，因衍生产品而盈利的影视图书作品不足图书总量的1/10，衍生品的开发明显滞后。近年来，我国虽然也开始重视对影视图书衍生品的开发，但依然没有形成产业机制。我们有好的影视图书作品，也有足够多的读者与市场，但是我们缺乏相应的衍生品市场开发意识。从整体来看，

① 范瑾.《哈利·波特》催生图书衍生品市场［N］. 第一财经日报，2005-09-01.

是我们对于影视图书衍生品市场品牌的认识比较薄弱，缺乏足够的重视，导致衍生品的形式较为单一，大多停留在海报、钥匙扣、玩偶等小商品上，无法满足消费者的需求。

二、读屏时代“影视同期书”的融媒体策略

随着移动媒介的流行，“屏读”也成为一种时尚。如何在读屏时代健康地出版传播“影视同期书”，这是一个出版行业需要面对的新问题，也是一个有利于数字图书出版产业健康有序发展的命题。笔者结合读屏时代融媒体传播特征，探索出如下策略：

（一）多媒体融合打造 IP 出版生态链

对出版行业而言，利用影视形成的号召力，构建一种以 IP 为核心的新型出版生态产业链，这对推动全民阅读、建设书香社会具有重要的现实意义。所谓 IP 出版生态链，指打造“平台＋内容＋终端＋应用”的生产链条，使各产业间相互联动。而这几个环节中，融媒体互动合作是必需的。如一部网络小说，经过 IP 资源转化后，可创造出动漫、电影、电视剧等在屏幕上播放，亦可通过再创造转化出其他出版形式，如“影视同期书”及其衍生品在移动端销售。

1. 内容创新

优质内容一直是文化产业不断发展的催化剂，“影视同期书”的出版传播也必然要以优质内容为基础。出版行业要实现转型升级，必须持续推动内容创新，依托多元优质的内容资源来吸引受众。出版业的内容创新，一方面，亟须主动融入媒体融合的大潮中，加大与电视剧、电影、网络视频、自媒体等内容生产主体之间的联动合作。出版机构可以从电视剧、电影、综艺甚至自媒体社群等多种媒介产品中去挖掘有价值、有市场的内容源，比如直接将热门影视剧、综艺节目改编为图书，或扶持优质自媒体进行个性化创作，为之提供出版资源，借此布局分众、垂直的长尾市场，不断推进内容生产的创新。另一方面，要充分利用文学市场现有的 IP 资源，在符合市场规律的前提下，开发电视剧、电影等衍生产品，对接影视市场的庞大受众群，吸引影视剧粉丝来读书，从而丰富阅读市场。

2. 互动合作

IP出版是互联网时代融合的产物，IP在传统的图书出版、影视、游戏间相互转化，每个作品本身又需多种资源合作创造。因此，融媒体多渠道互动合作尤为重要。第一，与作者互动。出版机构需为作者建立科学合理的评估系统和有效的上升通道，打造作者生态圈。通过建立作者福利体系，为作者的创作提供良好的环境。可通过举办多种形式的活动，提高作家知名度，为作品创作提供保障。第二，与粉丝互动。IP本身具备强大的粉丝基础，利用IP进行再创作，可降低投资风险，这是业内追逐IP的原因。无论出版机构还是作者，都需把握好与粉丝之间的互动。可采取线上线下与用户连接、建立反馈机制等来优化与粉丝间的渠道。第三，IP产业链各环节联动。IP产品，从最初作品的创作、中间平台的整合和开发到作品以其他出版形式再创造等，需全产业链运作、全方位运营，即IP一体化①。而实现IP一体化，需打通生产链中的各环节，即优化各环节的渠道。整个生产链中，各环节不是孤立存在的，如果使得作品从诞生就能更快、更好地转移到下一生产环节，则会使IP价值实现最大化。

3. IP出版生态圈

“IP”一词，是英文“Intellectual Property”的缩写，即知识产权。在出版界，IP出版是一种融合各类媒介形态实现IP价值最大化的新兴出版模式。与出版行业相关的IP，如许多游戏、动漫、影视通过图书内容衍生而来。“IP”一词起源于日本的动漫产业，该产业通过将优秀IP在漫画、动画、视频间相互转化，形成良性的出版生产链②。我国IP出版起步晚，最近两年内经历了从基础较薄弱到井喷式的发展。2015年被称为IP元年。2016年被称为文学IP爆发年，多个互联网企业开始对优质IP深层次挖掘，在出版业内也形成“IP热”。由于互联网的融合发展，出版社打破了只注重图书出版的束缚，使之与动漫、电影、电视剧、游戏等行业接触成为可能，为了获取可观的利润与庞大的市场，开始构建IP出版生态链，因为IP产品用户的忠诚度较强，降低了出版发行的投资风险。如一部网络作品从开始连载，用户就在不断积累。当将其改编成其他出版形式时，已积

---

① 陈守湖. IP出版与产业创新［J］. 中国出版，2016（8）：51-54.

② 黄平平. IP出版经营现状与创新策略分析［J］. 出版广角，2016（6上）：20-21.

累了相当多的忠诚粉丝。利用这种方式开发，很大程度降低了投资风险。

IP出版的核心，是从一种内容形态衍生出多种相关内容产品，构建可循环的内容产业链。无论是图书的影视化，或是影视的图书化，都是IP出版的表现形式。不同的是，过去，图书改编为影视剧只是图书产业开辟新的经济增长点的一种方式；如今，影视改编为图书的意义已不止于此，它更多地体现出影视产业在媒体融合时代构建"电视＋"产业生态的宏图。当前，一种明显可见的趋势是，包括互联网、电视、电影等在内的新旧媒体都在试图打造以自身为主体的融合产业链。这对出版行业而言既是一种挑战，更是一种机遇。身处挑战与机遇并存的媒体竞合格局中，出版行业的创新发展应以融合为导向，以IP为内核，围绕优质的图书作品进行多维度的产业开发，逐步搭建以图书为主体的融合产业链。在此基础上，以开放、融合的姿态与影视产业、互联网产业等展开全媒体、全产业链的联动合作，协同打造文化产业融合生态圈，致力于实现文化互利与产业共赢。

（二）整合资源构建新型图书业态

传统出版企业的资源构成，主要是围绕内容获取、发行、传播而形成的作者资源、渠道资源、读者资源，以及在此基础上累积形成的品牌资源和资本资源。读屏时代的到来，动摇的是整个传统出版企业的存在根基，伴随而来的是出版资源的重新洗牌。因此，根据读屏时代融媒体出版的新形势，整合优化各种资源，构建新型的图书业态，具有非常重要的意义。

1. 多渠道发掘作者

"传统的出版生产模式基本上遵循编辑选题、组织作者、撰写稿件、审校印刷、营销发行的生产流程。这种出版生产链条就是'作者—出版社—读者'模式。这个模式相对来说，是固定的、封闭的、单向度的"①，作者发掘渠道较为单一，除了名家名作需要出版社进行组稿邀约，大多数时候出版企业都处于对自投稿的被动接受中，编者与作者关系较为松散。而读屏时代的作者，多是在自媒体平台或者网络文学平台、网络社区等中产生的明星作者，出版企业的编辑如果不能在多元化的媒介中发掘作者，就会处于落后地位。

① 张月萍. 出版生产、学术研究与出版业评价的"反转模式"：试论大数据时代出版业的新演变［J］. 出版发行与研究，2015（3）：38.

2. 出版方式多样化

传统的出版方式虽然仍占主流，但是作者已经有了更多的选择。自媒体出版、众筹出版等新兴出版方式，比传统出版更加便捷、互动、高效，导致传统的作者资源被分流。因此，传统出版企业必须适应时代变化，进行多元出版方式的探索。

3. 多路径发行营销

随着网站、社区、微信、微博等新媒体的出现，亚马逊、当当网、京东商城等图书电商的崛起，传统渠道资源所占据的强势地位正在被弱化，新媒体渠道正在走向主流。因此，传统出版企业的发行营销工作也应紧随产业趋势，实现多路径。

4. 品牌构建矩阵化

传统出版企业，例如商务印书馆、生活·读书·新知三联书店等，多是以出版社整体构建单一品牌。读屏时代，出版品牌的构建方式正在发生变化，呈现出矩阵化特征。以中信出版社为例，除了在保持传统中信出版社的经管类图书出版品牌之外，其品牌矩阵又拓展出了针对少儿读者的“小中信”和定位于中文高端阅读的“大布阅读”、立足于亲子教育服务的“中信小书院”等子品牌，形成了企业自身的品牌矩阵。这样的品牌矩阵不仅有利于读者进行选择，更有利于出版社在细分品类上的专业化发展。

5. 资本积累立体化

传统出版企业的资本积累，主要是以获取发行利润为主，速度较慢，并且增长幅度较小。随着当下许多出版企业在主业之外进行多元化业务的探索，出版企业的资本积累在速度与幅度上都有了提升。参考近几年一些上市出版企业的年报，江苏凤凰出版传媒集团、安徽时代出版集团等企业的盈利来源都实现了立体多元化，在新兴领域内实现了资本的迅速积累。

（三）创新思维培养粉丝参与

1. 创新思维

由于传统出版企业产业化运营能力、资源配置程度各有差异，因此在进行以 IP 为核心的出版生态产业链打造过程中，并没有固定的战术经验可以参考，笔者仅从思维创新层面，对“影视同期书”的出版传播提出以下可供借鉴的思维。

借势思维。这一思维的要点是借由优质IP在社交媒体上积累的广泛关注度，研发适合粉丝需求的出版物和其他形式的文化产品。如，近几年《植物大战僵尸》游戏火爆全国，许多出版社加入争夺这一IP出版物授权的竞争中，最终中国少年儿童出版社获得了授权，其开发的出版物半年时间就畅销500万册，成为近几年我国IP类出版物开发领域的赢家。

孵化思维。这一思维的核心在于，出版企业应当树立打造优质原创“影视同期书”的长远理念，成为优质图书的孵化器。这一思维在当下的传统出版企业中运用得较少，究其原因，主要在于许多企业的领导者更倾向于通过当红的作家作品来取得短期业绩，缺乏培育优质图书的耐心和勇气。而事实上，出版社只有先培育优质原创图书，才能在相关版权权利上取得先发优势。

跨界思维。“‘跨界’是一种商业行为，是作为非专业的企业或个人进入另外一个领域，构建起新的商业模式和从事新的商业行为。‘跨界’本身是一种行业界限的模糊，对传统行业的不熟悉、不理解，造就了跨界而来的新人对于传统行业而言新的商业模式、商业行为的塑造，以及对传统市场的颠覆。”① 跨界思维运用在出版领域，核心在于传统出版企业应当树立跨行业、跨地区、跨所有制、跨国别发展的观念。以江苏凤凰出版传媒集团为例，这一企业不仅在出版主业上占据优势，还在印刷复制、网络出版、文化地产、金融投资等多个板块进行了跨界发展，取得了较为理想的成绩。

逆向思维。逆向思维的核心在于“反其道而行之”，这一思维在出版领域同样适用。传统的出版产业链都是正向的单线条推进，很容易造成所出版产品与终端用户需求的不匹配。而读屏时代的出版产业，很多时候是用户自身发掘需求继而引发出版，这样构建起来的体系从一开始就聚集了较高的用户基数，容易取得成功。时下比较流行的众筹出版，就是运用逆向思维的一种典型表现。

2. 培养粉丝参与传播

作为媒体融合时代一种新的出版现象，“影视同期书”的兴起既顺应了媒体自身的发展趋势，同时更倚赖于互联网环境下新型受众群体的参与

① 王悦彤. 跨界的出版与出版的跨界 [J]. 出版发行与研究，2015 (3)：28.

式传播。这一新型受众群体就是约翰·菲斯克笔下的“过度的大众文化接受者”① ——粉丝。粉丝是媒介文化发展的产物，随着互联网的高速扩张，越来越多的粉丝正以全新的姿态聚集成群，展开主动的、热烈的、参与式的文化传播。正是在粉丝力量的助推下，一部部热门小说才能持续点亮荧屏，热播电视剧才能反向引爆图书市场。

随着网络技术的升级和社会文化的变迁，新媒体自身也在不断迭代，如今的新兴媒体都非常强调受众的参与。于是，参与不再专属于粉丝这类小群体，而是成为全民文化，并逐渐发展成文化产业的主旋律。在此背景下，传统的受众转变为用户，他们的阅读行为也表现出更多的主动性和参与性。因此，要在互联网时代推进阅读，就必须构建参与式阅读模式，吸引用户的注意力，调动粉丝的积极性。一方面，内容生产方可以全面布局社交平台，重点深入粉丝社群，发起与阅读主题相关的讨论或活动，推进用户与用户、粉丝与粉丝以及用户与粉丝间的互动，让信息在交互中传播，让图书在社交中共享，借助社会化网络的链接式路径促成传播效果的最大化。

另一方面，可以尝试采用众筹模式，发挥粉丝的参与力量来促进图书出版。比如自媒体“不止读书”的创始人魏小河曾与生活·读书·新知三联生活书店合作众筹出版，最终筹集 12 万元资金出版了第一本图书《独立日：用一座书房抵抗全世界》；“罗辑思维”则以人格化推荐的形式面向粉丝众筹出版，创下 8000 套单价 499 元的图书礼包在 90 分钟内售罄的纪录。这些推荐图书多是因曲高和寡而销量寥寥的精品书籍，此番凭借众筹出版重获大众关注，其中如《神似祖先》《中国国民性演变历程》等书都在众筹活动前后销量激增。众筹出版模式获得的不只是资金支持，还有来自读者及粉丝的真实反馈。粉丝通过参与众筹对图书作品产生了更强的情感联结，他们在社群消费、共享阅读的过程中也自动演化为新的传播源，促使这些书籍进一步向大众市场渗透。众筹模式还可以向“众创”方向升级，真正让粉丝参与到内容的生产创作中，融通粉丝创作、阅读、反馈、共享及出版各个环节，在“人人参与创作”的文化图景中促成全民阅读的复归。

---

① 约翰·菲斯克．理解大众文化［M］．王晓珏，宋伟杰，译．北京：中央编译出版社，2006：163.

在以社群为基本单元的社会化网络中，粉丝情感已成为文化经济新的增长点，粉丝群体具备的强大生产力、传播力和消费力，推动文化产业领域的 IP 热潮持续升温①。“影视同期书”正是以粉丝为核心的 IP 出版的典型表现，其在构建、拓展出版生态产业链的同时，也为图书出版和公共文化建设开启了一条可行的创新路径。

① 杨玲．粉丝、情感经济与新媒介［J］．文化研究，2009（11）：43.

“意境”与“有意味的形式”的合致①

——书籍装帧封面图像叙事之可能性辨析

林　静

（湖北民族学院科技学院，445000，湖北恩施；
华中师范大学新闻传播学院，430079，湖北武汉）

摘要： 对书籍装帧封面图像叙事之可能性辨析可以采取两条路径：一条是通过艺术美学范畴，阐释出书籍装帧美学内在精神的融汇与合致；另一条是将图像学引向高阶意义模式的运动。康定斯基的图像理解引入声音聆听隐喻则为我们按图索骥理解图像叙事运动的潜在动能开辟了重要的脉络。承载这些重要启示，我们将在书籍装帧封面图像的既定程式之中，结合经典书籍装帧封面设计案例，进一步展现感官体验在场与再造情境作为一种潜在图像叙事的可能性。

关键词： 封面图像；“意境”；“有意味的形式”；感官体验

在当代的书籍的装帧设计上，封面设计至关重要，也是一部书籍最重要的视觉要素之一。这种设计与装帧，不仅涵盖了平面构图、视觉传递、色彩与图案应用，还涵盖了一部书籍品位与风格的定位，并在书籍与读者之间架构良好的初次印象。“意境”属于东方艺术美学的内涵，而“有意味的形式”是由西方理论家克莱夫·贝尔提出的理念。在近现代书籍装帧封面设计中，中西方艺术创作的轮廓与轨迹都产生了流变。而这个轨迹似乎也深谙着融合和发展，同时也感受到：近现代书籍装帧封面设计是“意

①　本文为湖北省教育厅人文指导性项目“鄂西土家族影像传播中的文化记忆与群组认同研究”（项目编号：16G270）；国家社科基金艺术学一般项目“中国电影与小城镇问题研究”（17BC040）阶段性成果。

境”与“有意味的形式”正在走向合流，亦是两个美学理论范畴内涵的合致。

一、“意境”“有意味的形式”与书籍装帧封面设计的涵指

如“意境”这个词汇，就可拆分为“意”与“境”两种含义。所谓“意”，即设计者在设计时所营造的形象意味；所谓“境”，即具备可听、可视特点的物象外在表现形态。具体而言，书籍装帧封面设计的“意境”分为以下几点：第一，能传递出书籍作者的人格性情或者书籍内容的内在风格，是“气韵”之范畴；第二，反映被表现对象的内在精神与作品张力，是“风骨”之范畴；第三，是封面设计者替作者传达“共有的声音”，是“寄兴”之范畴。“意境”之说，在多数书籍装帧的封面设计中均有体现。早在 20 世纪 30 年代初，我国现代装帧艺术家陶元庆便为鲁迅先生的小说集《彷徨》专门设计了封面，完全诠释出鲁迅先生的“风骨”与作品本身的“气韵”，封面色彩极具表现力，黑色与橙色的交相辉映，色彩关系十分斩钉截铁地表现出惆怅与虚妄，仿若三个苦楚之人有生机地鹄望着远方的太阳，不仅深刻地体现了彷徨、苦闷的情愫，同时还体现了作者的个性特点，令人鉴赏不忘。

书籍装帧设计由书籍的文化属性决定。即使是单纯、简约的艺术与风格构想，如果与“意境”的传递巧妙衔接，也可以达到装帧设计的至高境界，如陆智昌装帧设计的小说《洛丽塔》的封面把简约与“意境”发挥到了极致，大面积的鹅黄色，代表着年轻、活跃而独树一帜的气息，橙色的可乐瓶与吸管，体现着青春的活力，而可乐瓶里插着白色的小花也折射出洛丽塔内心的纯真与善良。书籍装帧的封面设计早已脱离了纯粹的对于书籍作品内容的直接复制，而是融进了设计人员对情感、色彩、图案、线条等媒介任务的理解，从而让作品以形传神、引人关注，通过深刻的“意境”营造，带给读者视觉冲力、审美情趣。最终达到“意”“情”“神”“形”的视觉统一。

英国美学理论家克莱夫·贝尔对“有意味的艺术形式”的重要性进行了探讨，他在所撰著的《艺术》中强调：“在艺术中，必定存在着这一种

性质，没有它，一件艺术品就无法存在；有了它，从最低程度上说，没有一件艺术品是毫无价值的。而这些具备审美价值的艺术形式，即属于有意味的艺术形式。他认为，在作品的装帧设计过程中，主要基于色彩、线条、设计思想而组合，形成美的联想，从而唤起人们的审美情趣①。他还认为，所谓“有意味的艺术形式”，即具备了视觉艺术的所有共同特点②，且是各种视觉艺术所普遍具备的特征③。尽管他的这一理论主要是针对绘画、雕塑作品，但书籍装帧美学显然也不例外。

而“有意味的形式”中的“形式”一词，当然也不难理解，它是指结构、色彩、元素、图案、图式等。而在书籍的装帧设计中，主要是依托设计者创意创造，即能够围绕自身的设计理念，充分应用色彩、图案、结构布局等艺术技巧，并与“意味”的营造相衔接，进而让作品展示出艺术魅力。可见各种表现形式只是设计手段、应用媒介，而“意味”才是终极目的。设计最终的艺术审美走向，应该符合克莱夫·贝尔在《艺术》中提出的另一概念，即属于一种情感共鸣、审美激情。美学理论家苏珊·朗格的理解则较克莱夫·贝尔更加深刻，她在《艺术问题》中说道：“所有艺术作品所表现的均是情感、生命等内涵，即一种具备隐喻特征的艺术符号；也是语言本身难于表达的一种东西，即个体意识本身的逻辑思维。”④ 在她看来，书籍的装帧设计是设计者精神世界、主观思维的反映，更是其展示精神世界无形与美好的过程。当代书籍装帧封面设计中不乏众多符合“有意味的形式”的作品，如在敬人工作室创意设计的图书中大多具备这样的特点，其中《闲情雅致》《灵韵天成》以及《蕴芳涵香》这三部作品，分别是讲述绿茶、乌龙茶和红茶的书籍，在设计上十分讲究，展示了中华茶文化的精髓，体现了闲情、雅致等，且以节奏感颇强的叙事结构、素雅与

① “In each, lines and colours combined in a particular way, certain forms and relations of forms, stir our aesthetic emotions. These relations and combinations of lines and colours, these aesthetically moving forms, I call ‘Significant Form’.” Clive Bell. Art [M]. New York: Frederick A. Stokes Company, 1913: 8.

② Clive Bell. Art [M]. New York: Frederick A. Stokes Company, 1913: 8.

③ 克莱夫·贝尔. 艺术 [M]. 周金环，马钟元，译. 北京：中国文联出版公司，1984.

④ 苏珊·朗格. 艺术问题 [M]. 滕守尧，译. 北京：中国社会科学出版社，1983：31.

淡泊的视觉语言，深刻诠释了赏、品、饮等茶文化的格调与品位，竖版编排，讲求大面积的留白，将读者带到了一个诗情画意、富有生活味道的老茶馆内，让人不禁产生美好的联想。

二、“眼睛倾听”：声音作为封面图像本身之“变形”动力

杉浦康平提到书籍设计与编排就要达到“会说话”“能唱歌”① 的状态，即在第一时间便能够有效激发阅读者的视角体验。优秀的封面设计，是一个具备极高敏锐度、观察力的记忆再生装置系统，能够根据视觉体验生发出各种新的形象。

法国艺术理论家福西永强调：“形式只表示其自身的意蕴。”② 他还对艺术形式所具备的变型机制、动力结构实施了分析阐述。其中对“纹样”的分析更有启示性。在现代书籍装帧封面设计中，对纹样的采用与设计也显得突出。而福西永认为，在纹样选取上，设计者往往是基于两个理念：①纹样所具备的简单、原始特点，恰恰揭示了其最初形态、形式的萌生，进而揭示出其最初发生变化的初始形态。②各种纹样均具备纯粹特点，因此据此可将叙述、图解意义框架摆脱③。尤其是在纹样变型空间上，主要是通过图像变形运动实现诗意化展示，进而形成诗意之美④。纹样的变型运动展现出多元、多变、流动、异质的开放样态。而这样的封面设计并非单纯的视觉之物，更是触觉之物，德勒兹在《感觉的逻辑》中提出以触觉作为视觉空间的异质性向度。福西永在《形式的生命》中专写一节剖析触觉。两部专著都反映出触觉的基础地位。在讨论书籍装帧设计之时，常有视觉与触觉问题的探讨，比如人们在阅读精美的作品封面时，往往会产生“赏其色而知其味”“触其感而听其音”的美感体验。在手拿书籍，感受书

① 杉浦康平. 亚洲的书籍、文字与设计：杉浦康平与亚洲同人的对话［M］. 扬晶，李建华，译. 北京：生活·读书·新知三联书店，2006：138.

② 福西永. 形式的生命［M］. 陈平，译. 北京：北京大学出版社，2011：26.

③ 姜宇辉. 琴“声”如“诉”：声音与聆听作为一种绘画叙事之可能性［J］. 文艺理论研究，2015（3）：146-155.

④ 福西永. 形式的生命［M］. 陈平，译. 北京：北京大学出版社，2011：78.

籍装帧的纸张肌理以及沁人心脾的油墨书香扑面而来之际，便会由视觉体验逐渐向丰富的联想、美好的意境等延伸，如犹太家族正是用滴在《圣经》上的蜂蜜去触发联想，从而带给孩子们深刻的启迪，即只有读书学习才能获得一种由心而生的愉悦感，让孩子们的阅读习惯得到涵养、培育。但从现实来看，人们对于听、视觉之间存在的密切关联关注度不够，所以克洛代尔才提出了“学会用眼睛倾听”这样意味深长的妙语。

回归到现代艺术，图像与声音的联袂出席早已成为设计者的灵感来源。图像学奠基人康定斯基的重要著作《点・线・面》，与福西永的论述形成一种互相辉映的共振。康定斯基认为点、线、面是图像的基础要素，而其中的点，则属于关键要素。即正是这些点、线以及面的巧妙组合，才促进了可供视听者用心聆听的美好境界，也才让过分呆板的点成为鲜活艺术生命的组成部分①。首先，点是运动的，并非如日常情境之中被限定的状态，相反它一定要拓展、发散。但点的运动不仅趋向线，且与面、空间氛围等均存在本质性的联系，即点往往需要一块充分环绕它的更大留白处，这样点的声音才会变得清晰、明亮，可以让人“心在聆听”②。一个单一额定的声源是微弱而单薄的，但如果将单一声源放置在巨大广袤而且回响良好的空间之内，细微的声源会产生衍射、回响的效果而充盈整个空间。

各种艺术声音的存在，往往能够有效激起读者巨大的情感反应。这便是我们通常所讲的自由听觉现象，且在这种视觉系统中不存在对等特点③。声音哲学家希翁如是说。基于声音的界域，应该将其理解为是形式生命的另一个极为重要的表现形式，其情感体验是其核心内涵。立足书籍的封面装帧设计以及图像学价值意义视角来看，读者很容易在脑海中形成封面所展现的情感共振，封面的图像意义也深谙自然、精神等，以便增强读者的情感与美感体验。如《无尽的航程》这部作品，是一部介绍希腊画家瑞斯绘画作品的专门美术书籍，由设计师吴勇完成封面设计。在该书的封面、

① 康定斯基. 康定斯基论点线面［M］. 罗世平，魏大海，辛丽，译. 北京：中国人民大学出版社，2003：11-12.

② 福西永. 形式的生命［M］. 陈平，译. 北京：北京大学出版社，2011：73.

③ 康定斯基. 康定斯基论点线面［M］. 罗世平，魏大海，辛丽，译. 北京：中国人民大学出版社，2003：11-12.

封套上，均采用了以大面积的白色基调为重点色彩布局，而在留白上则应用对油画刮刀的模拟，将印刷过程中所应用的 UV 油墨随意刮涂，形成创意的肆意挥洒。同时，设计者还匠心独具地将画家的创作生平、创作思想、初绘草图等长达几十页的图文信息，采用逐页加大书籍宽幅的梯田形设计方式，实施了创意性的叠页装帧设计，形成强烈的视觉与聆听声音的隐喻，像是音阶一般，每翻动一页都如同在五线谱之上跳跃，渗透出一些神秘气息，为读者带来了丰富的情感体验。康定斯基指出，在图像本身所引入的声音隐喻形式中，往往深刻地蕴含了纯形式的情感魅力，是对作品格调、品位的最贴切体现。可见，在图像自身的动态运动过程中，尽管带来了一些预期情感的弱化，但却在无形中让声音界域的情感氛围更加强烈、更富有艺术吸引力①。回到《无尽的航程》的书籍装帧设计来看，设计者将天头、地脚、切口等处底色由蓝至白地设计，一方面，蓝色与白色给人的色彩感觉是纯洁、广阔、镇静的心理暗示；另一方面，希腊是海域国家，作者是一个“海域画家”，模拟真实的海洋景观，似乎能够听到海浪拍击沙滩的声音，海鸥飞过上空的鸣叫声和海风的声音，同时也暗示着读者能在一个平和而安静的心境下去深入阅读图书，从而让声音、图像融合成经典的封面装帧设计，让强烈的情感冲力真正实现——声音总是以幽微的方式作用于读者的身心。

三、作为感官联动的在场：封面叙事的可能性

通常人们在阅读作品并第一眼看到精美的封面时，往往会禁不住产生“赏其色而知其味”“触其感而听其音”的美感体验。而这种由视觉—触觉到听觉—味觉的反应过程亦是一个“意境”与“有意味的形式”反应的“化学过程”。作为实用的装饰艺术，书籍封面设计总是以新颖的形式反映着鲜明的风格和深邃的立意构思来体现艺术的生命之所在，从封面设计来看，只有形式到位，才能准确地表达意境。好的封面设计内容安排上应该主次分明，有条不紊，同时要求设计者需要注重与考量细节的关系。

我们都知道，色彩的灵活运用，在平面设计中至关重要，尤其是书籍

① 姜宇辉．琴“声”如“诉”：声音与聆听作为一种绘画叙事之可能性［J］．文艺理论研究，2015（3）：146-155.

的封面装帧设计更是如此，因为只有充分发挥色彩的功能作用，才能给读者带来视觉冲力，促进作品美感、品位的提升，也可以传递书籍内容。色彩表达应从书籍内容与作者出发，做到象征性、装饰性与实用性并重，通过对明度、纯度、色相等的调整，充分营造书籍的情境、格调与品位。因此在设计过程中，出现了很多格调高雅，让人印象深刻、过目不忘的作品，这些作品的设计成功，均与设计者巧妙应用色彩的风格美、象征美有关。《敦煌石窟》书籍设计选用深沉而富有历史底蕴的大地色系，封面大气而沉稳，仿若从历史轮回的时空隧道之中穿越而来，从图像学“程式的意义”升华到“内在意义”（神韵、意趣等），封面的佛像与飞天是物象事实的一种图像符号，在此种情境之中形成读者对应与互释，可见往往侧重于通过对一些基本空间要素、视觉活动的真实描绘，来充分表现气氛、空间、光照等物象、形态表面的细微之处甚至是转瞬即逝的艺术效果①。没有可借鉴的先见的意义模式，这决定了设计者必须首先让自身充分沉浸在真实的场景时空之中，进而去创意创造、灵敏捕捉变幻莫测、蕴含丰富的感性意味。可见这样的封面装帧设计，往往对营造“事件”更加关注，而并非是仅仅单纯展现“事实”本身。

很显然，能够充分激发读者群体的体悟、体思，是书籍封面设计的最为可贵之处。图像叙事的另一要素需要设计者极力发挥想象力，朱赢椿设计的《不裁》深度挖掘了书籍的艺术特色。封面直接采用毛边纸，边缘保留纸的原始之感，没有裁切过。读者在阅读该书的过程中，几乎边裁边看。该书在封面设计上不但应用两根较细红色平行线缝纫式地直接穿越封面、内页与封底，还在扉页上附赠了一把简洁、有趣的硬质纸刀，以便让读者边阅读边进行裁剪，在短暂延迟中不仅具备休憩感，还具备韵律感与期待价值，看完书的装帧后心中便有一种古诗的意蕴油然而生，不仅散发着浓厚的人文气息、美好情怀，还让读者在阅读之后不禁萌生深厚的情感。

立足图书材质视角来看，结合其特点实施量身打造，能够有效增进读者感官体验的延续。当代网络智能科技、印刷技术的日新月异，尤其是材料技术的创新发展，让图书封面设计者的选材空间越来越广泛。材质的轻

① 潘诺夫斯基. 肖像学与圣像：文艺复兴艺术研究导言［M］//视觉艺术的含义. 傅志强，译. 沈阳：辽宁人民出版社，1987：47.

重、薄厚以及粗滑等特点，均可能给读者带来不同的阅读体验，如传统的绸缎、绢丝以及宣纸等的选用，可以让读者充分体验到淡淡书香的幽静之美；珠光与硫酸纸材的结合若隐若现雅致的浪漫与神秘深邃之感；而铜版纸等硬材的选用，则往往给人带来沉稳、厚重的感觉。基于此，各种材料不但是展现图书封面设计思想的重要载体形式，更是创意与创造的空间所在。正是通过设计者对材料、创意创新的融合重建重构，才让各种封面装帧作品富有了艺术生命、精神蕴含，也才能有效满足读者的个性化、多样化阅读体验，因而即使是枯燥乏味的学术书籍也会让读者在触摸与观看之后产生翻阅的欲望。

在构思形式的活动中，恰当地运用修辞手法，例如比兴、联想、比喻、象征、抽象、夸张等方法，能使封面设计构思与编排巧妙而具有深度。

四、结语

德国美学泰斗黑格尔在所撰著的《美学》一书中强调，各种美的要素能够划分为两类，一类即内在的内容要素，另一类即在内容上借以体现精神蕴含、特性、品位等的关键要素①。而鲁迅先生则应用“意美以感心”“音美以感耳”“形美以感目”来赞誉各种文字之美。基于此，书籍装帧封面设计也应讲求此三层的艺术之美，让封面的图像叙事跃然于身体感官的情动之间。书籍的文本内容能够启迪读者智慧，此谓感心；而翻阅图书以及看到图像的联想所产生的真切声音与虚幻声音能够调整读者的“意境”，此谓感耳；经过视觉传达设计的艺术化表达的书籍形态能够满足读者的视觉审美享受，此谓感目。因此书籍装帧设计需要让图像充满叙事性，需要通过“意境”与“有意味的形式”两个艺术美学范畴，也需要“象”来托“意”，阐释出书籍装帧美学内在精神的融汇与合致，进而更好地展现感官体验在场与再造情境作为一种潜在图像叙事的可能性。

① 扬涛. 创造的想象：解读书籍封面设计［J］. 科技与出版，2007（3）：44-45.

中国近现代出版企业制度研究回顾与展望

范　军[1]　欧阳敏[2]

（1. 华中师范大学文学院，湖北武汉，430079；
2. 武汉大学新闻与传播学院，湖北武汉，430072）

摘要： 改革开放以来，中国近现代出版史研究无论着眼于文化，还是着眼于经济，抑或是技术，都取得了一定的进展。出版企业制度属于经济维度的研究，关于此领域的研究主要集中在以下几个方面：对近现代出版企业制度史料文献的搜集、整理与研究；整体层面的民国出版企业制度研究；以产权制度、组织制度、经营管理制度、编辑制度等某一层面制度为主题的研究；对近现代出版企业非正式制度的研究。

关键词： 出版；企业制度；产权；商务印书馆

改革开放以来的近四十年，中国近现代出版史的研究无论着眼于文化，还是着眼于经济，抑或是技术，都取得了一定的进展。对出版企业制度史的研究从民国时期以至新中国成立初期的资料搜集与整理，到近些年的企业个案研究、制度专题研究、出版企业家精神研究等等，逐步深入，值得总结经验和不足，以期使之更加深入。

一、涉及近现代出版企业制度的史料文献

史料，或称历史资料，是研究和编纂历史所用的建筑材料。史料工作是史学工作的重要组成部分，翔实、可靠的史料是历史研究的前提和保障。

（一）1949 年以前的出版企业制度相关史料与研究成果

出版企业的史料以商务印书馆、中华书局等大书局保存比较完善，尤

其是商务的资料留存较多，此不赘述。其实，当时其他书局的史料也还不少。例如20世纪30年代随着一些出版机构的周年庆，同时也为配合对这些机构的宣传，有了一些总结和回顾性的文章，专门的纪念册等。大东书局出版了《大东书局十五周年纪念册》《大东书局之过去情况和今后计划》（1933年），介绍了该书局自1916年创办以来至1933年间的情况。《大东书局股份有限公司第十届报告 中华民国二十二年份》（大东书局1933年版）是一本只有12页的小册子，内容包括该公司与1933年召开的第十届股东年会记录以及该年度资产负债表等，这本小册子是研究大东书局企业制度宝贵的一手史料。《上海世界书局收受教育界零股办法》（上海世界书局总务处，年份待考），是研究世界书局融资渠道的珍贵资料。

随着出版业的发展和出版史研究的渐次积累，1946年，出现了出版史专著，这就是杨寿清的《中国出版界简史》（永祥印书馆1946年版）。该书篇幅不大，不到4万字，文字表述多为概述性，但它是中国第一本以“中国出版史”命名的专著，对从古代到抗日战争期间的中国出版的历史做了粗略的勾勒，对书业制度略有涉及，但该书过于单薄，筚路蓝缕之作无论资料还是论析都存在一些不足。

（二）1949年以后关涉近现代出版企业制度的史料集、出版史（志）及出版人日记等

20世纪50年代，出现了一套体系较为完整、资料较为丰富的史料丛集，这就是张静庐辑注的《中国近代出版史料》《中国出版史料补编》及《中国现代出版史料》共8册，200多万字（分别为上杂出版社、群联出版社、中华书局，1953—1957年版）。该丛集对中国近现代出版史料进行了尽可能的搜罗和整理，举凡出版机构的成立缘起、国民党的文化钳制与出版界争取出版自由的斗争情况、印刷业的发展情况皆有涉猎，对教会出版、官书业、民族出版业的发展、共产党领导下的进步出版业方面的资料也多有搜集，一些报纸、杂志方面的材料也有包罗，内容十分宏富。该套史料收录的一些文章和材料，较为直接地反映了民国时期出版企业的产权制度、组织制度和经营管理制度。

20世纪六七十年代，出版史研究进入低潮期。到了20世纪80年代，出现新一轮的出版史研究高潮，并持续至今。较具代表性的有宋原放等著

《中国出版史》(1991年)、叶再生著《中国近代现代出版通史》(2002年)、肖东发等著《中国出版通史》(2008年,其中有清代下卷、民国卷)、吴永贵著《民国出版史》(2011年);史料整理与刊行则有宋原放主编的《中国出版史料》及其补卷(山东教育出版社、湖北教育出版社2001、2011年先后出版,其中近代部分、现代部分含补卷有13册之多)等。这里尤其值得一提的是《中国出版史料(近代部分·补卷)》,该书收录的材料大致可分为两个部分:一些出版的法律法令和民国时期商务印书馆、中华书局、生活书店、开明书店等几个主要出版社的规章制度。汪耀华选编的《民国书业经营规章》(上海书店出版社2006年版)是为数不多的专门汇辑出版企业制度(包括行业协会)的史料集,也特别值得关注。

此外,近代一些主要出版社负责人的日记、书信、文集,也是研究当时出版业企业制度的较有参考价值的史料。有关张元济的资料出版尤多,关乎日记的《张元济日记》上下册两种,一种为1981年商务印书馆版,一种为河北教育出版社2001年版。关乎书信的有《张元济书札》(商务印书馆1981年版)、《张元济傅增湘论书尺牍》(商务印书馆1983年版)和《蔡元培张元济往来信札》(台湾"中研院"1990年版)等。后来有十卷本《张元济全集》刊行。张元济的日记对了解商务印书馆的经营生态是十分有益的。2013年,上海辞书出版社出版了《舒新城日记》(共34册),它收录著名教育家、出版家舒新城先生1908年至1960年间日记手稿近500万字。其中,1930年舒新城任中华书局编辑所长后的所载内容与企业经营管理尤为相关。2013年,九州出版社出版《王云五全集》(共20册),《论管理》分册反映了王云五的出版管理思想。商务老人史久芸、蒋维乔等人的日记也已刊行,其中《史久芸日记》于2018年3月由商务印书馆正式整理刊行。

20世纪80年代以来,中国出版科学研究所、商务印书馆、中华书局等机构,也先后主编刊出了比较系统、各具特色的出版史料,上海、北京等地纷纷创办相关刊物,推出著作,进展明显。如20世纪80年代《出版史料》杂志的创办及后来的复刊,新世纪上海《出版博物馆》(先为内部资料,后为《新闻出版博物馆》用书号出版)的刊行,《出版发行研究》《出版科学》《编辑之友》《出版广角》等杂志出版史栏目的设置,商务印书馆馆史资料的恢复印行;另有《商务印书馆九十年》《商务印书馆九十五年》《商务印书馆百年大事记（1897—1997）》《回忆中华书局》《中华书局大事纪要（1912—1954）》等，这些史料多为企业“信史”，与企业制度相关度较高。商务印书馆110年、120年，中华书局100年等历史节点都还有不少资料汇纂、刊行。周武主编的《上海学》辑刊（1—4辑，上海人民出版社2015、2016年出版）上，连载了“商务印书馆董事会纪要”，很有参考价值。《中国出版史研究》从2017年第3期起连续4期刊行经整理的《中华书局股东会、董事会会议档案》。这是一件很有意义的工作，很可惜的是，听说尚未刊登完毕的这个档案材料最近停止了刊出。三联书店、开明书店的各种史料汇编、世界书局的史料专号（《新闻出版博物馆》辑刊）等等也值得关注。有些单篇文章也多关涉书业企业度史料，如张小李的《民国时期故宫博物院出版事业运作机制浅探》（《中国出版史研究》2016年第2期），李频的《〈福建青年〉：第一家承包经营期刊考释》（《出版史料》2017年第2辑），邱雪松的《开明书店版权表释读》（《新闻出版博物馆》2018年第2期），等等。

综上所述，目前有关民国出版业企业制度的史料多见于综合性出版史料中，专题性的民国出版业企业制度史料相对较少。也有的见诸报刊文章，例如《关于群益出版社的股份制——吉少甫答郭平英问》（《新文学史料》2009年第3期）。与出版文化史相比，作为经济维度的企业制度史在史料上不如前者丰富，许多史料有待我们从其他相关资料中去发现。建立“中国近现代出版史料学”有必要提上议事日程了。

二、整体层面的民国出版企业制度研究

有关民国出版业企业制度的专题研究方兴未艾，在研究方法上以个案研究为主，案例多为民国时期的几家大的出版机构。范军、何国梅的《商务印书馆企业制度研究（1897—1949）》（华中师范大学出版社2014年版）是国内第一部关于出版企业制度的专著。该书较为全面深入地探讨了商务印书馆在产权制度、组织制度和管理制度方面的尝试，为当下中国出版业的企业制度建设和改革创新提供了某些启示与借鉴。此书成书仍显匆忙，对涉及出版企业制度的诸多方面尚未展开，第一手资料的挖掘和运用也显得不足。该书略作修订后2016年由台湾花木兰文化出版社刊行繁体字版。

范军及其同仁在此基础上，近几年又就商务印书馆的监察人制度、编辑制度、会计制度、福利制度等分别撰文，有所深化和拓展。

此外，如下文献也对近代中国出版企业制度做了较为集中的研究。专著主要有：许静波的《石头记：上海近代石印书业研究 1843—1956》（苏州大学出版社 2014 年版）、陈钢的《晚清媒介技术发展与传媒制度变迁》（上海交通大学出版社 2011 年版）、李家驹的《商务印书馆与近代知识文化的传播》（商务印书馆 2005 年版）、王建辉的《文化的商务：王云五专题研究》（商务印书馆 2000 年版）、陈树萍的《北新书局与中国现代文学》（上海三联书店 2008 年版）。论文主要有：彭树新的《中国近代出版的产业化趋势》（《江西财经大学学报》2005 年第 2 期）、张曼玲等的《近代出版发展脉络之比较研究》（《北京印刷学院学报》2006 年第 1 期）、范雪的《抗战时期生活书店的制度选择》（《文艺研究》2017 年第 7 期）、邱雪松的《大势与人事：1949 年后的开明书店》（《中国现代文学研究丛刊》2018 年第 4 期）等。

事实上，传统出版是应该包括图书、期刊和报纸的。报业经营管理与企业制度也有十分密切的关联。胡太春著《中国报业经营管理史》（山西教育出版社 1998 年版）中，就专门讨论了《大公报》股份制的建立，《新民报》企业化的管理，以及《世界日报》《中央日报》等民营报纸和官方报业的产权制度、组织制度与管理模式等。此外，1982 年重庆出版社出版的张友鸾等著《世界日报兴衰史》、1993 年复旦大学出版社刊行的秦绍德著《上海近代报刊史论》（近年有修订本问世）等，也对报业企业制度有所论及。

单篇文章中，欧阳敏的《中华书局的现代企业制度研究（1912—1949）》（华中师范大学 2013 年硕士学位论文），以 1912—1949 年间中华书局的企业制度建设为研究对象，在爬梳史料的基础上，综合运用产权经济学理论、管理学理论和传播学理论，力图构建起中华书局的现代企业制度框架。张彩霞、吴燕的《从解放前的中华书局看上海现代出版企业制度》（《编辑之友》2011 年第 6 期）选取中华书局作为案例，从企业制度建立的时代背景、过程、特色等方面进行论述，具有一定的理论新意。范军的《略论中国近现代出版企业制度的三种形式》（《出版发行研究》2012 年第 4 期），以亚东图书馆、万叶书店和世界书局为典型案例，分析了个人独资、合伙制、股份制三种近现代出版企业制度，该文视野较宏阔，论述深入，具有较重要的理论和实践意义。在《试论中国出版企业制度的近代化转型》（《华中传播研究》2015 年第 1 期）一文中，范军从近代中国企业制度转型的外部刺激和内部改革两个方面展开论述。不是专门研究企业制度但略有涉及的论文还有彭树新的《中国近代出版的产业化趋势》（《江西财经大学学报》2005 年第 2 期）、张曼玲等的《近代出版发展脉络之比较研究》（《北京印刷学院学报》2006 年第 1 期）等等。

值得关注的是，近年有部分博士学位论文以出版企业制度为方向，或在论文中较深入地关涉这个问题，在一定程度上推进了相关问题研究的深化和细化。例如，欧阳敏的《民国时期民营出版企业制度研究》（华中师范大学，2016 年）以新制度经济学为理论视角，选取世界书局和大东书局作为中心案例，对民国时期民营出版企业的产权、组织、管理等正式制度做了深入探讨，同时对非正式制度也有一定程度的考察。黄宝忠的《近代中国民营出版业研究》（浙江大学，2008 年），第三章即为“出版企业制度和内部管理体制的现代化”；张立勤的《1927—1937 年民营报业经营研究》（复旦大学，2012 年）第三章的“体制转型”和第四章的“组织变革”探讨的都是报业制度。宋泉博士的学位论文研究抗战时期的文化供应社（华中师范大学，2017 年），亦有专章讨论企业制度问题。

三、以产权制度、组织制度、经营管理制度、编辑制度等某一层面制度为主题的研究

（一）关于近现代出版企业产权制度、组织制度的研究

企业产权制度就是围绕企业产权的一系列制度安排，具体而言，就是围绕企业财产的占有、支配、使用等建立的一系列制度安排及运作。研究者们对产权制度的兴趣主要集中于商务印书馆、中华书局、世界书局、大东书局、开明书店等几家大企业。范军、欧阳敏的《试述民国时期出版企业股票的募集与流通》（《出版发行研究》2016 年第 1 期），运用第一手资料对民国时期商务印书馆、中华书局、世界书局等几家大书局在股票方面的产权运营进行考察，较有新意。上述两位作者还对世界书局、大东书局

资本结构的演变及其对经营的影响做了较为深入的探讨①。欧阳敏的《论民国时期中华书局的产权制度》(《中国出版史研究》2016 年第 1 期)，对中华书局书局产权制度的建立、运作及法人治理结构做了较为深入的探讨，该文认为中华书局较早建立了法人产权制度，建立了股东会、董事会、监事会等相互制衡的机构，实现资源的有效配置，为大规模专业化生产提供了制度保障。刘积英、张新华的《同人书店与商人书局——从融资方式看开明书店与世界书局的发展》(《北京印刷学院学报》2002 年第 4 期)，考察民国时期世界书局在融资问题上的表现。郭平英的《群益出版社股份有限公司股东分析》(《郭沫若学刊》2009 年第 2 期) 探讨群益出版社股份制的建立、三次招股的具体情况。范军的《试述开明书店产权制度的历史演变》(《华中学术》2017 年第 1 期)，考察开明书店股份公司时期企业产权制度的建立及运行状况，梳理开明书店股份公司时期企业产权制度的建立及其运行状况等，在考证历史中凸显出开明书店产权制度的历史演变轨迹。范雪的《抗战时期生活书店的制度选择》(《文艺研究》2017 年第 7 期) 一文，讨论抗战时期生活书店是如何主动选择类似共产党组织形式进行书店的制度建设，进而成为新中国文化生产“一体化”的重要前史，论述视角很有特点，给人启示。

(二) 关于近现代出版企业经营管理制度的研究

出版企业的经营管理制度与其他工商商务并无本质差异，均包括对人、事、物的管理，但是由于出版企业家自身的相对素质较高，几家大出版企业的经营管理制度在当时处于先进水平。汪家熔的《旧时出版社成功诸因素——史料杂录》系列论文 (《出版发行研究》1994 年第 3、4、5、6，1995 年第 1 期) 是较早从企业经营管理的视角进行研究的文献，文章从组织结构、发行渠道、管理制度等方面进行论述，主要选取商务印书馆、中华书局、世界书局、大东书局等作为研究案例，该文作者是上海商务印书馆的老员工，对商务的企业经营管理有切身体会，因而该文具有较强的说服力。朱联保的《上海世界书局历年大事记 (一—七)》(《出版发行研究》1987 年第 4、5、6 期，1988 年第 3、4、5、6 期)，对民国时期世界书局创

① 范军，欧阳敏. 民营出版企业资本结构的演变及其对经营的影响：以上海世界书局和大东书局为考察中心 [J]. 中国出版史研究，2016 (1)：19-30.

办、发展过程中的重要事件做了全面梳理，对书局的管理等方面有较为详细的记叙，对研究民国时期中华书局的企业经营管理有重要的参考价值。范军、沈东山的《20世纪二三十年代新闻出版企业的会计改革》（《中国出版史研究》2016年第1期）一文，则梳理分析了新式会计制度在中国书业企业引进的背景及其经过、效果等。

20世纪二三十年代，商务印书馆王云五推行的科学管理制度广受关注。郭太风①、闫卫平②、仝冠军等研究者对王云五与科学管理做了主题探讨。此外，以下文章从市场营销和商业运作角度切入企业制度，也值得关注：石娟的《世界书局、大东书局的通俗文学出版及商业运作》（《编辑之友》2013年第8期），考察世界书局和大东书局的通俗期刊经营活动；王晓霞的《开明书店的市场开拓策略述论1926—1937》（《保定学院学报》2010年第5期）、吴永贵的《民国时期书业广告的组织与运作》（《编辑之友》2009年第5期）一文，对开明的商业运作与制度建设都进行了较为深入的考察。

（三）关于近代出版企业编辑制度的研究

与其他工商企业相比，出版企业的制度特殊性主要有两方面体现，其一是编辑制度，其二是非正式制度。王建辉的《上海商务印书馆编辑薪水和作者稿酬问题》（《出版发行研究》2002年第8期）认为，商务印书馆作为文化企业，其对于编辑和作者并不十分苛刻，这也是这家有名的出版机构在竞争十分激烈的近代出版业中，始终能够挺立前头的缘由。吴永贵、曹琳娜的《民国时期出版企业的人员构成与管理》（《中国编辑》2006年第2期）指出，民国时期的大型出版企业普遍重视为编辑提供体面的工资和福利待遇。范军、欧阳敏的《试述晚清民国时期商务印书馆的编辑制度（上、下）》（《中国编辑》2017年第1、2期）一文，梳理了晚清民国时期商务印书馆的编辑制度由草创到逐步完善再到成为行业表率的过程，阐述其制度的创设与完善对于确保出版物质量、提高工作效率、增强企业效益起到的重要作用，并对当时的同行及新中国的编辑制度产生了一定的影

① 郭太风. 王云五在商务印书馆推行科学管理的功过是非［J］. 东华大学学报（社会科学版），2001（1）：15-19.

② 仝冠军. 出版科学管理的水土问题［N］. 中国图书商报，2008-03-25.

响。宋若涛《新中国成立前教科书编辑制度论略》(《中国出版》2010 年第 12 期)则以商务印书馆为例，专门探讨旧时教科书编辑制度及其启示作用。

四、对近现代出版企业非正式制度的研究

所谓非正式制度是指人们在长期的社会交往中逐步形成，并得到社会认可的约定俗成、共同恪守的行为准则。同样是采用股份公司制度的出版企业，商务印书馆、中华书局、世界书局、开明书店却各有特色，究其原因，其一是制度执行力度不同，其二则是不同的非正式制度形塑不同的出版企业面相。如果说产权制度、管理制度等正式制度带给出版企业普遍意义上的经济绩效，那么企业家精神、企业文化等非正式制度则赋予出版企业独特的文化特质。

(一) 对近代出版企业家精神的探讨

企业家精神可以列入非正式制度中探讨。在出版人群体的企业家精神论述方面，如下文献较具代表性。范军、欧阳敏《论近现代杰出出版人的企业家精神》(《华中师范大学学报》2013 年第 5 期)一文，对中国近现代杰出出版家群体的企业家精神进行考察。该文认为，近现代杰出出版人的企业家精神必然具有同时代企业家所共有的创新精神、合作精神、进取精神、爱国精神、契约精神、冒险精神、献身精神等；同时出版人的企业家精神也具有特殊性，主要体现为满腔的人文情怀和强烈的文化追求。更多的研究者是对近代著名出版家的企业家精神做个案研究，人物主要有张元济、夏瑞芳、沈知方等。例如，周化铁的《张元济的现代商业理性与士大夫精神》(《出版科学》2009 年第 2 期)指出，张元济将自己所秉承的士大夫情结，与现代商业理性成功结合，为商务印书馆发展成为那个时代具有经典意义的资本主义企业，注入了文化的力量。他所体现出来的“出版人的精神气质”，成为后世出版企业核心价值观的彪炳和圭臬。王芙蓉的《张元济的儒商出版思想》(《苏州大学学报》2010 年第 3 期)认为，张元济在毕生服务的出版企业——商务印书馆的经营、管理编纂过程中处处闪现爱国忧民、审时度势、务实开放、立己达人等儒商出版思想，这是其事

业成功的重要因素。范军和欧阳敏的《中国近代出版大家夏瑞芳的企业家精神》（《出版广角》2017 年第 15 期）认为，商务印书馆的崛起与夏瑞芳的企业家精神密不可分，他勇于创新，引进先进的印刷设备，以技术立厂，积极建立股份公司制度；夏瑞芳极具冒险精神，大胆引进日资，借鉴日方的教科书编辑制度；此外，他还善于团结职工，深受商务印刷工人的拥戴。王建辉①、吴永贵②、邓咏秋③等人则对沈知方的企业家精神做了探讨。综合来看，研究者们认为在沈知方身上既体现了商人的投机性，也彰显了出版企业家的冒险精神和创新精神。

（二）作为出版企业文化的非正式制度

研究者对开明书店的非正式制度关注较多。以下文献较具代表性。范军的《略论民国时期开明书店的非正式制度》（《中国出版史研究》2017 年第 1 期）认为，产权制度、组织制度和管理制度等硬约束奠定了开明书店发展的体制性、机制性基础，而作为民国出版业中最具文化特色的企业，开明书店又是“文化人办出版”的典范，它的非正式制度的软约束发挥的极其重要的作用亦值得关注和研究。刘霞在《开明书店的“开明人”与“开明风”》（《娄底师专学报》2003 年第 6 期）一文中指出，开明书店在 20 多年的发展中，形成了特有的“开明人”与“开明风”。“开明人”学识渊博，朴质笃实，为人正派，思想开明，待人真诚，对待工作一丝不苟；而“开明风”则更多地体现在开明对待作者、读者的态度中。邱雪松④、王国红⑤等也对作为非正式制度的“开明风”做了不同程度的探讨。这个方面的研究尚有进一步开拓的空间，对于我们当下建立有文化特色的出版企业制度也很有借鉴价值。

制度之于出版企业的重要性是不言而喻的：出版企业的运行并非存在于真空市场之中，多种因素或为阻力或为动力，以一套复杂而又带有偶发

---

① 王建辉. 沈知方：冒险和投机兼备的出版家 [J]. 出版广角，2001 (6)：68-69.

② 吴永贵. 沈知方，纵横书业的经营奇才 [N]. 光明日报，2008-01-22.

③ 邓咏秋. “才气宏阔”的出版家沈知方 [J]. 编辑学刊，2003 (6)：48-50.

④ 邱雪松. 开明书店、“开明人”与“开明风”：中国现代知识分子与出版的一种关系 [D]. 上海：华东师范大学，2010.

⑤ 王国红. 开明书店与“开明精神” [J]. 中国编辑，2006 (3)：42-45.

性的机制共同决定出版企业的经济绩效和文化绩效；而制度的核心功能即在于提高行为的可预测性，科学先进的制度能够在更大程度上提升出版企业的经济绩效和文化绩效。“密涅瓦的猫头鹰在黄昏起飞”，近现代出版企业离当下已有相当的距离，史料与思想的积淀逐渐厚实，对近代出版企业制度进行研究正当其时。通过回溯文献，笔者发现中国近代出版企业制度研究尚处于起步阶段，在产权制度、组织制度、管理制度、编辑制度等方面既需要以新视角、新方法去研究商务印书馆、中华书局、开明书店等“旧案例”，也需深挖中小书局或当时的官办书局如正中书局等企业的制度史料并展开研究。此外，近代出版家群体的企业家精神彰显得比较充分，但是研究者们并未给予近代出版企业家精神足够的关注。当前，党和政府倡导营造企业家成长的环境，培育现代企业家精神，笔者认为近现代出版企业家的精神宝库能够为当下出版业的企业家精神建构提供有益的参考与借鉴。在提倡学科交叉与融合的当下，“近现代出版企业制度”可以成为一种可供选择的突破编辑出版学传统研究范式的视角，笔者呼吁更多的同仁加入此一领域中来。

汉唐出版史研究回顾与展望①

陈　静

（济南大学文学院，山东济南，250022）

摘要：与汉唐出版史直接相关的汉唐书籍史研究孕育于1949年前，发轫于20世纪50年代。20世纪80年代后，开始出现汉唐出版史研究。在纸的发明、抄本形制研究等方面，取得了较为突出的成果，但在出版史的基础性问题上还存在较多讨论空间。编辑方面，未将编辑与作者区分开来。对汉唐书商的看法，分歧较大，一方认为，汉唐书商是书籍流通的主力；一方认为，汉唐书商是边缘化的存在。要解决这些问题，必须以公众传播为立足点来考察汉唐时期的书籍出版情况。

关键词：汉唐；出版；编辑；书商

20世纪80年代以来，中国古代出版史研究取得了很多成果，资料积累与学术研究均有长足进展。但从研究重心看，汉唐时期一直属冷门。究其原因，一是可资借鉴的资料少而零散，书籍史、文献学等领域成果中，资料积累、讨论最多的是宋以后的雕版书籍，汉唐时期的资料最为薄弱；二是出版实践差异太大，汉唐时期与宋以后的出版、与晚清以来的近现代出版，差异巨大。

汉唐文明是中华文明极为灿烂的部分，汉唐出版所取得的成就与宋以后相比，毫不逊色，研究价值不容置疑。总体来看，汉唐出版史的研究还在初创阶段，极具挑战性，同时又呈现出诱人的研究前景。本文大致回顾汉唐出版史的研究历程，重点讨论研究中存在的问题，进而探讨汉唐出版史的研究立场。

---

①　本文为国家社科基金特别委托项目“中华传统文化的创造性转换与创新性发展”（15@zh016）成果。

一、汉唐书籍形制方面的成果较为突出

与汉唐出版史直接相关的汉唐书籍史研究孕育于1949年前，发轫于20世纪50年代。20世纪80年代后，开始出现汉唐出版史研究。

据统计，1949年前，研究中国古代书籍问题的比较重要的论作（含书影等资料性图籍）有46部（篇），其中，与汉唐时期相关的有10部（篇）①，公认为中国书籍史发轫之作的《书林清话》②，10卷117个专题，所谈主要为宋以后刻书，仅有10个（占9%）专题涉及汉唐时期的书籍问题③，主要是汉唐的书籍形制。其他论作也以形制为主。除王国维、马衡等少数几人外，其他学者对出土文献如敦煌遗书的利用还很少。这一时期，有两篇论文十分重要：马衡的《中国书籍制度变迁之研究》（1926年）④，余嘉锡《书册制度补考》（1935年）⑤。这两篇文章中谈到的书籍概念、纸的早

① 主要依据：张志强．20世纪中国的出版研究［M］．南宁：广西教育出版社，2004；肖东发主编．中国编辑出版史［M］．沈阳：辽海出版社，2002；岛田翰．古文旧书考［M］．杜泽逊，王晓娟，点校．北京：中华书局，2014；张冬冬．20世纪以来出土简牍（含帛书）年代学暨简牍书署制度研究［D］．长春：吉林大学，2012；程焕文．论近八十年来图书文化史之研究［J］．图书馆工作与研究，1990（3）：11-18；宋原放主编．中国出版史料：第一卷［M］．武汉：湖北教育出版社，2004；马衡．凡将斋金石丛稿［M］．北京：中华书局，1977；严敦杰主编．中国古代科技史论文索引［M］．南京：江苏科技出版社，1986；朱赛虹．故宫早期刊物的特色及其历史意义［J］．故宫博物院院刊，2009（5）：143-157＋63.

② 何朝晖认为“《书林清话》奠定了二十世纪中国古代出版史研究的基本叙述框架”［何朝晖．对象、问题与方法：中国古代出版名研究的范式转换［J］．中国出版史研究，2017（2）：9.］笔者认同此论。

③ 卷一：书之称卷，书之称本，书之称叶，书之称函，书有刻板之始，刀刻原于金石；卷二：巾箱本之始，书肆之缘起；卷八：绘图书籍不始于宋人；卷十：女子钞书。

④ 《中国书籍制度变迁之研究》最初是马衡在北京大学史学会的演讲稿，后发表于1926年6月《图书馆学季刊》第1卷第2期。

⑤ 1935年，为纪念故宫博物院成立十周年，故宫博物院文献馆编《文献特刊》，余嘉锡《书册制度补考》即发表于《文献特刊》上。据：朱赛虹．故宫早期刊物的特色及其历史意义［J］．故宫博物院院刊，2009（5）：151-152．据《书册制度补考》，此文为沈兼士约余嘉锡所写：“沈兼士先生以故宫博物院文献馆将出特刊，征文于余。”（余嘉锡．余嘉锡论学杂著：下册［M］．北京：中华书局，2007：539.）

期应用情况、卷轴制度等，均为汉唐书籍的重要问题，不少论断也直接影响及后世。

1949年至20世纪80年代，这30年间，出现了两部与汉唐书籍史相关的重要著作：刘国钧的《中国书史简编》（1958年）① 和钱存训的《书于竹帛》（1962年，1975年）②。

钱存训的贡献在于对汉代出现的新型书写载体——纸——做了全面而深入的研究，有关蔡伦造纸、纸的应用和域外传播等论述均具奠基性质。今天的汉唐出版史研究，涉及纸的部分，大多还是借用钱存训的观点。

刘国钧所著《中国书史简编》是第一本系统描述汉唐书史的著作③。刘国钧将中国古代书史划分为三个阶段：纸发明前（远古到公元1世纪末）；纸发明后到印刷术发明前（公元2世纪—8世纪）的写本卷轴时期；印刷术发明后的手工业印刷时期（公元9世纪—19世纪中叶）④。汉唐时期属于第二个阶段，在此书的第三章"从公元二世纪到八世纪的中国书"。这一章分四个小节：纸的发明；石经与捶拓方法的出现；初期的纸书（公元二世纪到六世纪末叶）；写本书的极盛时期（公元六世纪末叶到八世纪

① 1982年，《中国书史简编》由郑如斯修订，书目文献出版社出版。1964年和1988年两次被日本弘道松见译成日文。刘国钧的《中国书史简编》是新中国成立后第一本公开出版的书史著作。另有皮高品的中国图书史著作，要到20世纪80年代才正式出版。1955年，刘国钧与皮高品在北京听了苏联图书馆学家所作的有关中国书史之学术报告，两人遂在北京大学共同议定了中国图书史教学大纲，1956年分别在北大图书馆学系和武汉大学图书馆学系开设了中国图书史课程。1956年，皮高品《中国图书史讲义》由武汉大学图书馆学系油印，1964年修订增补后又铅印，1986年以《中国图书史纲》之题目由吉林省图书馆学会出版发行。此书最早以马列主义毛泽东思想为指导，用历史唯物主义观点写成。据：程焕文. 论近八十年来图书文化史之研究 [J]. 图书馆工作与研究，1990（3）：13.

② 1962年，钱存训《书于竹帛》（英文）由芝加哥大学出版社出版。1975年，香港中文大学出版此书中文本，名为《中国古代书史》，1980年，东京法政大学出版日文本。1988年，《书于竹帛》由郑如斯增订，更名为《印刷发明前的中国书和文学记录》出版。

③ 刘国钧的这些思考，早在20世纪20年代就已开始了。1928年，钱存训入南京金陵大学（美国教会大学）就读，主修历史，副修图书馆学，所学课程有刘国钧之"中国书史"，钱认为自己受刘国钧"中国书史"课启发。据：钱存训. 中国纸和印刷文化史 [M]. 桂林：广西师范大学出版社，2004：424-426.

④ 刘国钧. 中国书史简编 [M]. 北京：高等教育出版社，1958：9.

末叶)。在综合1949年前汉唐书籍形制研究的基础上，增加了书籍整理、纸书种类等内容，将汉唐时期与书籍相关的重要问题进行了系统性描述。或许由于师承关系，20世纪80年代后，由图书馆学转至编辑出版学领域的肖东发等学者所撰写的编辑出版史，尽管添加了编辑、发行等内容，但其基本构架与刘国钧所述大同小异。

20世纪80年代，随着国家改革开放与文化事业的逐步发展，高校的编辑学专业教育应运而生，编辑出版学研究也迅速发展起来，学术界对出版史的重视与日俱增。自20世纪80年代至今，中国古代出版史的研究逐渐走向成熟。《中国印刷史料选辑》《中国出版史料》的出版，标志着古代出版史资料的收集与编纂渐成系统①，2004年宋原放主编的《中国出版史料》(第二卷)，收有刘光裕纂集的《抄本时期书籍流通资料》，首次收集整理了汉唐时期的书籍流通资料，其开创性自不待言。20世纪80年代以来，有关中国古代编辑、印刷或发行的专史以及古代出版的断代史、通史陆续出现。以2008年出版的9卷本《中国出版通史》(中国书籍出版社)最具代表性，也最为重要。作为国家科研基金的资助项目，此套通史汇聚了当代中国出版史研究的主干学术力量，是中国古代出版史研究的标志性成果。汉唐出版史的内容分布于《中国出版通史》的前三卷中(先秦两汉卷、魏晋南北朝卷、隋唐五代卷)。单就容量而言，已远远多于以往的论著。在汉唐图书的编辑手段、图书分类方面，论述尤为细致，其侧重图书编辑活动的思路更成为出版史界的研究导向。断代史方面，陈传万的《魏晋南北朝图书业与文学》(合肥工业大学出版社，2008年)和肖占鹏、李广欣的《唐代编辑出版史》(南开大学出版社，2009年)较具代表性。

综合来看，当前的汉唐出版史研究中，以下述三个方面的成果较为突出：纸的发明；抄本形制；雕版印刷术的起源。纸的发明方面，前述钱存训最具代表性，除此而外，20世纪90年代后，刘光裕对蔡伦生平的考订，

---

① 上海新四军历史研究会印刷分会在20世纪80年代编印过3辑《中国印刷史资料汇编》；1990—1991年印刷工业出版社出版了由上海新四军历史研究会印刷印钞分会编的《中国印刷史料选辑》，搜集了1991年前印刷研究方面的重要论作，可视作1990年前所有研究的汇集。此丛书共分四册，一为雕版印刷源流；二为活字印刷源流；三为历代刻书概况；四为装订源流和补遗。另有宋原放主编的《中国出版史料》(湖北教育出版社，2004年)。

对“蔡侯纸”社会文化意义的阐述尤具启发性[①]。抄本形制方面，1926年，马衡对中国古代的书籍形制发展进行了第一次现代学术意义的全景式描述，他对汉唐书籍卷轴制度等的论述一直影响至今，自马衡之后，对汉唐书籍制度的研究始终是热门，至今，尽管还未出现更具综合性和权威性的论述，但在出土文献的利用方面，较之马衡时代有了太大进展[②]，在某些向度上，也明显更为深入，如敦煌写本中的图文编排形式[③]、敦煌文献中的唐诗抄写版式[④]；汉唐书籍的形制中的等级性特征[⑤]；中西方手抄本之比较[⑥]等。另外一个重要成果，是雕版印刷述的起源。这一问题自20世纪初叶至今，一直是学界的关注热点，卡特、富路德、钱存训、张秀民、肖东发、神田喜一郎、金圣洙等中、美、日、韩的知名学者均做过大量认真细致的探讨，众说纷绘。2007年以来，辛德勇先生在这方面贡献最大，他发表了两篇长文[⑦]，并在其基础上于2016年结集为《中国印刷史研究》[⑧] 一书。此书旁征博引，就国内外诸说细细辨析，对雕版印刷起源之

---

① 刘光裕. 发明家蔡伦生平年谱疏证［J］. 出版科学，1999（3）：44-46＋56；发明家蔡伦生平事迹考［J］. 齐鲁学刊，2000（4）：104-107；论蔡伦发明蔡侯纸［J］. 出版发行研究，2000（1/2）.

② 代表性论作如：池田温. 敦煌文书的世界［M］. 张铭心，郝轶君，译. 北京：中华书局，2007；朱凤玉. 百年来敦煌文学研究之考察［M］. 北京：民族出版社，2012；徐俊. 敦煌诗集残卷辑考·前言［M］. 北京：中华书局，2000；吴淑玲. 唐诗传播与唐诗发展之关系［M］. 北京：中华书局，2013；方俊琦. 从敦煌遗书看古籍形态的演变与发展［J］. 浙江师范大学学报（社会科学版），2013（6）：50-54；陈亚建. 法藏敦煌写本版式撷英［J］. 设计艺术，2016（5）：88-92.

③ 陈亚建. 法藏敦煌写本版式撷英［J］. 设计艺术，2016（5）：88-92.

④ 吴淑玲. 唐诗传播与唐诗发展之关系［M］. 北京：中华书局，2013.

⑤ 陈静. 敦煌诗歌写本的传播特征及其形成原因［J］. 首都师范大学学报，2013（3）：111-116；陈静，蒋元红. 敦煌写本形制的社会文化特征［C］//出土文献与中国文学研究：第三届出土文献与中国文学研究学术研讨会（国际）论文集. 济南：齐鲁书社，2013.

⑥ 余欣. 整体书写文化史构筑刍议：关于东西古写本研究的思考［J］. 敦煌研究，2012（3）：52-62.

⑦ 辛德勇. 唐人模勒元白诗非雕版印刷说［J］. 历史研究，2007（6）：36-54＋189-190；辛德勇. 论中国书籍雕版印刷技术产生的社会原因及其时间［C］//中国典籍与文化论丛，2014（16）.

⑧ 辛德勇. 中国印刷史研究［M］. 北京：生活·读书·新知三联书店，2016.

“贞观说”、韩国庆州佛国寺发现的雕印本《无垢净光大陀罗尼经》、中唐人模勒“元白”诗之事等代表性事件和论点，进行了全面总结与评述。他认为，张秀民主张的“贞观说”，其依据并不可信；韩国庆州佛国寺发现的《无垢净光大陀罗尼经》，不是新罗所印，很可能是自唐代请来的经卷，雕印时间更有可能在唐玄宗开元十九年（731 年）之后，而非武周时期；从社会需求和条件看，中唐时人并无将元白诗付诸雕印的可能①。

就上述三项成果而言，由于汉唐时期书籍出版的主要形式是抄本而非印本，因此，雕版印刷术的起源问题尽管成果突出，但它在汉唐出版史研究中并非重要问题，反而是纸的发明、抄本形制更为突出，但这两项成果，从汉唐出版史角度看，也不是最为重要的或者基础性的问题。

二、汉唐出版的基础性问题存在较多讨论空间

中国古代出版史主要是书籍出版史，研究对象是书籍。以书籍作为研究对象的学问早已存在，由目录、版本、校勘组成的书志学历史悠久，书籍是其研究对象；在书志学基础上发展而来、以叶德辉《书林清话》为奠基的书籍史，书籍亦为研究对象。书籍史发展到马衡、余嘉锡、刘国钧等学者那里，日益成熟，书籍形制、书籍分类、书籍编纂等构成书籍史的主要研究内容。

出版史研究书籍，必须基于出版学。出版学认为，作者写完一部作品，将它装订成册（卷轴、册页均可），经过复制（抄写或印刷）环节，再通过发行（出售、赠送）公之于众，才成为出版的书籍。这种出版的书

① 辛德勇从语义和社会需求层面对“模勒”一事进行了深入分析，认为，从语义角度，“模勒”指勾勒，用于碑刻，是镌刻之前的一道工序，临摹影写要上碑的文字（此受叶昌炽启发）；宋代，模勒进而与“镂板”对举，是刻版前的一道工序，同样为影写文字。因此，“模勒”元白诗，就是通过临摹影写来模仿元白诗作笔迹，而非印刷。从社会需求看，唐代，雕版印刷技术主要应用于佛道、民间生活（历日）和小学类基础教育领域。到唐末才延伸至科举应试领域（范文，如唐末徐夤之赋），时处中唐的元白诗作仅为闲适读物，从社会需求和条件看，并无将之付诸雕印的可能。可以说，辛德勇之文通过宏观的文化视野解读和扎实丰富的文献资料，令人信服地解决了唐人模勒元白诗这一长期困扰印刷史、书籍史、出版史界的关键问题，庶几能让这一持续数年之争论尘埃落定。

籍才是出版史的研究对象，未经过复制、发行的书籍不是出版史的对象，但完全可以是书籍史的对象。因此，不能认为有书籍就有出版，只有进入公众传播的书籍才是出版，凡不进入公众传播的书籍，就不是出版史的研究对象。在此基础上，研究书籍如何生产、如何流通以及流通后对社会的影响，这些，才是出版史研究的题中之义。

在书籍技术、形制、分类等层面，出版史与书籍史是重合的，但基于公众传播立场的研究，使出版史完全不同于书籍史，否则，不必专门采用“出版史”为名。

以此来看今天的汉唐出版史研究，会发现，纸的发明、抄本形制等成果，属于书籍技术、形制等层面，显然与书籍史研究相重合，可以将它们视作汉唐出版史研究的成果，但却非其独有。

综合已有的汉唐出版史论作，其内容主体为：历史背景；出版管理；图书材料、形制、技术；图书编校（编撰）；图书种类；编辑家；流通（发行）。表面上看，这些论作增加了流通（发行）、编辑的内容，与书籍史所述有分别。但从实际论述看，依然不脱书籍史思路。主体内容是介绍图书种类及内容（经、史、子、集、佛经）、重点讲解史书、佛经、别集的编辑情况；讨论纸、笔、墨、砚、刻印等技术；介绍图书形制特征，而这些都是书籍史的内容。出版史中十分重要的编辑问题，缺乏出版角度的分析。在发行部分，与发行密切相关的汉唐书商问题，存在更多研究空白。

（一）编辑问题：是编辑还是作者?

《中国出版通史》中，被视作汉唐时期编辑（编撰）家的，笔者择要整理为下表①：

编辑家	举例
陆贾	《新语》《楚汉春秋》
贾谊	《新书》《贾长沙集》

① 中国出版通史：先秦两汉卷［M］．北京：中国书籍出版社，2008：323；中国出版通史：魏晋南北朝卷［M］．北京：中国书籍出版社，2008：260-275；中国出版通史：隋唐五代卷［M］．北京：中国书籍出版社，2008：25-26＋116-153；肖占鹏，李广欣．唐代编辑出版史［M］．天津：南开大学出版社，2009：191-217.

续表

编辑家	举例
刘安	《淮南子》等
司马相如	《司马文园集》等
董仲舒	《春秋繁露》《举贤良对策等》
毛亨	《毛诗故训传》等
司马迁	《史记》等
刘向	《新序》《别录》《说苑》《列女传》等
扬雄	《法言》《太玄》《方言》等
王充	《论衡》《政务》等
班固	《汉书》《班兰台集》等
贾逵	《春秋左氏传解诂》《国语解诂》等
班昭	《女诫》《东征赋》等
王逸	《楚辞章句》等
许慎	《说文解字》《五经异义》等
蔡邕	《蔡中郎集》等
郑玄	《毛诗笺》《三礼注》《诗谱》等
陈寿	《三国志》
范晔	《后汉书》
刘义庆	《世说新语》
刘勰	《文心雕龙》
萧统	《文选》
徐陵	《玉台新咏》
郦道元	《水经注》
贾思勰	《齐民要术》
李德林	《霸朝杂集》等
宇文恺	《东都图记》《明堂图议》等
牛弘	《隋朝仪礼》《周史》等
王通	《文中子》等
陆法言	《切韵》等
刘知己	《史通》

《隋唐五代出版卷》中，在谈到唐代别集的编撰时，开始区分“著者”和“编者”，如《孟浩然集》，著者为“孟浩然”，编者为“王士源”等。但在隋唐之前，并不做此区分，编辑等于作者。

《中国出版通史》的作者认为：“古代‘编辑’一词既表示一种著作方式，又表示出版和其他传播专业的非著作活动。在出版体系尚未完全形成之前，我们所说的编辑更多地指‘作品编辑’，既有著述的含义，又有收集材料、编次加工、整理成书的含义。”① 这一对“编辑”概念的解释，是编辑学界流行的一种观点。基于此观点，会视古代撰述国史为编辑，或称为编、纂，而非著作。因此，司马迁就是编辑。由此引发学界争论②。

（二）汉唐书商：是书籍流通的主力还是边缘化存在?

在雕版印刷普及的宋、元、明、清时期，书商、书坊是书籍流通的主力军。此一论断是学界共识，且有大量论据支撑。但汉唐时期，书商的面貌却十分模糊，资料零散，解读不一，从研究看，目前形成了观点分歧较大的两方③。一方认为，自魏晋至隋唐，书肆贸易是图书买卖的主要形式，书商是汉唐书籍生产与流通中的主要力量，此属主流观点。另一方则认为，汉唐书商的作用是边缘化的，此观点以刘光裕为代表。刘光裕认为，西汉后期，中国诞生了书肆，但受国家推行重农抑商政策的制约，直至宋代取消“市籍制”之前，书商与所有职业商人一起，都属于社会上的边缘群体。在社会阶层上，士与商处在四民社会的两端，士商对立是常态。社会经济处于自给自足状态，商品经济不发达。政策、观念、社会经济环境这三方面结合，使得汉唐书商不可能从事新书的生产销售等业务，书商的业务范围主要是买卖旧书④。

---

① 中国出版通史：先秦两汉卷［M］. 北京：中国书籍出版社，2008：322.

② 详见：刘光裕. “有出版才有编辑”：谈编辑的产生和发展［J］. 编辑学刊，1996（6）：2-8；刘光裕. 古代撰述国史称“著作”考［J］. 编辑学刊. 1998（4）：20-24.

③ 关于汉唐书商的研究情况，详见陈静. 汉唐书商研究述评［J］. 华中学术，2017，9（1）：177-189.

④ 对书商边缘化的阐述，始见于刘光裕的两篇文章：《论中国出版史的分期》（载《济南大学学报》（社会科学版），2008 年第 3、4 期）；《中国出版史的研究对象和范围》（载《出版科学》2008 年第 3 期）。2018 年，刘光裕发表《书肆诞生与书商作用边缘化》（载《现代出版》2018 年第 2 期），对此问题进行了更为详尽的阐述。

在汉唐出版史研究中，书商问题十分重要，讲清楚汉唐书商，也就能讲清楚汉唐书籍的流通问题，遗憾的是，目前，汉唐书商是出版史研究中的薄弱环节，书商的称呼和卖书场所；书商与佣书人的关系；书商的业务范围；书商与作者的关系；唐代书商与印本书籍的关系，这五个方面，均属汉唐书商研究的基础性问题，几乎每个方面都存在空白和疑点，期待研究者的解答。主流观点中，对书商与作者、书商与新作以及买卖旧书等问题的探讨，显然是缺失的，同时，也缺乏对汉唐书商特征的分析。刘光裕以“书商边缘化”来阐明汉唐书商的特征，极具启发性和挑战性，但同样有做进一步探讨的必要。

三、汉唐出版史必须以公众传播为立足点

汉唐出版史在中国古代出版史研究中属于冷门，但在其他学科领域，如历史、文学、哲学中，汉唐一直是热点。近几年来，一些学者提出构建的写本学、抄本学研究在文献学、文学、敦煌学、历史学界得到了越来越多的讨论与回响①。所论问题大多与汉唐出版史相关，如唐诗与书肆，抄本（写本）形制等，可惜的是，此类研究极少采用出版史的研究成果。这反过来说明，目前汉唐出版史的研究还十分薄弱，无法给学界提供让人信服的研究成果。上文所述研究现状，正可印证这一情况，现有的汉唐出版史研究在基础性问题上还处于模糊状态，确也无法直接让学界借鉴。

要解决这些问题，笔者认为，除尽快展开认真的学术讨论外，必须考虑研究的立足点。现有的汉唐出版史研究，围绕的中心一直是书籍，或者说是静态的书籍。这一思路承自传统文献学与书史，这一逻辑起点的设置，直接影响了对汉唐出版的描述，使研究者不知不觉就集中到了书籍的著述、编纂、内容上去，而无法真正清晰地阐述汉唐时期的书籍复制与发行问题。

出版学认为，只有进入公众传播（通过复制、发行）的书籍才是出版，凡不进入公众传播的书籍，就不是出版史的研究对象。因此，要研究

---

① 刘跃进. 钞本时代的经典研究问题 [J]. 求是学刊，2014（5）：142-145；郝春文. 敦煌写本学与中国古代写本学 [J]. 中国高校社会科学，2015（2）：67-74；孙少华. 钞本时代的文本抄写、流传与文学写作观念 [J]. 华中师范大学学报（人文社会科学版），2015（5）：107-116.

汉唐出版史，必须确立公众传播的立足点。从笔者粗略的回顾看，目前汉唐出版史研究中存在的主要问题是就是没有真正从公众传播的角度去讨论汉唐书籍问题。

日本学者井上进2000年出版《中国出版文化史》一书，直指当时中国学界出版史研究还处于低级阶段："即便是在书物史上一直走在前列的中国，现如今对书籍文化、印刷术发明之后的出版文化的研究也只是刚刚填补空白，尚停留在极为低级的阶段。……中国史就如同一个秘密王国，蕴藏着无尽的未知数。在这些未知之中，以书籍文化史、出版文化史为对象的研究又显得尤为滞后，至少相对于政治史、制度史、法制史抑或社会经济史可以这样说。……已经成熟的目录学极大地限制了近代书籍、出版的研究方向。……至于目录学的研究范围，在近年来在中国陆续出现的出版史、印刷史类书籍中可见一二。书中所述基本上就是将个别版本，尤其是和善本相关的记述前后连贯起来，并不加任何具体的分析，仅仅只是对出版整体状况及其与社会关系的枯燥而平板的概说。"① 井上进所论十分尖刻，但也在一定程度上反映了中国出版史研究的局限性，近二十年过去了，此局限性是否还存在？以汉唐出版史研究看，还不能说乐观。但相信，随着研究的进一步深入和真正基于公众传播的立场，汉唐出版史研究一定会大放异彩。

---

① 井上进．中国出版文化史［M］．李俄宪，译．武汉：华中师范大学出版社，2013：前言2-5.

出版评论视阈中的民国书价问题[①]

曾建辉

（广西师范大学新闻与传播学院，广西桂林，541004）

摘要：民国时期，大量的出版评论对书价问题相当关注，评论者对此表达了诸多的意见和看法，包括对图书定价高昂的控诉、对图书市场价格战的批评、对图书定价标准的论辩等，并提出了强化出版业责任感、推进监管规章落实等解决对策。这些出版评论取得了一定的效果和影响，政府管理部门和出版机构都采取了一些措施降低书价，维护市场稳定。同时，就出版评论本身来看，在书价问题上经历了“情绪发泄”“意见表达”“寻求共识”等阶段，承担了类似媒介公共平台的功能，这显示出民国时期出版评论已经逐渐发展成熟。

关键词：出版评论；民国；书价；启示

民国出版业快速发展，对社会各个层面的影响也日渐广泛和深入。相应的，出版评论也很繁荣，它是联系出版业界、出版学界、出版管理者和广大读者的纽带与桥梁，既具有“时评”的典型特征，关注出版现实，能敏锐发现出版中的问题，迅捷地做出反应，有的放矢。同时又具备评论文体的洞察力、预见力和深度性特征，能对急剧发展、不断变化的出版实践做出新的说明、解释和发展趋势的预测与导引。出版评论的对象覆盖了出版政策、出版现象、出版人物、出版流程等出版业的方方面面，书价问题概莫能外。评论者站在不同立场、不同角度对书价问题表达过诸多的意见

---

① 本文为教育部人文社会科学青年基金项目“中国现代出版评论研究”（18YJC860002）；广西师范大学博士科研启动基金资助项目“中国近现代出版评论史研究”（2019BQ04）成果。

和看法，甚至有过激烈的争论。可以说，对书价问题的讨论是当时出版评论的一个重要主题。充分认知和理解历史，才能更好地明晰未来的走向和意义。本文以当时评论文本为基础，意在展现和揭示民国时期人们对书价问题的认知全貌和内在逻辑，以期对时下出版业存在的类似问题提供些许借鉴和参考。

一、民国时期出版评论对书价问题的持续关注

民国时期，以图书为主的出版物价格问题因为涉及出版业生产、流通和消费的全过程，一直是多方关注的话题。1915 年的《绍兴教育杂志》就刊登过指摘教科书价格的评论文章，认为“教科书之价格于普及教育问题关系至切”①。民国二十年之后，出版业进一步地发达繁荣，这一时期关于图书售价的评论愈加频繁见诸各大报刊，“近来，关于书籍售价的问题，有许多人很热心谈起”②。其中既有对大众图书、教科书价格过高的抱怨，也有对图书市场定价混乱、大打价格战的指斥，还有对相关部门监管不力的批评。《华年》杂志在 1934 年第 48、49、50 连续三期刊登涉及出版物定价的文章，针对图书价格是否昂贵、书局是否有降价空间、如何解决价格问题进行了较为深入的探讨。《出版月刊》《民国日报·觉悟》《申报·出版界》等报刊也都登载过讨论书价的评论。这些出版评论或是对书价有切身体会，有感而发；或是痛心于市场乱象，揭露、抨击和否定哄抬书价行为；或是理性解剖，从生产角度对图书成本条分缕析；或是基于经营管理层面对图书价格的定价机制、监管制度秉笔直言，倡导建立科学、透明、合理的价格管制制度，内容多样且专业，在出版业界和社会上都产生了一定的影响。基于此，笔者将民国时期专论书价的出版评论进行了简单整理，具体篇目等情况详见下表。

表 1　民国时期专论书价的出版评论情况

时间	评论题目	作者	刊物
1915	教科书之贵贱	缄三	《绍兴教育杂志》第 5 期

① 缄三. 教科书之贵贱 [J]. 绍兴教育杂志，1915 (5)：52.

② 漫谈 [J]. 出版月刊，1937 (2)：1.

续表

时间	评论题目	作者	刊物
1922	资本主义与出版界	林有壬	《民国日报·觉悟》1月22日
1930	要求现在的出版界把书价改低	周全平	《出版月刊》第3期
	核减小学教科书的售价问题	功	《农学月刊》第6期
	出版家的趁火打劫	元功	《出版月刊》第7期
1933	为儿童读物警告全国出版界	陈独醒	《中国出版月刊》第2期
	货物折扣的弊害	陆宗德	《同行月刊》第7期
1934	出版物的价格问题		《华年》第3卷48、49、50期
	揭开小书店一折八扣之真相	一笑	《光芒》第1卷第16、17期
1935	关于书的定价	冷峰	《申报·出版界》7月13日
	书价的决定	隽	《同行月刊》第3卷2期
1936	出版界的大变革：划一全国书价	独秀	《申报·出版界》6月4日
	图书实价运动的成功	章锡琛	《申报》8月1日
	杂志图书划一出售办法及其他	陈忠显	《申报·出版界》8月20日
1937	谈教科书减价问题		《大光图书月报》第5、6期
	漫谈：关于书籍售价的问题		《出版月刊》第2期
	京沪各书局教科书一律减价		《现代青年》第5期
1939	短评：关于教科书价格问题	东	《战时教育》第4卷1期
1940	从教科书提高折扣说起	一瞭	《学习》第2卷10期
	希望于上海书店老板	厥振	《职业生活》第2期
	书价高涨与严重的书荒	陈剑恒	《教育通讯》第7期
1943	上海书店大涨价	大观	《新天津画报》第16期
1945	书商售书论页索价	孟浪	《中华周报》第12期
1948	便宜读书运动的感想	王既生	《大公报》6月24日
	漫谈书价	何凯	《大公报》9月23日

从这种简表中可以看出民国时期出版评论对于书价问题是持续关注的，几乎每年都有这方面的文章出现。但数量呈现出一个大致的波状抛物线的情状，由少到多再平稳地下滑，这也是和民国出版业市场发展相一致的。初期出版业刚入正轨，物价相对低廉，因此对图书价格的议论鲜见。

之后民国出版业发展迅猛，为“书肆中黄金时代”，商人、资本都纷纷涌入，出版行业在短时间内获得膨胀式的扩张。但基础不牢、不够夯实造成了出版业在发展到一定阶段后问题频出，状况不断，图书价格的失范现象甚嚣尘上。所以这段时期关注书价的出版评论数量相对较多。自抗日战争爆发后，接连的战争让民国出版业陷入萧条，萎靡不振，受此影响，书价主题的出版评论也就逐渐减少了。

二、民国时期出版评论关于书价问题的讨论内容

在短暂的较为和平的民国初期，书业的价格体系也是较为稳固和正常的。因为在社会安定、物价较为平稳的时候，正规而又有职业操守的出版机构自然会制定一个合理的价格，既能匹配相当读者的接受度，形成规模化销售，又能够保证自身一定的利润率。但随着出版业的壮大繁荣，有利可图，愈来愈多的人参与进来，出版从业者鱼龙混杂，再加之政府监管不力和国外纸张价格的上涨，书价问题开始凸显，读者与书商之间的矛盾也日渐尖锐，这些都鲜明地体现在当时出版评论的内容当中。纵观民国时期的出版评论，关于书价问题的讨论主要集中于以下的几个方面。

1. 对图书定价高昂的控诉

民国时期的出版物价格最初并无统一的标准，由各个出版机构自行决定，主要根据篇幅和页码的多少来决定书价的高低。自主定价的弊端首先就是图书定价的无标准，随意性太强。“黎明的《万能的人类》，印一百八十面，内容约七万余字，实售大洋七角五分；乐群的《糜烂》，一百七十余面，约六万余字，实售大洋四角五分”①，字数、页码相差不大，但价格相差了近一倍。自主定价的混乱和不统一就给书商操控价格留下了空间，为了牟取高额利润，他们往往将图书价格抬得很高，“一本十三四万字的书籍定价至少是一元，而包含字数同样多的杂志则仅有三角左右。这种情形在一个经济繁昌的社会里，是允许的，……但在一个经济衰弱、濒于破产的国家，如中国，拿一种纯然以刻苦好学的青年为基本读者的书籍，定

① 霆声．要求现在的出版界把书价改低［J］．出版月刊，1930（3）：3.

价提高至此，实在是出版家自己走入绝路的一种办法”①。出版物的高昂价格，让读者不堪重负，望而却步。“近年来新出版的科学或文艺书籍，只要有插图用道林纸印刷之四开本，大概要一分钱一页，十万字之书售价总在一元上下，要内地人民费半月粮米买此‘饥不可食，寒不可衣’之书籍，自然是难之又难的事。”② 即使是在上海，一般的工薪阶层虽然竭力地省吃俭用，但买书也感到极大的困难。“书的定价是太贵了，一本薄薄的书，定价就得八毛或一元，买一本书的钱，足够穷人吃几天的饭，咱们不是有钱朋友，看了这样高贵的书价，除了叹气之外，还有什么办法。”③

2. 对图书市场价格战的批评

与此同时，因书价过高，读者购买寥寥的缘故，出版市场便发生了降价竞售的不良现象。批发折扣之低、廉价幅度之大令人咂舌，广告、赠券、酬宾、预约等促销方法之新奇，令人目不暇接。图书价格战愈演愈烈，廉价成为摩登，“只要抓住一个起码的机会，‘对折’‘三折’‘一折五扣’的旗子那就会马上跨过书街临风招展的。论斤两卖书的生意经，已有人发明在先，书籍打‘倒七折’也就不算稀罕了”，“明明只值一角之书而定价二元以便于一折五扣”④。最典型的莫过于“一折八扣书”现象，原本定价一元的书经过“一折八扣”后只卖八分钱。这种任意打折、推销图书的行为弊害不少，“价格大小不定，使主顾不信任，意想减之再减，尤有迟迟不购，廉之又廉，对于商业上影响甚大”⑤。另外还有就是普通书籍定价一元的，一折八扣所卖之书往往抬高价格，定价三四元，以换得利润空间。这就直接造成了书价虚高，出版物定价注水，玩弄价格欺诈。“新书店中聪明的经理们，想到了两全共美的方法，即学马路上的洋货店，明中大喊廉价，暗中抬高码洋。因之，近年来，书业并没有发展，而书的定价则日高”⑥，“印刷未见精良，而纸张粗劣了，页数减少了，而书的售价呢?

① 所谓杂志年［C］//宋原放．中国出版史料：现代部分：第一卷：下册．济南：山东教育出版社，2001：358.

② 舒新城．一年来之我国出版事业［J］．文化建设，1934，1（3）：113.

③ 冷峰．关于书的定价［N］．申报·出版界，1935-07-13.

④ 平心．出版界往哪里走?［C］//宋原放．中国出版史料：现代部分：第一卷：下册．济南：山东教育出版社，2001：440.

⑤ 陆宗德．货物折扣的弊害［J］．同行月刊，1933（7）：16.

⑥ 李衡之．书店杂景［N］．申报·出版界，1936-02-06.

竟涨到几乎加一倍的样子”①。大中小书局大打价格战，玩弄价格把戏，修改定价，以低折为号召，吸引读者购买，正常的价格标准和市场秩序被扰乱，图书的价格完全不能反映成本的高低和市场的供需变化，丧失了市场调节的功能和作用，加大了出版业的经营压力。

3. 对图书定价标准的论辩

由于在市场上，图书价格一面是高企不下，另一面又是折扣成风，社会舆论对于出版物价格陷入了分裂的两极状态，展开了一场对图书定价标准的论辩。在多篇指责书价过高的评论中，作者都给图书算起了成本账，“以一本三十二开 100 页左右的书，印 2000 本，初版发售时成本计：稿费 120 元，印刷费包括纸质、排印订费用等共 120.45 元，发行费包括广告、批扣等共 280 元。书价以每本 0.35 元，2000 本计 700 元，利润是 179.55 元”②。初版的书出版商的利润大概占到实际成本的六成左右，如果是再版书，那么利润的占比就更高了。这样的话书商的加价行为，就如评论中所说的是“趁火打劫”，书店老板只知赚钱，罔顾文化责任，心真是黑如煤炭，书价降低是势在必行了。书业经营者则坚称书价不贵，纸张油墨，工资开销都在增加，书价理应增加。自己已是在勉力支持，书价绝无下降的空间。面对外界书价过高的指责，出版界也倒起了经营的苦水，“要知无论任何营业，其成本决不能以单纯的工料计算。况在他业存货至不得已时，尚可照本变卖。而书本失效或不合时宜时，即等于废纸，果照某报所言书本有三倍以上之利益，书业非独占事业，人人将改营书业，何以书店并不比其他各业为多”，“近来纸价飞涨，新闻纸几涨一倍，各业遇原料涨价时，莫不随时增加售价，而书业因恐增加读书界之担负，影响教育，仍忍痛至今，并未稍增书价。现在纸价涨风未已，书业前途颇为忧虑，某报所做推测之词，实由于对书业情形太为隔膜之故云”③。在《书价的决定》一文中，作者列举了影响书价的印制费、分配费、其他费后，认为书价非但不应该降低，而且“在这工价与原料双重涨价的时期，书价自应和其它

① 功. 核减小学教科书的售价问题 [J]. 农学月刊，1930 (6)：2.

② 元功. 出版家的趁火打劫 [J]. 出版月刊，1930 (7)：2-3.

③ 沪出版家对部编教科书定价谈话：并对某报批评有所纠正 [N]. 中央日报，1937-02-18.

商品一样地增加它的价格”①。读者和书商在出版评论中打起了嘴仗，各执一词，争论不休。

三、民国时期出版评论对书价问题的应对与突围

在书价高企、市场混乱的批评和定价标准的论辩声中，民国时期的出版评论也直面现实，提出了各种应对之策，力图解决书价问题，保障出版业正常有序、健康持续的发展。

1. 强调出版行业的文化性和责任感

中国出版业自诞生伊始就与文化传承联系在一起，刻书乃保存、传播文化的不朽功德。民国的新式出版业在继承这种传统观念的基础上，又将出版看作是国家富强、民族复兴的重要事业，李瑞棻在他提出的“建设新政五端”中就有“三端”和出版相关，即“设藏书楼、开设书局、广立报馆”②。商务印书馆高凤池也曾将书业当成是“与国家社会民族极有关系，力足以移转国家社会的成败，兴衰或进退”的三种事业之一③。一瞭在评论中就明确指出：“出版业不比别的商业机构，它负有‘宣扬文化’‘普及教育’伟大的神圣使命”，所以“别的物价高涨，出版物不应也随物价漫无限制地高涨”，并认为“高定书价，拼命捞钱”的是“没有一点一滴为文化服务的出版商”，而“真正为文化服务的是出版家”，他们是不会“滥定价格”的④。评论作者们不断地在向书商们发出呼吁，“我们希望书店老板在营利之余，千万不要忘了协助发展文化的使命”⑤。出版评论通过强调出版业的文化属性，从而唤起出版机构和出版从业者的责任感，进而推动整个出版行业职业价值的认知和职业道德的提升，无形中约束“印书赚大钱”“唯利是图”的利润取向，让书价回归正常合理的区间。

---

① 隽．书价的决定［J］．同行月刊，1935，3（2）：6.

② 李瑞棻．奏请准广学堂设立译书报馆折［C］//张静庐．中国近代出版史料二编．北京：中华书局，1954：3.

③ 王建辉．中国近代早期出版观探论［J］．中共中央党校学报，1998（3）：91-92.

④ 一瞭．从教科书提高折扣说起［J］．学习，1940，2（10）：222-223.

⑤ 厥振．希望于上海书店老板［J］．职业生活，1940（2）：315.

2. 积极推进书价监管规章的落实

1936 年 4 月国民政府教育部针对图书定价虚高不实，任意增减售价、伸缩折扣的严峻现实，制定发布了《教科图书及其图书划一出售办法》，对图书定价、预约、打折、降价出售作出了详细的规定。同年 7 月，书业公会响应教育部所定办法，颁布了《上海市书业同业公会为划一图书售价办法》，共十五章六十四条。同时出炉的还有《公议本埠同行批发简章》《公议外埠同行批发简章》《公议同业寄售图书简章》等多项配套实施办法。这些规章的颁布实施，有利于整肃混乱的定价方式和无序的价格竞争，确立比较规范的图书价格制度。出版界对这些规章的出台持非常欢迎的态度，有评论称之为“这是一个出版界空前的大变革”，“整个中国文化界开始大放异彩的前奏曲”①。章锡琛也专门撰文称“民国二十五年，是书业界的革命年。这革命年的意义，就在教育部颁布划一图书售价办法，规定全国图书，一律须照定价十足发卖，不许折扣”②，高度评价《教科图书及其他图书划一出售办法》的积极作用。不少评论文章在承认“教部所颁的大纲，仍然是功令所在”的前提下，对部分条款提出了自己的质疑，“不幸得很，遵部而响应自动核减书价者，仅有开明和新生命两家而已。商务之类大书店，从前可以七八折买得之书（在小书店）而现在因部颁办法以后（当然这类大书店是不曾核减售价的），倒反使我们一般购买者，增加了负担，而书价反无形的增加”③。进一步指出规章制度的落实是关键，政府相关部门应制定出相应的具体的惩罚条款，并明确执行机构的职能才能让书价问题得到彻底的解决。

3. 提供解决书价问题的建议和筹划

面对出版物市场的价格无序，民国出版从业者在进行严厉的批评指责的同时，也思考导致书价问题的原因，并据此提出了有针对性的解决方案。霆声（周全平）在评论中揭露了书价过高、降价竞售的现象，提出的解决方法是“薄利多卖主义”，“把书店的开支撙节一些”“把药房化的广告费减省一些”“把过分的装潢免除一些”④。陈剑恒在《书价高涨与严重的书荒》中探讨了书价畸高的原因，他认为“运费高涨、货物损伤、运输

① 独秀. 出版界的大变革：划一全国书价 [N]. 申报·出版界，1936-06-04.

② 章锡琛. 图书实价运动的成功 [N]. 申报·出版界，1936-08-01.

③ 陈忠显. 杂志图书划一出售办法及其他 [N]. 申报·出版界，1936-08-20.

④ 霆声. 要求现在的出版界把书价改低 [J]. 出版月刊，1930 (3)：5.

困难、汇水太高”是造成图书价格过高的四个因素，而最根本的是“纸价高涨”。文中重点提出了解决这一问题的建议和筹划，要求社会各方多管齐下，多措并举，包括“政府协助书业办理运输、减低运费；财政部设法减轻购书汇款贴水；邮局公路特加监护书籍之运输；政府会同书业切实研究内地设厂造纸印书”① 等。整篇评论结构谨严，逻辑严密，经历了完整的引入问题—缕析材料—分析原因—提出对策的演绎过程，规范而标准，作者对现实问题的思考深入而透彻，提出的解决方法具有可操作性，是一篇讨论书价问题颇具见地的评论。

结语

众所周知，出版是商业与文化的结合体，图书作为商品，与其他商品最大的差别是它是有文化价值的精神产品，那么图书价格应该是经济逻辑和文化价值的集中体现。关于民国时期的书价问题，出版评论也是沿着这两个维度表达意见，一方面指责书价过高，一方面批评图书质量过低，与价格不匹配。从中可以看出，图书价格是相当弹性的，对于质量过硬，文化价值高的图书，人们对价格并不特别在意。而对于质量平庸、文化价值含量低的图书，人们对价格则相当敏感。出版评论对于书价过高，要求降价的呼声，也得到了一定的回应。1944 年 9 月修订公布的《著作权法施行细则》中就有定价过高的著作物必须酌减的规定，不少出版机构也纷纷采取措施减少成本，降低书价。商务印书馆特设了廉价图书部，推出大批廉价书，“商务印书馆的廉价运动是很有意义的，尤其是对于学生，实是一种恩惠”②。中华书局、大东书局则采用预约出版的方式，根据预约的数量进行出版，预约者视情况可得适当优惠。这样就减少了出版的盲目性，降低了中间成本，图书的价格自然也就降下来了。而从对书价问题的评论活动本身来看，从最开始的一种抱怨书价过高的情绪性表达，到逐渐能够全面、客观、理性地看待书价问题，并有意识地进行探讨，试图找出解决对策，出版评论经历了“情绪发泄”“意见表达”“需求共识”等阶段，承担了类似媒介公共平台的功能，这无疑也反映了民国时期出版评论逐渐发展成熟。

① 陈剑恒. 书价高涨与严重的书荒 [J]. 教育通讯，1940 (7)：3-4.

② 王既生. 便宜读书运动的感想 [N]. 大公报，1948-06-24.

中国现代电影理论批评史料出版概况（1919—1949）

陈月异

（华中师范大学新闻与传播学院，湖北武汉，430079）

摘要：中国电影近百年的发展历程中，电影理论、电影批评与电影史共同作为对电影“本体”研究的重要分支。电影理论与电影批评等作品的出版不仅作为中国现代电影史料的重要部分，映射出中国电影发展的理论与逻辑基础，并在电影的创作实践中起到积极的指导作用。本文通过历时性分析，重点梳理了中国现代电影理论批评史料的出版概况。主要分为三种类型：电影艺术家的理论批评选集、文集、专集；出版机构、研究机构关于电影理论、电影批评的丛书、合集；研究者整理编辑的综合性电影理论批评文选、汇编。其问题在于：在文献史料方面收录不充分；在编选标准、编排体例、体系中存在可商榷之处。笔者提出，在充分挖掘史料的基础上进行“专题编”“沪内沪外编”“杂志、报刊分类长编”的编排路径以供探讨。

关键词：现代电影；电影理论；电影批评；史料出版

20世纪20年代初期，中国电影制片业逐步兴起，电影创作日益繁荣。与此同时，得益于中国出版业的兴起，各类电影杂志、报纸、著作等相继问世，为电影理论批评发展提供了重要的讨论阵地。这些理论作品不仅指导着同时期中国电影的创作与实践，其作为珍贵的史料，也为我们梳理电影发展脉络、了解电影理论思潮等起到至关重要的作用。“中国现代电影理论批评史料”，主要指民国时期①大陆乃至台港澳地区在各类期刊、报纸

① 本文民国时期指1912—1949年。

及其他形式出版物发表的电影理论、电影批评乃至电影创作谈、电影杂谈、电影推介文章等。它们都是与电影艺术、电影文学相关的理论性、论评性电影文字。

一、中国现代电影理论批评史料出版概况①

中国现代电影理论发源于20世纪20年代，到新中国成立之时走过了30年的发展历程。在以文字形式留存的史料（包含报刊、书籍、日记、档案、年鉴、地方志等）当中，电影刊物（含包括戏剧刊物、戏剧电影综合刊物、电影副刊、电影专号、电影特刊、年鉴等），开设电影专栏的新闻报纸及副刊，以及为数不多著作成为中国现代电影理论批评史料的主要获取源。

新中国成立初期至20世纪90年代初，现代电影理论批评史料的踪迹在作家文集、丛书汇编中逐渐现身。较为有代表性的著作如《洪深文集》(中国戏剧出版社)，该文集共分为四卷，收录了洪深一生有关戏剧的相关著作。第一、二卷于1957年出版，主要包含洪深参与创作的话剧剧作；第三、四卷于1959年出版，按照写作年代编次，包含部分戏剧理论和电影方面的著作。但洪深早期的一些作品，因原稿散失，未能选入。1989年出版的《民国丛书》(第一编至第五编)（上海书店，1989年），收录了民国时期我国境内出版的中文图书1126种，并包含部分国外出版的中文图书。其中第一编美学艺术大类中收录了徐公美著《电影发达史》、洪深著《电影戏剧的编剧方法》、陈鲤庭著《电影轨范》、郑君里著《角色的诞生》等四篇电影理论作品。1990年由邵牧君主编的《电影理论文选》(中国电影出版社，1990年）出版，其中编入了19篇国外学者的重要电影理论文章，涉及了包括电影创作、电影美学、电影心理学、电影符号学等多种西方电影理论，对中国电影理论批评的发展及电影创作与实践产生了一定的影响。直至此时，国内尚未出现对中国现代电影理论批评史料做系统整理的著作。

20世纪90年以来，出现了中国现代电影理论批评史料的专著。由罗

① 主要参考数据库为中国国家数字图书馆：http://mylib.nlc.cn/web/guest/home.

艺军主编的《1920—1989 中国电影理论文选（上下册）》（文化艺术出版社，1992 年）是我国第一部系统性的电影理论文选。该书于 2003 年由中国电影出版社重新增订为《20 世纪中国电影理论文选（上下册）》。全书将中国电影理论兴起的 20 世纪初期到 20 世纪末，历时性划分为三个阶段，囊括了 20 世纪中国电影理论发展的精髓，留下了中国电影思潮变迁的每一个重要印迹。其中 1920—1949 年阶段，收录了包括中国最早的电影理论文章《〈影戏杂志〉发刊词》（顾肯夫，1921 年）在内的共 33 篇重要文献，为探寻中国现代电影理论的诞生与发展提供了重要的史料基础。1993 年正值中国左翼电影运动 60 周年，中国电影艺术研究中心、广电部电影局党史资料征集工作领导小组编撰了系列图书。其中比较有代表性的著作有《中国左翼电影运动》（中国电影出版社，1993 年）及《三十年代中国电影评论文选——纪念左翼电影运动六十周年》（中国电影出版社，1993 年）。前者收录了左翼电影运动的重要文献和史料，包括左翼电影运动中产生的 70 余部影片的本事、创作者自述和影评，对左翼电影运动的回忆文章和对左翼电影先驱者的追思与悼念文。后者分为上下两编，包括 20 世纪 30 年代主要影片的评论及电影理论文章 179 篇。上编为电影评论，涉及左翼电影运动时期近百部影片。这些电影评论深刻反映出左翼电影运动时期的电影创作思想。如王尘无在评论影片《人道》的错误倾向时，指出电影的使命是“指示大众出路，组织大众意识”；阳翰笙在影片《春蚕》座谈会上说，“我觉得电影的艺术比文学的艺术所给予观众的印象是前者比后者来的好(电影胜于小说)”①。下编为电影理论部分，主要涉及关于中国电影、电影批评、反对软性电影的斗争等理论问题的文章。同时，在附录中还收入了“软性电影论”者的部分文章供读者和研究者参考。左翼电影理论与电影评论，为电影创作指明了方向，陈播认为，《三十年代中国电影评论文选》一书既是历史强有力的见证者，也是左翼电影运动发生、发展的历史必然的诠释②。此外，1994 年中国电影出版社出版了《王尘无电影评论选集》，本书同样以左翼电影运动 60 周年为契机，收集了 20 世纪 30 年代著名电影

① 陈播. 一代潮流不可挡：《三十年代中国电影评论文选》读后［J］. 当代电影，1994（1）：48-52.

② 陈播. 一代潮流不可挡：《三十年代中国电影评论文选》读后［J］. 当代电影，1994（1）：48-52.

评论家王尘无的文章，分为影评、杂文、理论三辑。另将有关他的回忆录、评研文章编为一辑。

21 世纪以来，中国现代电影理论批评史料被进一步“打捞”。除了上文中提到的《20 世纪中国电影理论文选》，仲呈祥的《百年中国电影理论文选·增订版（1—3 卷）》（中国文联出版社，2016 年）具有重要的文献价值。该书详细收录了 1897—2015 年近 120 年间中国的电影理论文章，为系统、全面、深入研究中国现代电影理论、观照当代中国电影理论建构提供了可能。该书收集的重要理论文章有顾肯夫《〈影戏杂志〉发刊词》、郁达夫《如何底救度中国的电影》、陈醉云《导演学》、侯曜《什么是有艺术价值的影片》等。陈多绯主编的《中国电影文献史料选编·电影评论卷 1921—1949》（中国电影出版社，2016 年）收录了新中国成立前（1921—1949 年）的 300 余篇影评文章。主要来源于当时出版的《影戏杂志》《剧影春秋》《影剧天地》《舞台与银幕》《电影杂志》《青青电影》等期刊，其中的许多文章是期刊发表后第一次结集出版。这些影评文章史料翔实、可读性强，较为全面、客观、真实地反映了中国早期电影的创作情况，在某种意义上也反映了我国电影、文化、观众以及知识分子思想、心态的演变。丁亚平主编《百年中国电影理论文选·增订版（1—3 卷）》（中国文联出版社，2016 年）主要对中国电影理论产生以来的部分重要理论家及理论文选进行了汇编，收录了 120 年来中国电影理论评论文献。这些理论文选不仅包括一般性的理论文章，也包括一些会议记录，如《中国电影复员以来——〈电影论坛〉第一次电影问题座谈会记录》《〈万家灯火〉座谈》等，以及信件形式的理论评论文章，如《〈新闺怨〉的产生》（史东山，1948 年）等。除了以上影响较大的专著之外，还有一些文选、丛书汇编关注到中国现代电影理论批评的相关史料。如《中国文库》（中国出版集团公司，2004 年起）整理总结了 20 世纪以来哲学社会科学类、史学类、文学类、艺术类、科技文化类、综合普及类等六大类别的优秀的文化成果和出版成果，全套共 10 辑约 1000 种图书。其中第五辑艺术类收录了《夏衍电影论文集》，涉及电影事业方面的相关论述、我国电影的发展历史和中国共产党对电影事监的领导情况、电影剧作的艺术探索及影片评论四个方面。但该论文集主要为夏衍先生在新中国成立以后发表的关于电影艺术的文章，对此前文献涉及较少。浙江出版集团和浙江文艺出版社出版的《夏衍全集》（2005年）共16卷，约920万字，分为戏剧剧本、戏剧评论、电影剧本、电影评论、文学、新闻时评、译著、回忆录、书信、日记等卷目，为中国现当代历史研究、戏剧电影等研究等提供了丰富的研究资料，具有极重要的文献价值。

此外，需要格外提及的是学界对于电影刊物，特别是民国时期电影刊物逐步重视。一些出版社复刻出版了民国时期重要电影刊物合集，例如《民国时期电影杂志汇编》（上海图书馆、国家图书馆，2013年）是比较有代表性的复刻版电影刊物。全套共167册，收录了民国时期20年代至40年代的主流电影期刊73种，对期刊的创办及发展节点等做了详细记载，其中提及了部分重要的电影理论批评作品。如1924年5月创刊于上海的《电影杂志》发表戈公振的《影戏和新闻事业》、马二先生的《中国影戏剧本的必要特点》、郑正秋的《我之编剧经验谈》等文，都是颇具研究和史料价值的重要文章。在20年代，全国先后出版过几十种电影刊物，仅1925年创刊的就有20种以上，其中绝大部分在上海。这些电影杂志中主要分为三种类型：一类是注重书评研究的专业性刊物；一类是各公司以宣传为主的特刊；一类是专登消息报道、趣闻轶事①。研究电影理论、批评的文章主要发表在前两类刊物上。目前，收录民国时期电影刊物最全的《中国现代电影期刊全目书志》共收录了1949年前出版的376种刊物。而根据电影刊物收藏家谢其章的说法，自1920年1月在上海出版了中国影史第一本《影戏杂志》至1949年的近30年间，共计出版了六七百种电影刊物②。近年来，国内学者关注到电影期刊的重要价值，从不同角度挖掘出对中国电影研究的新视点③。

民国时期的一些重要报纸也逐步进入当代学者的研究视野。学者李道新认为，民国报纸不仅是研究民国政治史、军事史、经济史尤其社会生活史和日常风俗史的必由之路，而且是重写中国早期电影史的重要依据。民国报纸里的电影信息，包括电影新闻、电影论评和电影广告在内，为反思

① 郦苏元. 中国现代电影理论史［M］. 北京：文化艺术出版社，2005：13.

② 谢其章. 中国电影百年，话民国电影刊物［J］. 出版史料，2005（04）：58-60.

③ 如王素萍《从电影期刊演变中探讨四十年代电影》（《当代电影》1996年第2期）、王若子《民国电影期刊出版的历史分期及其特征》（《出版广角》2018年第9期）等都关注了电影期刊与电影史之间的内在关联。

中国早期电影的历史叙述建立了一个不可多得的参照系①。其中《申报》《民报》《大公报》《晨报》《新民晚报》等为代表的诸多报刊开设的电影专栏或增设的电影副刊刊登了许多涉及电影理论、评论较为有分量的文章。这些史料逐步被学界挖掘，并作为重要的证据被引述使用。在《民国报纸与中国早期电影的历史叙述》一文中，学者李道新对程季华主编的《中国电影发展史》（中国电影出版社，1981 年）中所引述的民国报刊文章进行了详细统计与分析，其内容主要关涉电影评论及电影新闻，为研究中国电影史提供了一个新的视角。但较为遗憾的是目前国内尚未出版针对民国电影期刊、新闻报刊中有关电影理论批评的文献汇编。

另需一提的是，有关现代电影理论批评史料的电子出版物主要可以在一些数据库中进行挖掘。其中除上文提及的中国国家数字图书馆之外，较有使用价值的如：全国报刊索引数据库（社科类）、晚清民国报刊全文数据库、中国国家数字图书馆、国家图书馆“民国图片资源库”、中国电影资料馆、台湾电影资料馆、财团法人“国家”电影中心、香港电影资料馆以及国内各高校图书馆民国文献数据库②。外文数据库中，具有参考价值的如全球电影与电视文学全文数据库（Film & Television Literature Index with Full Text）、国际表演艺术索引数据库（IIPA）（Performing Arts Periodicals Database）、电影学全集数据库（PROQUEST—Screen Studies Collection）、美国国会图书馆电子资源等③。这些已存的电子数据库为挖掘现代电影理论批评史料提供了基础，但仍缺乏针对电影理论批评史料的数据库。

---

① 李道新. 民国报纸与中国早期电影的历史叙述［J］. 当代电影，2005（6）：26-34.

② 全国报刊索引数据库（社科类）：http://www. cnbksy. com/home；晚清民国报刊全文数据库：http://www. cnbksy. com/home；中国国家数字图书馆：http://www. nlc. cn/；国家图书馆《民国图片资源库》：http://www. minguotupian. com；中国电影资料馆：https://www. cfa. org. cn/；台湾电影资料馆：http://cinema. nccu. edu. tw/；财团法人“国家”电影中心：https://www. tfi. org. tw/；香港电影资料馆：https://www. lcsd. gov. hk/.

③ 美国国会图书馆电子资源：https://www. loc. gov/collections/.

二、中国现代电影理论批评史料出版类型及存在的问题

新中国成立以来出版的关于中国现代电影理论批评的著作为我们探究中国早期电影历史轨迹、电影批评与电影理论的渊源流变，提供了丰富的原始线索。总体而言，中国现代电影理论批评的编选与出版基本形式、方式大致可分为以下三类：

第一类为电影艺术家的理论批评选集、文集、专集。如前所述，新中国成立以来，国内陆续出版了一些著名戏剧、电影艺术家的选集或文集，其中有些选集、文集在收录电影文学作品的同时，也收录了相关艺术家在新中国成立前的部分电影理论批评文章。这一类选集、文集、专集保存了不少中国现代电影艺术家在电影理论批评方面的代表性篇目，具有较高思想、理论与史料价值。除上文提到的洪深、王尘无、夏衍等电影艺术家之外，还有徐公美、徐卓呆、郑伯奇、石凌鹤、鲁思、唐纳、李之华、舒湮等电影理论家，都曾留下过多篇重要著作文章。如徐公美曾于1938年在长沙商务印书馆连续出版过多部电影理论专著，包括《电影演技论》《电影艺术史》《电影发达史》《电影概论》等，是20世纪30年代较有影响力与代表性的电影理论家。而郑伯奇、石凌鹤等左翼电影评论家在《电影艺术》等阵地也曾发表多篇理论文章。遗憾的是，仍有众多其他电影艺术家的理论批评文字未能整理与结集出版。

第二类为出版机构、研究机构关于电影理论、电影批评的丛书、合集。除上文提到的上海书店影印出版的《民国丛书》第一、三编“美学艺术类”等外，还有北京电影学院张会军主编的《中国电影专业史研究》（中国电影出版社，2005年），包括电影理论卷、电影文化卷、电影编剧卷等13余卷，一定程度上展现了较为系统的“专题”汇编形态。这类丛书、合集或偏重于出版史，或强调专题性。它们为中国现代电影理论批评资料的发掘、整理提供了不同的梳理与编排模式。但整体来看，这类丛书因编排体量过大，无法涉及全面，对于研究电影理论、电影批评的发展仍显不够。

第三类为研究者整理编辑的综合性电影理论批评文选、汇编。有罗艺军编《1920—1989中国电影理论文选（上下册）》（文化艺术出版社，

1992年)、《20世纪中国电影理论文选（上下册）》(中国电影出版社，2003年)，丁亚平编《百年中国电影理论文选（上下册）》(文化艺术出版社，2005年)，陈多绯编《中国电影文献史料选编 电影评论卷 1921—1949》(中国电影出版社，2014年)，以及丁亚平、仲呈祥编《百年中国电影理论文选·增订版（1—3卷）》(中国文联出版社，2016年）等。这类文选、汇编选材较为广泛、多样，史料意识强，且有较完整的编排体系。

中国现代电影理论、批评史料的出版仍存在一定的问题与空白地带。总体来看，在文献史料方面。中国现代电影理论、批评作品收录不甚全面，因范围与时间跨度较大，并未完全专注于中国电影理论批评的“现代时段”(陈多绯版除外)。对象与篇目仍嫌狭窄，许多重要的篇目，包括具有不同倾向的电影理论批评文章仍被遗漏或被排斥在外。比如左翼电影运动时期“软性电影”论者的相关理论文章、抗战时期在《新影坛》杂志上形成的较为特殊的群众评论阵地的相关文章等。《新影坛》在抗战期间，电影“救亡批评”时期，其意识形态较多从属于日本侵略军的宣传需要，是一种较为多元的文本。这些文本对于探寻电影理论批评史被漠视的一隅具有较大意义。再者，会议记录、信件、回忆录等从形式上并不完全属于电影理论批评文章，但其探讨内容确有关。类似这些会议文献一定程度上总结了中国电影创作实践的问题与不足，并对下一时期的理论、实践发展方向做一展望，同样具有重要的文献价值。如前文提及的《中国电影复员以来——〈电影论坛〉第一次电影问题座谈会记录》是对电影从初生期至新中国成立前期的一些重要问题的理论性探讨；《〈万家灯火〉座谈》是针对昆仑电影公司《万家灯火》的一次集中评论；《〈新闺怨〉的产生》是电影导演史东山就1948年《新闺怨》电影上映后的一些异议所写的公开答疑信件。但这些史料的搜集仍远远不够。除此之外还有现代作家、革命理论家等曾谈及电影发展的相关理论性文章。如左翼电影运动时期，最早为左翼电影运动在理论上发轫的有鲁迅的译述，瞿秋白的述评，接着有叶沉(沈西苓)、沈端先（夏衍)、冯乃超等提出“普罗电影”（无产阶级电影)的口号。田汉在传播列宁关于“我们的一切艺术中最重要的是电影”的论述时提出了电影“是组织群众、教育群众最优良的工具”，介绍苏联电影及其理论，对当时进步电影界产生了深刻的影响[①]。这些理论文章同样应当被挖掘与关注。在编选标准、编排体例、体系中亦存在可商榷之处。如没有区分电影理论批评与一般创作谈、宣传推介等电影史料，更没有将编撰、著述乃至译介性电影理论批评论著纳入编排视野。丁亚平在《百年中国电影理论文选》中对每一篇文章的作者、主要内容做了简短的介绍。但整体来说，许多相关著作缺乏更为细致的注释。

三、中国现代电影理论批评史料出版范式创新

对现代电影理论批评史料进行专题汇编。在现有的出版物中，有关现代电影理论批评史料依据历史事件、文化运动的“专题编”较为薄弱。仅有的如前文提及的中国电影出版社出版的《中国左翼电影运动》《三十年代中国电影评论文选——纪念左翼电影运动六十周年》等专著。实际上，早期中国电影理论批评的变迁与“鸳鸯蝴蝶派”“复兴国片运动”等社会文学思潮相关联，20 世纪 30 年代“左翼电影运动”、“软性电影”之争、“国防电影运动”，40 年代“抗战时期”电影及人民电影的兴起等都是电影发展特殊而重要的节点。但值得一提的是，我们在重视这些文化运动的同时，更要去探寻电影理论批评发展的细致脉络，二者是否呈现共振抑或矛盾之势。以电影理论批评发展史的轨迹为参照，同时“打捞”之前可能被忽视的多元现代电影理论批评的“声音”。比如 20 世纪初，“鸳鸯蝴蝶派”所撰写的电影批评、电影小说和以电影为噱头的小品文就随着各种电影杂志和其他各色报刊游走于现代中国城市的大街小巷[②]。20 年代中期，正当伦理电影兴盛之际，“中国电影批评的先驱”“鸳鸯蝴蝶派”文人周瘦鹃刊发了一篇重要影评——《说伦理影片》[③]，文章批评了中国传统“孝”文化在当时电影中的缺失，本质上来讲是对电影在感化人心方面的社会功能进

① 陈播. 一代潮流不可挡：《三十年代中国电影评论文选》读后 [J]. 当代电影，1994 (1)：49.

② 范伯群. 中国现代通俗文学史：插图本[M]. 北京：北京大学出版社，2007：401.

③ 中国电影资料馆. 中国无声电影 [M]. 北京：中国电影出版社，1996：678-680.

行了探讨，是早期中国电影批评的一个范本。类似的文章，在一些“鸳鸯蝴蝶派”文人群体中（如包天笑、范烟桥、程小青、陈小蝶等）屡见不鲜。20年代中期，以包天笑、范烟桥为代表的“鸳鸯蝴蝶派”影人围绕历史片问题，展开了一场追问中国电影事业前途的讨论①，并将所撰写的文章发表在《明星特刊》杂志上。此阶段的国人影评舆论一致性的表现为对抗历史片的发展，在电影批评的历史洪流当中，以“鸳鸯蝴蝶派”为代表，甚至还有一些文人②曾经发出过不一样的声音。学者薛峰认为，“‘鸳鸯蝴蝶派’文人的电影批评呈现出一派转化传统、拯救历史、创造现代的‘复线历史批评’的思想风貌，对后五四时期中国城市平民的思想启蒙、对中国历史片创作的深远意义、对早期中国电影史述的多元开拓三方面形成了三条相互交织又各具特色的现代中国电影批评的重要轨迹”③。因此，对于电影批评史料进行专题汇编能够勾勒出更加多元且有特色的现代电影理论批评发展面貌，对于全面认识中国电影的理论发展具有重要意义。

现代电影理论批评史料依据地域进行汇编。无论在中国电影史，还是在中国新闻史当中，上海一直处于核心地带。作为中国电影发展的主阵地，上海见证了中国电影的发展与蜕变；作为民国时期主要报刊的创办与发行地，上海也记录着中国社会的文化变迁。在电影研究领域，对于民国时期上海电影刊物、新闻报刊等相关研究成果已经颇多。但对于沪外地区的某些重要资料，仍有待进一步挖掘。实际上，早期中国除了上海地区，北京与天津等城市也拥有较为浓厚的电影文化氛围。比如，据史料记载，《电影周刊》杂志于1921年11月创刊于北京，刊登过长文《北京电影事业之发达》《活动电影之原理》等文章，不仅对于早期北京的电影影片放映情况进行了介绍，也具有一定的理论意义与价值。此外，像北京《晨报》、天津《大公报》及其“戏剧与电影”副刊等报刊，也为勾勒民国时期中国电影发展全貌提供了史料参考。近年来，出现了一批具有电影“地方志”性质的图书，比如张澄国、朱栋霖著《苏州与中国电影》（中国电影出版社，2007年），洪卜仁著《厦门电影百年》（厦门大学出版社，2007年），

① 李道新. 中国电影批评史：1897—2000[M]. 北京：中国电影出版社，2002：30.

② 如“新月派”诗人邵洵美曾对国民政府查禁神怪电影的行动发出过质疑。

③ 薛峰. “复线历史批评”与中国传统的现代回响：以20世纪二三十年代“鸳鸯蝴蝶派”文人的电影批评为中心［J］. 当代电影，2010（5）：101-107.

周大新、崔君衍、李梦学著《大连与中国电影》（中国电影出版社，2008 年），孟固《北京电影百年》（中国档案出版社，2008 年）等中国各地域的电影史研究专著。这其中不乏各地的电影理论批评相关史料。但总体来看，这些著作主要以介绍各地电影发展史为主要内容，并没有真正搜集、梳理相关的一手史料文献。因此，补充与挖掘沪外电影理论文献仍有待进一步挖掘整理。为了体量的均衡，可分为“沪上篇”与“沪外篇”两部分进行汇编。

对电影期刊、新闻报刊中所刊载的现代电影理论批评史料进行分类长编。在目前已出版的文字资料中，现代电影理论、批评史料以选本的形式存在。除上述提及的著作之外，钟大丰主编《中国电影史料影印本丛书：影戏年鉴》（东方出版社，2016 年）收录了 1934 年初至 1935 年秋冬期间国内中文媒体上涉及中外电影创作、产业评论、消息及逸闻等电影相关领域的短文上千篇。总体而言，这些文选的“集锦式”出版，具有较为重要的史料价值，但可能存在不同类型和首发时间的内容编排交叉混杂，也为对内容进行辨析带来了一些困难。“长编”就一般意义而言属于编年体，即以历时性规则，强调整体性、全面性。但是从实践上会存在一定的问题或者困难。首先，以长编形式出版的体量问题。中国电影理论批评文字史料主要来源于电影刊物（含包括戏剧刊物、戏剧电影综合刊物、电影副刊、电影专号、电影特刊、年鉴等）、新闻报纸电影栏目及副刊，以及为数不多的丛书汇编、作品集、出版史、年鉴。后者常涵盖前两类史料所涉及的具体作品。若完全整理汇编成册，体量必定十分庞大，在一定程度上并不便于出版与保存。其次，电影理论批评作品载体形式较为多样，若统一汇编，可能相互杂糅，不便查阅。鉴于此，将理论批评的“长编”形式进一步细化为“现代电影理论批评·电影期刊卷”“现代电影理论批评·报刊卷”两类，将同一刊物不同时期的理论批评文章进行系统汇编。目前来看，陈多绯《中国电影文献史料选编电影评论卷 1921—1949》（中国电影出版社，2016 年）较为系统的收录了新中国成立前（1921—1949 年）的300 余篇影评文章，主要来源于当时出版的《影戏杂志》《剧影春秋》等期刊，具有一定的史料价值。

结语

中国现代电影理论批评史料的编辑出版是展现中国电影理论批评发展原貌的必要举措。笔者在整理、搜集新中国成立后中国现代电影理论批评史料的出版文献时可能存在某些遗漏，当在以后的研究中进行重新补充。对史料的挖掘与应用是任何学科得以发展的基础，但在此过程中要避免被史料吞没，要有所依循、有所旨归，始终带有问题意识，从学术的角度辨别出有价值与意义的部分，并创造出对电影史、出版史等多学科有价值的原创性知识。

【第二篇】

出版人与出版物研究

黄觉民：集教育家编辑家于一身的一代名编①

——兼论战时《教育杂志》的议程设置与编辑思想

陈兰枝[1]　范　军[2]

（1. 华中师范大学出版社，湖北武汉，430079；
2. 华中师范大学学报编辑部，湖北武汉，430079）

摘要：集学者、教育家、编辑家于一身的黄觉民在抗战时期主编《教育杂志》四年之久。在艰难困苦中他坚守期刊岗位，极力倡导战时教育期刊的大众传播导向，以教育学者的专业眼光，引导杂志持续深入地关注战时教育议题，精心编织杂志的战时话语体系，深拓杂志的国际视野，使战时《教育杂志》既不失权威教育期刊的专业水平，又成为凝聚教育界人士进行“文化抗战”的重要媒介力量。

关键词：编辑家；黄觉民；《教育杂志》；议题设置；编辑思想

在中国近现代编辑出版史上，集学者、教育家、编辑出版家身份于一身的大有人在，陆费逵、舒新城、蒋维乔、庄俞、夏丏尊、叶圣陶、范源濂等都是。而说到黄觉民，人们不免有些陌生，其实就其在编辑出版活动的实力与贡献，他也应该是可以列入上面那串名单中的。其编辑思想、才干与劳绩，主要体现在抗战时期主编《教育杂志》。这是一位不应被人遗忘的一代名编，其编辑思想与实践经验都值得好好总结。

《教育杂志》是由商务印书馆于 1909 年创办的一本专业教育期刊，以“研究教育，改良学务”为办刊宗旨。《教育杂志》是民国教育期刊史上刊

① 本文为国家社科基金项目“中国近现代出版生活史专题研究”（项目批准号：18BXW045）阶段性研究成果。

期最长、对近现代中国教育影响最为深远的教育期刊。抗战时期，《教育杂志》两度休刊，但在全面抗战爆发后的四年间（1937—1941 年）却成为教育期刊领域极少仍然坚持出版发行，并影响颇大的定期教育刊物。全面抗战的前期，黄觉民担任《教育杂志》主编，他怀抱“教育救国”思想，将教育期刊作为“文化抗战”阵地，以专业教育学者的眼光审视战时教育，设置战时教育议题，编织战时教育话语体系，其战时教育期刊的议题设置策略和编辑思想对于当代教育期刊的编辑出版仍具有重要的启示意义。

一、教育学者黄觉民与战时《教育杂志》

黄觉民（1898—1956），福建省闽侯县人，菲律宾大学教育学硕士，美国哥伦比亚大学教育心理学硕士，是我国近代少有的获得哥伦比亚大学教育心理学专家证书的教育心理学家①。1933 年留美归国的黄觉民接受上海大夏大学聘请，担任该校教育学院教育心理学系教授，并兼任心理学系主任。1934 年，黄觉民进入商务印书馆担任编审员，1936 年 7 月，黄觉民开始担任《教育杂志》主编。

黄觉民是《教育杂志》历史上第一位具有教育专业背景的主编。从 1927 年起，黄觉民即在《大厦周刊》《山西省新生活运动促进会会刊》等刊物上发表《国学管窥》《中国最近教育之进展》《中国学校制度的研究》等论文而在教育学界崭露头角。又因黄觉民与欧元怀、鲁继曾等著名教育学者一样，均是苦学出身的专家学者，因此在教育界颇负盛名。留美归国不久，黄觉民即被《申报》等报刊媒体推举为“全沪十大教育领袖”之一②。1935 年《教育杂志》开设“世界著名教育杂志摘要”栏目，邀请国内教育领域的顶级专家学者从事摘编和翻译工作，黄觉民又同吴俊升、许恪士、陈选善、张耀翔、廖世承、何清儒、邰爽秋、马宗荣等全国知名教育专家及师范大学校长、教育学院院长等一同入选，这无疑是《教育杂志》这一当时全国最为权威的教育专业杂志对其专业成就的认可。

同何炳松、杜亚泉、茅盾等商务同人一样，进入商务的黄觉民一直坚

① 福建江夏黄氏源流研究会. 福建黄氏世谱：人物篇［M］. 香港：中华国际出版社，2005：112.

② 黄觉民演讲心理学应用法今日下午四时在青年会［N］. 申报，1931-12-31.

持学术研究与著述。从1934年到1941年黄觉民共在《教育杂志》上发表论著及摘要等文章122篇，同时他还在《东方杂志》、《教育通讯》（汉口）等刊物上发表对于教育问题的见解。在商务期间黄觉民独撰、编译的教育专业图书较多，主要有《教育通论》《德国公民教育》《实验教育学》《美国教育名著六十种》《教育心理学》等。

黄觉民也是《教育杂志》主编中教育实践经历最为丰富的一位，在去美国哥伦比亚大学深造之前他曾担任中小学教师、训育主任及校长①，对当时中国的基础教育情况十分熟悉和了解。早在青少年时期黄觉民就深受“科学救国”“教育救国”思潮影响，立志投身教育事业。留美归国后黄觉民又曾担任大学教授，因其美国一流教育学院毕业的教育背景②，在教育文化学界拥有深厚的校友及学者专家资源。

全面抗战时期，黄觉民怀抱“教育救国”“文化抗战”的坚定信念，带领商务印书馆教育杂志社同人，依靠自身所学和丰富广博的文化教育界资源，苦心经营《教育杂志》，使之成为战时教育问题的研讨平台和教育界信息沟通的纽带。其间，《教育杂志》不仅没有因出版地不停变化、纸张短缺、交通阻隔等不利因素而衰落或停刊，反而因其鲜明的战时教育特色和别出心裁的“抗战以来高等教育专号”“抗战四周年纪念号”等专号的策划而成为战时教育期刊界的翘楚，在团结抗战及战时民众教育等方面发挥了巨大的宣传和推动作用。这与主编黄觉民本人的“教育救国”信念是分不开的。1941年12月太平洋战争爆发，身为《东方杂志》社长兼主编的郑允恭叛国投敌，充当伪亚洲文协主席。郑还唆使日本官员诱逼黄觉民出任伪东亚文协教育处处长③。黄觉民断然拒绝，毅然潜回重庆。由此可见黄觉民坚定的爱国信念与“文化抗战”的决心。

① 1934年第4期《教育杂志》“编者余谈”中曾介绍黄觉民历任中学生青年会会长、义务学校校长、福州村光小学校长、青年会中学训育主任、厦门云梯中学校长、菲律宾华侨中学训育主任和上海大夏大学教育心理系主任。

② 美国哥伦比亚大学教育学院是世界著名的教育学院，中国近代众多教育学家都是该院毕业生。人民教育家陶行知、幼教之父陈鹤琴、北京大学原校长蒋梦麟、南开大学创始人张伯苓，以及郭秉文、杨荫榆、李焕、林茂生、欧元怀等近代著名教育专家都毕业于美国哥伦比亚大学教育学院或在该学院有过求学或访学经历。

③ 福建江夏黄氏源流研究会．福建黄氏世谱：人物篇［M］．香港：中华国际出版社，2005：112.

1942 年黄觉民被派往成都担任商务印书馆成都分馆经理，同时在四川大学、华西大学和金陵大学等几所高校担任教授。1945 年抗战胜利后，黄觉民回到福建担任福建省研究院院长。新中国成立后，黄觉民曾任福建省教育厅副厅长、福建省教育工会副主席等职。1951 年黄觉民回上海担任华东师范大学教授，直至 1956 年病逝。

二、黄觉民的战时议题设置策略

既有丰富的教育实践经验又具深厚的教育理论素养的黄觉民对于战时教育问题有着深切的关心和深刻的思考。在黄觉民的主持之下，全面抗战时期的《教育杂志》对许多战时教育问题的探讨深入而持久，不仅体现了《教育杂志》的专业性，更彰显了杂志作为媒介在战时教育舆论方面的引领地位。战时教育杂志的议题设置十分重要，作为教育专家型主编，黄觉民充分利用自己的专业背景与学术影响力，亲自参与期刊议题的设置。

（一）利用专家在场性引导杂志持续关注战时教育议题

作为民国时期最具影响力的教育专业期刊的主编，黄觉民因其教育专家身份，活跃于当时的教育界与出版界，以其专业的眼光审视教育现状与教育问题，通常能敏锐地关注到教育领域急需解决的现实问题与理论问题，并依托刊物平台，给予持续的关注。

例如抗战时期，许多民众因为战事流离失所，学生更因此辍学、失学，为此，有专家提出民众“补习教育”问题。《教育杂志》1937 年第 1 期便发表了时任国民政府教育部社会教育司司长陈礼江的文章，题为《民众补习教育实施的困难及其救济》的文章，介绍实施民众补习教育的困难和办法。

1937 年 2 月 4 日《申报》上刊登了一则教育消息，题为“中华职教社开专家会议讨论补习教育各问题专家蔡元培等均出席”。这则消息提到的出席者有蔡元培、王云五、欧元怀、陈鹤琴、何炳松、潘公展、陶百川、黄觉民、刘湛恩、吴蕴初等教育界著名专家、校长以及企业界代表 30 余人①，黄

① 中华职教社开专家会议讨论补习教育各问题 专家蔡元培等均出席［N］. 申报，1937-02-04.

觉民位列其中。他敏锐地发现抗战时期有关“补习教育”的议题将会是未来一段时期教育行政当局与教育专家关注的重要战时教育问题，因此，在全面抗战爆发前后的三年间，《教育杂志》对“补习教育”给予了持续、深入的关注和探讨。

1937 年 2 月，《教育杂志》发表了题为《实施失学民众补习教育后的民众补充读物》的文章，作者为国民政府教育部社会教育司科长顾良杰。第 4 期《教育杂志》原文转发《教育部令各省推行补习教育》的政府文件。但对于战时教育问题，黄觉民往往不满足于政策出台前的探讨与政策文件的刊布，而会引导教育各界对政策的实施情况进行更为深入的调研和检讨。因此，之后《教育杂志》又围绕这一问题持续刊登了程时煃①、何清儒、沈光烈等教育行政官员和教育学者的系列调研性文章和后续政府文件。这些文章和文件包括《职业补习教育的趋势和江西省实施的现状》《如何实施职业补习教育》《职业补习教育教材的编制》《战时职业补习教育的趋势及需要》及《推行失学民众补习教育》等。1940 年 4 月，国民政府教育部社会教育司钟灵秀科长的文章《三年来我国实施民众补习教育扫除文盲的总检讨》在《教育杂志》上公开发表，至此，距国民政府教育部下文要求各省实施“补习教育”正好三年。

三年间，黄觉民主持下的《教育杂志》将“补习教育”从社会到政府，从政策酝酿到具体实施的经过展现得清晰、深入而又全面，更显露出专家型教育期刊主编既侧重教育理论探讨又注重教育实践成效的议题设置策略。实际上战时教育期刊的议题设置，既需要尊重教育规律，又需要考量议题的现实价值，判断其能否服务抗战，真正起到教育民众、团结民众抗日的作用。

（二）亲自撰文设置议题引发教育界关注和讨论

作为教育学者，又身为知名教育杂志的主编，黄觉民对许多战时的宏观及微观教育问题问题的思考非常深入。在战火纷飞、交通阻断的抗战岁月，常规教育教研活动几乎处于停滞状态。在这种非常态时空背景之下，黄觉民往往亲自撰文阐述战时教育主张，主动设置议题，以引起教育专家

① 程时煃，毕业于美国哥伦比亚大学，民国时期曾任福建省教育厅厅长，大夏大学教授。

和政府教育行政当局的讨论和关注，并期望某些作者的主张能获得教育行政部门采纳，从而于教育方面增加抗战力量。在全面抗战之前，《教育杂志》社编者往往先设置议题，然后通过函告征文的方式形成专题或者专号，极少有主编能像黄觉民一样先行撰文抛出议题，然后引导论者围绕主编的主张继续深化、衍生、拓展，然后组织专题或专号。发挥自身专业优势，依托刊物舆论平台，与教育界人士直接对话，这无疑是黄觉民的又一个性鲜明的议题设置策略。

全面抗战伊始到《教育杂志》因太平洋战争爆发停刊的1941年，围绕各类抗战教育问题，黄觉民在《教育杂志》上共发文6篇，每篇篇幅均在5000字以上，分别为《从战时校舍问题说到改革学校制度》《改变学校办学以解决战时战后的教育困难问题》《战时课程问题》《学校兼办社会教育的问题》《战时战后学校改变办法的再检讨》《改进大后方的教育刍议》。

在上述6篇文章中，《从战时校舍问题说到改革学校制度》《改变学校办学以解决战时战后的教育困难问题》两文发表后，黄觉民亲自将文章寄给包括教育部长陈立夫及陈礼江、高觉敷等在内的教育行政官员和教育专家，邀请他们参与讨论。两个月后，黄觉民将汇集陈立夫、张伯谨、周尚、钟鲁斋、富伯宁、吴同等15位教育行政官员和教育专家的讨论文章以“战时战后函授自修问题的讨论”为专题在1938年第4期上刊发。为解答专题中各位论者对其文章观点及所提方案的质疑，黄觉民又撰写了《战时战后学校改变办法的再检讨》一文予以回应。依此思路，黄觉民由《学校兼办社会教育的问题》一文策划了“学校兼办社会教育专号”（1939年第3期）。从大众传播的角度看，作为教育专家的杂志主编黄觉民不仅深谙议题设置的规律与技巧，而且以教育专家的专业眼光与敏锐的洞察力，精准地挑选议题讨论的角度与参与者，娴熟地控制议题提出与推进的过程，从而达到使议题引起广泛关注，并将议题推向纵深的传播目的。

《战时课程问题》《改进大后方的教育刍议》两文虽然没有最终形成专题或者专号，却引发了诸多论者的持续思考与回应。例如《战时课程问题》发表后，《教育杂志》又发表了《抗战时期小学课程及教材之研究》《战时课程编制的问题及方法》《战时小学课程如何改变》《关于整理大学课程的几句话》等由吴鼎、钟鲁斋等课程专家撰写的文章，深入研讨各级各类教育中的战时教材、课程以及实施的具体问题。1939 年第 7 期的《教育杂志》刊发了《教育部令设战时课程》的通知，由此可见《教育杂志》议题设置的精准性和实效性。

三、黄觉民的战时教育期刊编辑思想

（一）倡导战时教育期刊的大众传播导向

作为留美归国的知名教育专家，黄觉民并没有将《教育杂志》的受众限定在教育理论研究者和文化精英的狭窄范围内。黄觉民接任主编后不仅主张《教育杂志》受众的多元化、大众化，更倡导期刊传播内容与形式的大众化。全面抗战前后，为团结民众进行“文化抗战”，这一期刊编辑思想体现得更为明显。

在 1937 年第 3 期的“编者余谈”中，黄觉民提出：“本志对于专门的教育科学研究的文章，向来十分欢迎，不过为适合大多读者的程度与需要不得不力求‘大众化’……我们相信，高深专门的文章，不一定就要用高深的文字来写，如果以浅显的文字写出来，可以更加明了，更加生动，希望惠稿的作家们以后多多注意这点，俾使自己的研究心得及意见，得便利地传达于全体读者。”这是黄觉民对于传播内容语言呈现方式大众化的要求。在全面抗战时期，黄觉民对于期刊内容语言与呈现方式大众化的推动更为着力。

1941 年，《教育杂志》推出了两期专号，分别为“抗战以来高等教育专号”和“抗战四周年纪念号”。这两期专号中文章的行文方式并不受教育专业期刊研究论文格式化、程式化风格的限制。有些文中甚至出现了关于西迁高校师生精神状态及高校所在地环境风貌的叙述，使得这两期专号连普通中学生及略通文墨的普通大众都能看懂。由此，读者知晓了高校师生受尽迁徙、轰炸等苦难仍然坚持“教育救国”的感人历程，从而坚定抗战必胜的信心。

全面抗战时期，黄觉民深感民众教育的重要性，因此尤为重视教育期刊传播内容的大众化。为发动教育界人士开展民众教育，“使他们帮忙政府成为抗战的坚强后盾，达到最后胜利之目的”[①]，黄觉民不仅要求杂志广为征集民众教育稿件，同时还策划设置“战时补充教材”[②] 栏目，精心编选各类助于激发普通民众抗战斗志、深入了解抗战策略的“教材”，并配发按语，指导教师和学生使用。作为教育专业期刊，大胆刊发有关战争战略、战术以及战时金融、国际战局的内容，以“应战时之需”，这不仅可以看作黄觉民战时期刊策划思想的创新之举，更可视为黄觉民对于战时教育期刊传播内容大众化的有益尝试。在战争的非常态下，黄觉民深知媒介必须更加注重媒介传播内容与传播方式的大众化，使媒介发挥战斗号召力，才能凝聚人心，团结民众奋起抗战。

（二）编织战时教育期刊的战时话语体系

1937—1941 年，《教育杂志》的议题与内容总是跟随战争的阶段性转化而变化，呈现出明显的战时阶段特征，这是作为主编的黄觉民期刊话语编辑技巧的杰出体现。自 1937 年第 11、12 期黄觉民以商务印书馆总经理王云五的《战时教育问题》和他本人的《从战时校舍问题说到改革学校制度》两篇文章正式开启《教育杂志》的“战时”话语体系建构以来，全面抗战爆发后的四年间，《教育杂志》有关战时教育的各类论著、通讯均由“战时”“抗战建国”和“抗战以来”这三个带有鲜明战时特色的关键词予以统领，呈现出明晰的战时阶段脉络和鲜明的战时期刊编辑话语特色。

经统计，全面抗战时期《教育杂志》文章标题中含有“战时”“抗战建国”和“抗战以来”这三个关键词的文章数量分别为 88 篇、13 篇和 72 篇。根据战争的阶段性发展，《教育杂志》在内容组织和话语编织上呈现出了较为明显的主动设置倾向。从 1938 年带有“战时”关键词的文章由 1937 年的 7 篇迅速增长到 47 篇可以看出《教育杂志》已经快速而正式地开启了战时话语体系。从 1938 年上半年到 1939 年，“抗战建国”这个关键词在《教育杂志》上开始出现并快速增长则是对国民政府 1938 年 4 月提出的“抗战建国纲领”的回应。1939 年标题中含有“战时”一词的文章有 23 篇，较 1938 年出现明显的回落，这是《教育杂志》的战时教育话语从全面抗战伊始的紧急、嘈杂、多元逐渐向理性和有序演进的标志。1938 年下半

① 教育杂志社. 编者余谈［J］. 教育杂志，1937（9/10）：142-143.

② 教育杂志社. 编者余谈［J］. 教育杂志，1937（9/10）：142-143.

年以后，《教育杂志》关注的议题已经从初期的“教育方针”“战时学校制度变革”“战时课程”等重大紧急的问题，转向“师范教育”“师范院校创设”等常规但具有国防意义的类别教育问题。1940 年具有战时特色的文章不多，这与全面抗战逐步进入战略相持阶段是对应的。这一年中，《教育杂志》开始关注经过迁徙、流离逐步稳定下来的各类学校的常规教育教学问题。此外，当年的刊物上也刊发了大量来自上海孤岛、华北、东北沦陷区以及大后方的，反映各地各级各类教育实况、现状的文章。进入 1941 年，经过对前两年战时教育现状、实况的梳理和思考，在黄觉民的主导之下，《教育杂志》先后推出了“抗战以来高等教育专号”和“抗战四周年纪念号”，两期专号中 95％以上的文章均被冠以“抗战以来”的时间定语，又因作者多为各知名高校校长及各省教育厅厅长，这两期专号一时在教育界引起巨大反响。

在大众传播活动中，杂志主编在整个传播过程中处于十分重要的地位，因为他们“处于信息传播链条的第一个环节，是传播活动的发起者，也是传播活动的组织者，因此，传播者不仅决定着传播活动的存在与发展，而且决定着信息内容的质量与数量、流量与流向”①。作为《教育杂志》传播活动中的核心和灵魂，在黄觉民的精心组织和编排之下，四年间的《教育杂志》每篇文章之间、每期刊物之间独立自为的封闭性被打破，转而以一个新系统的结构要素的形式出现。这样各组成要素之间的关联性和制约性就使刊物形成信息的交换，从而输出更有意义的信息，释放整体大于部分的意蕴和能量②。战时《教育杂志》正是通过这一战时话语体系较好地呈现了整个教育领域的生态和舆论场域。

（三）深拓战时教育期刊的国际视野

多年的海外求学经历使黄觉民主持下的《教育杂志》具有宏阔的国际视野。全面抗战时期的黄觉民一直坚持将中国的战时教育问题置于世界范围内来考察。这一视角不仅让内迁的高校师生和其他教育界人士摆脱信息的闭塞，了解世界各国的教育动态，更能让他们知晓同样处于战争阴影之下的欧洲各国的教育应对策略，从而坚定“文化抗战”的信心。

---

① 胡正荣. 传播学总论［M］. 北京：北京广播学院出版社，1997：128.

② 李频. 期刊策划导论［M］. 石家庄：河北教育出版社，2001：90-91.

全面抗战时期，教育杂志社跟随商务印书馆编审部不断辗转迁移，但《教育杂志》的“世界著名教育杂志摘要”栏目不仅没有停办，反而增强作者阵容，尽量实现内容与“战时有密切关系”的编辑方针，以求深拓期刊的国际视野。诸如《英国战时教师和学生须知》《战时疏散学童后分区的教育补救法》《战时教育中之深谋远虑》《英国战时撤退学童计划》《英国对于战时教育措施之筹划》《纳粹摧残大学教育的实况》等来自世界各国的最新战时教育研究成果与信息资讯，为战时教育学术研究和战时教育应对策略的选择提供了宽广的国际视野。

此外，为使教育界人士了解国内外的战争形势，也为了吸引读者眼球，在“战时补充教材”栏目中，主编黄觉民积极组织并编选了来自外国媒介或由外国记者撰写又或由日本问题专家分析撰写的有关日本及世界反法西斯战争战局的文章。经统计，在38篇“战时补充教材”中这类文章有《国际反侵略大会在伦墩开会经过》、《晋察冀三省边区政府的实况》（伦敦《泰晤士报》记者采写）、《日本的军事胜利得到了些什么?》（英国丘吉尔首相的广播词）以及《日本现金已尽》《日本侵华的损失》《日本经济的崩溃》等，共计8篇，占所有“战时补充教材”所选篇目的21.1%。由此可见刊物主编拓展期刊国际视野的用心。这些文章的编发和传播，对于阻断因战事不断变化而导致的漫天“小道消息”，向内迁的文化教育界人士通报战局进展，鼓舞他们的文化抗战士气是极为重要的①。

全面抗战时期，黄觉民还充分挖掘《教育杂志》的期刊内容资源，根据杂志的专号内容编撰《战时教育》《全国专科以上学校最近实况》等图书，这些图书后成为战时各级师范院校教材和战时学生报考高校的“升学指导用书”，获得了较好的社会效益和经济效益。由此可见早在民国时期，黄觉民就颇有“融合出版”思想。此外，黄觉民在画刊编辑出版领域也体现出惊人的编辑和发行推广才干。商务印书馆香港分馆曾创办综合性彩色摄影画报《东方画刊》，主编兼发行人初为史谷光。1939年4月起，黄觉民开始担任该刊编辑和发行人。在黄觉民的主导下，《东方画刊》“将全民族在大时代前所表现的精神及其一切活动，用真实的写影尽量反映出来，兼收关于新知识及调剂奋斗生活的材料，中英文对照说明，全部用影写版

① 吴永贵，黄河清．抗战责任与期刊岗位：孙寒冰与他主编的《文摘》杂志[J]．中国编辑，2015（4）：72-76.

印，精美绝伦”[①]。《东方画刊》尤为重视编发反映华北、西北抗日根据地建设的专题摄影报道，宣传抗战。同时担任《教育杂志》主编的黄觉民更在《教育杂志》上用整版的篇幅大力推广《东方画刊》。短短两三年时间，《东方画刊》就成为与《良友》《今日中国》《大地》等画刊一样行销国内外的知名画刊。这无疑是黄觉民立足出版，宣传文化民族抗战的编辑精神的又一体现。

新中国成立后，由于黄觉民曾担任教育行政官员后又到大学从教，加之其主要的期刊出版经历主要集中于全面抗战时期，相关的资料残存较少，对其编辑出版思想和实践研究一直备受忽视。但无论是从其编辑出版能力、在期刊出版方面的成就，还是从学识和出版人的责任担当等方面来看，黄觉民都是一位值得深入研究的重要民国出版人物。

① 韩丛耀，赵迎新. 中国影像史：第7卷［M］. 北京：中国摄影出版社，2015：383.

近代中国编辑出版人心态史刍议

欧阳敏

（武汉大学新闻与传播学院，湖北武汉，430072）

摘要：心态史是研究一定时代群体心理表现和大众意识状态结构及其演变过程和趋势的史学分支。出版业在中国的现代化进程中扮演着重要的中介角色，它与教育、文学、政治等有着极为密切的联系，在某种意义上来说，出版与教育和文学互为发生装置。编辑出版人在出版业的现代化方面居于核心地位。

关键词：编辑；出版；心态史；年鉴学派

一、心态史的缘起及经典文献

心态史是研究一定时代群体心理表现和大众意识状态结构及其演变过程和趋势的史学分支。它的特征是：（1）突出心态在历史运动中的中介地位；（2）以长时段的集体无意识形象作为研究对象；（3）借助于表象符号系统破译文化特质；（4）跨学科的综合研究特色。

心态史是法国年鉴学派第一代学者马克·布洛赫与吕西安·费弗尔联合开创的研究领域。1924年，布洛赫的《国王神迹：英法王权所谓超自然研究》面世；1942年，费弗尔的《拉伯雷与十六世纪的无信仰问题》面世。这两部专著成为心态史领域的经典文献，心态史领域也由此开创。

《国王神迹》研究的对象是10—18世纪间英、法两国广泛流行的一种历史现象——国王以触摸为臣民治疗瘰疬病，人们则普遍相信国王的触摸可以治愈这种疾病以及这种现象发生、发展与衰落的过程。其目的是由长时段中的“一种奇迹”及其仪式，展示一种长期支配人们思想的“精神力量”，即民众对“国王具有医治某种疾病的神奇力量”这一信念的信仰；这一信仰反映了人们相信王权神秘力量的“集体意识”，展示了这一时期民众王权观念的具体形态。《国王神迹》所使用的观念及设定的纲领与方法，对后世年鉴学派学者的心态史研究产生了极大的影响，是名副其实的心态史学及历史人类学的经典之作。

此外，费弗尔还写过两篇关于心态史的理论文章：《历史学与心理学概观》(1938 年)、《如何重构过往的情感生活：感性与历史学》(1941 年)。遗憾的是，这两篇论文都未见到中文版。在这两篇文章中，费弗尔使用“心态”或“感性”来界定激情、情感等非理性冲动，他呼吁给予其以实际的历史重要性①。费弗尔极为强调心态的重要性，他甚至认为社会在深层次上是心态性质的。

以费尔南·布罗代尔为代表的第二代年鉴学派学者，他们活跃于 20 世纪四五十年代，其主要研究范式是社会经济史；虽然他们并未完全忽视心态史与其他形式的文化史，但是心态史被降格至年鉴学派的边缘②。到了 20 世纪六七十年代，第三代年鉴学派学者雅克·勒高夫、乔治·杜比等人回归心态史路径，他们从关注社会的经济基础或人口基础，转向文化的上层建筑，这一转向被法国史学家米歇尔·伏维尔称为“从地窖到顶楼”。

20 世纪 70 年代，年鉴学派学者的相关经典文献如下：菲利普·阿里埃斯的《心态史学》(1974 年)、雅克·勒高夫的《心态：一种模糊史学》(1974 年)、埃马纽埃尔·勒华拉杜里的《蒙塔尤》(1975 年)。勒高夫认为，心态史研究日常的自动行为，研究的对象是历史中的人们没有意识到的东西，心态史所揭示的是他们思想中非个人的内容③。研究心态史需要一套“心态设备”(由吕西安·费弗尔提出)：词汇、句法、客套话、时空

---

① 卡洛·金兹堡.《国王神迹：英法王权所谓超自然性研究》意大利文版序言［M］//马克·布洛赫. 国王神迹：英法王权所谓超自然性研究. 张绪山，译. 北京：商务印书馆，2018：7.

② 彼得·伯克. 法国史学革命：年鉴学派 1929—2014［M］. 刘永华，译. 北京：北京大学出版社，2016：107.

③ 雅克·勒戈夫. 心态：一种模糊史学［C］//雅克·勒戈夫，皮埃尔·诺拉. 史学研究的新问题、新方法、新对象：法国新史学发展趋势. 郝明玮，译. 北京：社会科学文献出版社，1988：270.

观念、逻辑体系等[①]。心态史最吸引人的地方为其模糊性：可用于研究别人弃之不顾的资料，即史学研究分析中由于难以阐明其含义而置之不顾的资料。那么，心态史何以能够兴起呢？菲利普·阿里埃斯认为主要有两个因素：（1）20世纪以来，文化多元论兴起，对“现代优越性”的迷信逐渐消解，西方学者开始关注时空维度下各种文化形式之间的差异，及其差异背后的心态因素；（2）人们对现代性的反思所导致的焦虑心态，需要从往日的心态中找到解答[②]。

需要指出的是，当前史学界势头正劲的“新文化史”是英美史学界的术语。在法国，与之相对应的术语是“心态史”[③]；在意大利，则是“微观史学”或者“日常生活史”。因此，法国的新史学其实可以视为心态史学。心态史是年鉴学派的第三、四代学者关注的重心。

年鉴学派以“问题史学”研究范式闻名于世，他们所提倡的心态史同样充满了对现实问题的观照。勒高夫认为，心态虽然不是历史因果关系中的一个主要因素，但在以心态史为代表的法国新史学中占据着较重要的地位[④]。心态史同样具有较强的现实意义，其在于：“由于我们在这个集体记忆迅速变化的世界中，面对着历史的加速发展，任何人都想摆脱成为过去的孤儿、没有根基的人这种苦恼，所有人都热衷于寻求自己的身份，到处都在清点和保护历史遗产，为了过去和未来而建立信息库……新史学比任何其他史学都能给人们带来信息和回答。”[⑤]

总之，心态史是一个极为模糊的研究领域，年鉴学派在心态史研究方面有着丰硕的理论建树和实践成果。在他们的倡导下抑或是同时期的并行

---

① 雅克·勒戈夫．心态：一种模糊史学［C］//雅克·勒戈夫，皮埃尔·诺拉．史学研究的新问题、新方法、新对象：法国新史学发展趋势．郝明玮，译．北京：社会科学文献出版社，1988：279.

② 菲利普·阿里埃斯．心态史学［C］//雅克·勒高夫，等．新史学．姚蒙，编译．上海：上海译文出版社，1989：194-195.

③ 彼得·伯克．什么是文化史［M］．蔡玉辉，译．北京：北京大学出版社，2009：4.

④ 雅克·勒高夫．新史学［C］//雅克·勒高夫，等．新史学．姚蒙，编译．上海：上海译文出版社，1989：35.

⑤ 雅克·勒高夫．新史学［C］//雅克·勒高夫，等．新史学．姚蒙，编译．上海：上海译文出版社，1989：34.

发展，学派之外的史学研究者们纷纷加入这个阵地，涌现出了一批学者和成果，如美国史学家罗伯特·达恩顿的《屠猫狂欢：法国文化史钩沉》①，意大利学者卡洛·金兹伯格的《奶酪与蠕虫》。

二、近代中国编辑出版人心态史的研究内容

出版业在中国的现代化进程中扮演着重要的中介角色，它与教育、文学、政治等有着极为密切的联系，在某种意义上来说，出版与教育和文学互为发生装置。编辑出版人在出版业的现代化方面居于核心地位。近代中国编辑出版人心态史的研究内容，因切入视角的不同而不同。

首先是近代中国出版业初生阶段，编辑出版人面对西方出版制度与技术时的“刺激—反映”心态。中国现代意义上的出版业出现于19世纪上半叶，中国境内最早的一批现代出版业的主体是传教士，印刷技术则是铅活字印刷，制度则是股份公司制。当西方的出版制度及技术与我国的雕版印刷传统相碰撞时，中国的编辑出版人是何种心态?

其次是不同场域中编辑出版人的职业心态。近代中国出版业并非整体一块，而是分属于不同的场域。传统的中国出版业的场域主要是举业书籍出版、章回小说出版；19世纪末以来，中国出版业的场域主要有新式教育出版、新文学出版、通俗文学出版。编辑出版人也绝非整体，分属于上述场域。从19世纪上半叶到20世纪中叶，一百多年的时间里，士人、雕版书商、石印书商等不同场域的编辑出版人，他们如何转变为现代意义上的编辑出版人，他们的职业心态是如何建构的?

最后是编辑出版人的日常心态。正如费弗尔所言，社会在深层次上是心态性质的，我们也可以说出版在深层次上是编辑出版人心态（尤其是集体无意识）性质的。近代中国编辑出版人的心态自然要受到“时代精神”的影响，在一百多年的时间里，作为编辑出版人日常心态体现的话语、习俗、时空观念都发生了巨大的变迁，这些心态变迁如何影响编辑出版人的出版思想与实践?

---

① 达恩顿在这本书的谢词中写道：“本书是笔者自从1972年，在普林斯顿大学讲授的历史406这门课发展出来的。这门课原本是心态史的入门。”

“交际博士”黄警顽的人际网络与社会活动

黄佑志

（湖北教育出版社，湖北武汉，430070）

摘要：本文试图结合有关材料，通过梳理“交际博士”黄警顽的出版职业生涯，呈现黄警顽人际网络与社会活动图景，从而重建商务印书馆人员推广的史实。黄警顽人际网络与社会活动，不仅对于商务印书馆图书推广有着重要的作用，而且加强了商务的组稿工作。更为重要的是，增进了文化界人士与商务的感情，强化了知识界对商务的认同。

关键词：黄警顽；人际网络；社会活动；商务印书馆

出版人物研究是出版史研究的重要内容。以往关于近代出版人物的研究，主要集中于两个方面。一是研究出版企业家如陆费逵、王云五等的经营活动，二是研究文化名人如郑振铎、茅盾等的编辑出版思想。事实上，出版史上还存在一类人，他们主要从事一些事务性的工作。他们的工作对于出版理想的实现，对于出版经营活动的完成，有重要作用。有着“交际博士”之称的黄警顽就是此类人。

黄警顽原名黄镜，字镜寰，上海人，曾长期服役于商务印书馆。目前研究此人的论文，只有寥寥几篇。在这仅有的几篇论文中，关于他的生平和事迹的叙述，不仅十分简略，而且谬误颇多。研究者多据1964年的口述材料《我在商务印书馆四十年》一文展开。尽管黄警顽据说有过目不忘的能力，但是他晚年的记忆仍然不免有一些不准确的地方。事实上，1949年之前大量的史料，如20世纪30年代初写作的《二十年社交经验谈》和30年代末写作的《三十年社交生活》等被研究者忽略。本文试图结合有关材料，对黄警顽人际网络与社会活动展开叙述，希望能增进对商务印书馆和黄警顽本人的了解。

(一)

据黄警顽的说法，他与商务印书馆结缘是从他1907年考入商务印书馆所办的商业补习学堂开始的①。然而，商务印书馆商业补习学堂，是迟至1909年才开办的②。黄警顽（当时名为"黄镜"）正是1909年才被招录为商务印书馆附设商业补习学堂的学生③。

另外，黄警顽早年的一篇自述文章《二十年社交经验谈》也为考证黄氏入馆时间提供了线索。该文提到自己是在西成小学毕业后考入商务印书馆的④。根据《上海市立西成小学三十周年刊》记载，西成小学于光绪三十一年（1905年）冬筹办，光绪三十二年正月十七日（1906年2月10日）正式开学。光绪三十三年（1907年），才有第一届毕业生。而黄警顽并非第一届毕业生⑤。"黄镜"是该校高等科第四届毕业生，毕业时间是宣统元年（1909年）⑥。可见，黄警顽入馆的时间必定为1909年。

商务印书馆商业补习学堂学徒的学习分为两个阶段，文化学习和实习。黄警顽在《二十年社交经验谈》中则说："该校课程原定两年修毕，因我肯用功，天资尚不笨，就特许我年半修毕。"这与实际情形有一定的出入。有研究者指出文化学习全部都只有一年半⑦。也就是说1910年已经完成文化学习。而实习阶段大约三年。进入民国后，商业补习学堂改成了

---

① 蔡元培，蒋维乔，庄俞．1897—1987商务印书馆九十年：我和商务印书馆［M］．北京：商务印书馆，1987：88.

② 商务印书馆大事纪要［M］//张静庐．中国出版史料补编．北京：中华书局，1957：558.

③ 申报，1945-08-13（6）.

④ 黄警顽．二十年社交经验谈：交际家黄警顽自述［J］．良友，1930（50）：17.

⑤ 上海文献汇编编委会．上海文献汇编：文化卷：四〇［M］．天津：天津古籍出版社，23329.

⑥ 上海文献汇编编委会．上海文献汇编：文化卷：四〇［M］．天津：天津古籍出版社，23537.

⑦ 高信成．商务印书馆发行队伍培训之回顾［J］．图书发行研究，1995（3）：42-45.

补习学校。根据《申报》记载，商业补习学堂第一届毕业生毕业时间当为1914年3月1日[①]。黄警顽正是该年升为商务印书馆的店员。

商业补习学校毕业生是商务印书馆的“黄埔系”。他们主要从事发行和事务工作。他们大部分人后来为商务的业务骨干，或为各分支馆经理、门市主任等职[②]。汪氏所言不误。如到1932年9月，这一届的毕业生张子宏已是文仪柜股长，施敬康为本版柜股长，朱颂盘为出纳科科长。黄警顽则在发行所招待处[③]。到1932年10月，调入推广科[④]。虽说表面似有调动，但其工作性质并没有变化。其职位的名称是“交际干事”。这一职位是“专为馆方任应酬交际”[⑤]。

全面抗战时期，商务业务直线下滑，黄警顽将主要精力用于社会、救济和抗战工作上，在《申报》的“社会服务处”担任处长。据他自述，1944年初因接济过游击队两次被捕。后日军释放了他，条件是参加维持会，黄警顽“未加可否”[⑥]，但汪家熔先生翻阅有关资料，指出黄警顽因曾参与伪组织，于1945年8月被商务开除[⑦]。离开商务之后的黄警顽，进入了徐悲鸿任校长的北平艺术专科学校。

（二）

作为一名交际家，商务印书馆的高层对黄警顽十分信任。张元济的饭局中，常可见到黄警顽的身影。张元济在1918年3月4日的日记中记载，“昨午晚陈炳泉、武兰谷、邵咏可、叶幼显、朱颂盘、黄镜寰、韦傅卿、程雪门、罗品洁、张屏翰、朱景张在寓便饭”。史料表明张元济对一些重要的事情，都交给黄警顽去完成。如1922年，从事革命的陈独秀遭到搜

① 申报，1914-03-17（11）.

② 汪家熔. 商务印书馆史及其他［M］. 北京：中国书籍出版社，1998：122-123.

③ 总管理处职员录［J］. 商务印书馆通信录，（377）：64-73.

④ 商务印书馆通信录，（379）：64-73.

⑤ 黄警顽. 二十年社交经验谈：交际家黄警顽自述［J］. 良友，1930（50）：8.

⑥ 蔡元培，蒋维乔，庄俞. 1897—1987商务印书馆九十年：我和商务印书馆［M］. 北京：商务印书馆，1987：92-93.

⑦ 汪家熔. 商务印书馆史及其他［M］. 北京：中国书籍出版社，1998：178-179.

捕，张元济欲与之联系以示关怀，便派黄警顽了解陈独秀在上海的寓所及近况①。此外，商务印书馆于1922年和1923年曾派黄警顽赴苏南浙北一带流动展览，“所到之处在教育机关稍留三数日自由开放”②。

据严懋男的介绍，到1927年，黄警顽的朋友共有一万多③。到1934年，警顽撰文称“我认识的朋友差不多几十万人”④。而同期，他又对郁慕侠说：“能知道姓名和常常通信的，截至现在为止，共有两万多人。”⑤这里的人数不免有些夸张，但认识的人多确是事实。

黄警顽的人脉之广，从其婚礼来宾的阵容可以略见一斑。1933年，年近四十的黄警顽与柏静如在南京举办婚礼，中央大学罗家伦、浙江教育厅厅长张道藩以及马良、成济安、罗桑坚赞、李培天、徐悲鸿、潘玉良、戴清廉、格桑泽仁、焦易堂、张凤九、周启刚、林竞、王玉堂、马天鹤等名流到场⑥。这些名流分布在政界、教育界、艺术界、体育界、报界等各个圈子，活动半径由首都南京延伸到了新疆、西藏等边疆地区。

黄警顽何以能成为“交际博士”？黄警顽总结要成为一名出色店员，必须做到这些：特别注重礼貌，讲话有修养，诚实待人，经常翻阅报刊和新书，经常记日记。这些总结似乎比较空泛。实际上，黄警顽还具有一些常人不具备的特质，比如记忆力好，又善于观察。郑逸梅说，黄警顽“与人接触一次，就能记住别人的姓名、字号、职业、籍贯、年岁、家庭情况”⑦。

在操作层面，黄警顽的做法也值得总结。

其一，将读者变为朋友。黄警顽最初的工作不过是在商务印书馆负责招待读者。其中有一些人没钱买书，也来陈列室看书。“时间久了，什么

---

① 海盐县政协文史资料委员会，张元济图书馆．出版大家张元济：张元济研究论文集［C］．上海：学林出版社，2006：465-466.

② 申报，1923-02-20（11）.

③ 严懋男．黄警顽之交际忙［J］．生活，1927（3）：32.

④ 女声，3：6.

⑤ 郁慕侠．上海鳞爪［M］．上海：上海书店出版社，1998：81.

⑥ 大亚画报，362（2），1933-02-08.

⑦ 郑逸梅．我与文史掌故［M］．上海：文汇出版社，1992：120.

人来看书，什么人买书，买什么书，黄都晓得。”① 为了方便读者寻到自己所需要的书，黄警顽还经常给来读者介绍图书的精髓②。黄警顽对于所有的读者都一视同仁。后来创办光华书局的沈松泉少年时代作为读者，也曾得到黄警顽的热心招待③。徐悲鸿初到上海时，曾为生计发愁，黄警顽尽其所能予以救济④。

其二，通过接待来沪参观、办事和经沪出国或回国的人士以及团体，积累人脉。黄警顽在接待时很下了一番功夫。1926 年，罗家伦自欧洲返国，其恋人张维桢欲前往迎接。罗家伦劝阻了她，而建议请办事妥当的黄警顽安排一切⑤。

其三，通过创办文化组织和参加会议，凝聚社会力量。根据《良友》画报的记述，黄警顽创办之社团有中华武术会、广智流动图书馆、启民新剧社、育美音乐会、平民夜校、上海艺术师范、沪江女体师、沪北塾师讲习所、新闻学会、图书馆协会、健康学会、全国武术运动会、效能研究会、通信图书馆、群益家庭书库、惠西平民阅书报社等⑥。显然，黄警顽并非这些组织唯一的发起人，但的确是积极的参与者。通过这些组织，黄警顽结识了各界人士。

（三）

黄警顽建构的人际网络和进行的社会活动，有多方面的意义。

首先，有利于图书的推广。

黄警顽在接待顾客和各界人士时不忘推销书籍。如 1919 年 3 月在送留

---

① 胡愈之. 胡愈之文集：第六卷［M］. 北京：生活·读书·新知三联书店，1996：172.

② 中国人民政治协商会议浙江省海盐县委员会文史资料委员会. 纪念出版家张元济先生诞辰 130 周年文集［M］. 1998：44.

③ 俞子林. 那时文坛［M］. 上海：上海书店出版社，2008：128-130.

④ 中国人民政治协商会议全国委员会文史资料研究委员会. 徐悲鸿：回忆徐悲鸿专辑［M］. 1983：81-90.

⑤ 罗久芳. 罗家伦与张维桢：我的父亲母亲［M］. 天津：百花文艺出版社，2006：115-118.

⑥ 黄警顽. 二十年社交经验谈：交际家黄警顽自述［J］. 良友，1930（50）：17.

法勤工俭学学生时就赠送教育类图书、小说、杂志，以备学生途中消遣[①]。而在参加会议时，黄警顽更是想方设法展示商务的书刊。根据黄警顽回忆，商务印书馆很注重会议信息的收集。"当它知道外间有什么会议，例如全国教育会议……就想先同这些单位进行联系，做到开什么会议，配什么书，在会期中到场设摊供应，即作宣传，又能卖书；再说，也正合会议参加者们的需要。"[②] 如1920年"双十节"，上海童子军联合会在公共体育场会操，黄警顽君将商务印书馆出版的《童子军营舍建造法》和《童子军烹调法》各三十本赠给该会，该会转赠给其会员[③]。1921年1月9日，经济研究会成立，黄警顽到场并陈列商务印书馆所出版的经济类书籍，以便会员采购[④]。另外，社团的创办也与图书的推广有着某些联系，如塾师讲习所的创办，就是为了"争取和改造塾师，同时推行教科书"[⑤]。

其次，有利于商务印书馆的组稿工作。

曾在上海暨南大学南洋文化事业部工作过的姚楠回忆，黄警顽认识该部主任刘士木，所以"经常到暨大，为出版南洋文化部同人著作穿针引线，择优交给编辑部"[⑥]。1923年尚在无锡江苏省立第三师范学校读书的顾绶昌打算写作一部哲学论文集，黄警顽便与之联系，要他写出后交给商务出版[⑦]。

最后，增进了文化界人士对商务的感情。

各教育机关对黄警顽非常信任，纷纷委托黄警顽代为物色人才。早在1915年，仓圣明智大学曾请托黄警顽聘请朱阜山担任该大学武艺学一

---

① 清华大学中共党史教研组. 赴法勤工俭学运动史料：第二册：上［M］. 北京：北京出版社，1980：72.

② 中国人民政治协商会议全国委员会文史资料委员会. 文史资料存稿选编：文化［M］. 北京：中国文史出版社，2002：246-247.

③ 申报，1920-10-17（11）.

④ 申报，1921-01-10（10）.

⑤ 蔡元培，蒋维乔，庄俞. 1897—1987商务印书馆九十年：我和商务印书馆［M］. 北京：商务印书馆，1987：95.

⑥ 蔡元培，蒋维乔，庄俞. 1897—1987商务印书馆九十年：我和商务印书馆［M］. 北京：商务印书馆，1987：385.

⑦ 北京图书馆《文献》丛刊编辑部，吉林省图书馆学会会刊编辑部. 中国当代社会科学家［M］. 北京：书目文献出版社，1984：304-305.

科教师[①]。1923 年崇德、南汇等县立女校及女师范发布招聘广告，招聘体操、音乐女教员，请应聘者直接至商务印书馆向黄警顽接洽[②]。与此同时，人们寻找工作也往往请警顽帮忙介绍。庄希泉也曾托警顽介绍董竹君到南洋教书[③]。黄警顽自述，到 1939 年，“介绍赴菲暹英荷各属充任校长、教员及新闻记者有一百三十多人之多”[④]。

---

① 申报，1915-10-17（10）.

② 申报，1923-03-18（15）.

③ 董竹君．我的一个世纪［M］．北京：生活·读书·新知三联书店，2008：439-443.

④ 黄警顽．警顽自传［J］．中行，1939（1）.

1910年张元济美国之行新见英文史料研究

叶　新　刘紫云

（北京印刷学院新闻出版学院，北京，102600）

摘要：本文根据对新发现的美国33篇英文报道的分析，指出张元济在美国纽约和华盛顿的行踪，由此纠正了《张元济年谱长编》中关于美国行程叙述的一些讹误之处。

关键词：张元济；纽约；华盛顿

关于1910年张元济环球考察之旅的详情，史料相当缺乏，尤其是其中关于美国之行的史料。2017年8月，笔者有感于岳麓书社所出《环游谈荟》的缺陷，在张元济先生之孙张人凤先生的鼓励和帮助之下，多方搜罗文献，勉强编成小书《环游谈荟》。但就他的美国之行而言，有颇多不明之处，比如他到达和离开美国的具体时间、他在美国考察活动的具体情况等。2018年下半年，笔者与学生刘紫云查阅美国著名报纸历史网站www.newspapers.com，有幸发现一批对张元济美国之行的英文报道。本文即是在此基础上的小小考证。

一、《张元济年谱长编》的相关缺陷

就张元济的美国之行而言，做过研究的唯有《张元济年谱长编》（张人凤、柳和城编著，上海交通大学出版社2011年出版，以下简称为《年谱长编》），目前未见专门的研究成果。相比张树年先生编撰的《张元济年谱》（以下简称为《年谱》）而言，《年谱长编》在资料内容的深度和广度上有了进一步的拓展，但仍有不少的缺陷。笔者在《环游谈荟》一书中曾有所订正，比如，《年谱长编》沿袭了之前《年谱》的讹误，第308页引用了两份来自《纽约先驱报》（*New York Gerald*）的剪报，标题分别为“中国官员莅美考察我国教育制度”（*Chinese Official Here to Study America's Educational System*）和“中国官员宣称《纽约先驱报》是最大的报纸”（“*The Herald is Greatest Paper*” *Declares Chinese Commissioner*），标明的日期都是“1910年12月26日”。查张元济图书馆向笔者提供的报纸及其译文（是上海出版博物馆的馆藏，方格纸抄写，不知何人翻译），“12月”当是“11月”之误，实际上是“1910年11月26日”，这是目前报道张元济美国之行最早的一份报纸。两份剪报中都提到“昨日”，当是“1910年11月25日”。也就是说在张元济抵达纽约的同一天，他还参观了纽约先驱报社，这是值得怀疑的说法。如果他去先驱报社的时间是“1910年11月25日”，那么他抵达纽约的时间只能是更早，也就是《年谱长编》提到的“11月上旬”，具体日期暂不可考。

第一份剪报还称欢迎张元济到访美国的中国驻纽约总领事名为“熊希音”，陪同张元济访问纽约先驱报社也是这位“熊总领事”。笔者考证其为“杨毓莹”，对应其英文“Yee Ying Yong”，那么“熊总领事”也即“杨总领事”了。在第二份剪报的译文的上方，还将副领事“Kuo Chi-Loo”称为“高继鲁”，实际上是“陆国祺”，系中国驻纽约领事馆副领事。

由于相关史料的缺乏，《年谱长编》对张元济美国之行的行踪记录不够翔实，而且颇多活动的时间节点使用的是约数，比如：

1.11月中旬，张元济抵达美国纽约。

2.12月上旬，张元济离开纽约，访问华盛顿等地。

3.12月下旬，张元济自美国旧金山登轮，经夏威夷，到日本横滨。

这里标明的都是“中旬”“上旬”“下旬”等，并无具体日期。《年谱长编》提到了12月3日《中西日报》的报道，但未引用其具体内容，而是引用的《环球归来一夕谈》的内容，提到张元济参观过“幼儿审判所”和“幼儿犯罪学堂”，可是具体日期不详。这当然是因为缺乏相关史料文献佐证的缘故。

而从笔者新见英文报纸史料来看，可以解决其中的一些问题，充实关于张元济美国之行的叙述。

二、新见英文史料的耙梳和考证

关于 1910 年张元济环球考察之旅的详情，从已见史料来看，主要是张元济本人的讲述，包括撰文、演讲、写信、事后回忆等，但是由于种种原因，这种讲述很不充分。而他人的讲述，比如新闻报道等，从笔者 2017 年夏天整理出版的《环游谈荟》（北京艺术与科学电子出版社 2017 年 7 月出版）来看，只有来自《纽约先驱报》的 2 篇报道和《中西日报》的 1 篇报道，全部藏于张元济图书馆。笔者因此产生一个设想，在这 3 篇报道之外，也许欧美报纸对他的环球考察之行会有更多的报道。近半年来，由于笔者学生刘紫云同学的协助，这个设想部分地变成了现实。

“www. newspapers. com”是美国最大的报纸文献数据库，有来自美国等国的 11000 多份报纸的超过 3 亿页内容。在笔者的指导下，刘紫云同学在 2018 年暑假期间用张元济的英文对称“Chang Yuan Chi”在该数据库中搜索，2018 年 11 月笔者又进一步搜索，整理共得 33 条记录，涉及 30 家报纸。报道最早的是 1910 年 11 月 18 日的《布法罗商报》（*The Buffalo Commercial*），最晚的是 1911 年 2 月 2 日的《福特促进者报》（*The Ford Promoter*），前后总计 77 天。

根据报道日期和行文来看，这些报道可分为两大部分：

（一）纽约之行

相关报纸有 12 种，分为两部分：

1. 张元济初到纽约

相关报纸有 3 种，见表 1。

表 1　相关报纸 3 种及标题

日期	报纸	标题
1910. 11. 18	《布法罗商报》	—
1910. 11. 23	《盐湖城电讯报》（*Salt Lake Telegram*）	中国人调研我们的学校制度（*Chinese Studying Our School System*）
1910. 11. 25	《奥史寇士报》（*The Oshkosh Northwestern*）	*Will Study Our System*（将要学习我们的制度）

时间跨度从1910年11月18日到11月25日，前后8天。张元济先生最早见诸美国报端是1910年11月18日。这天的《布法罗商报》（*The Buffalo Commercial*）报道：

纽约，11月18日——如果中国教育部官员张元济的设想能够实现，中国就能接受义务教育。他刚从欧洲抵达此地。

这条没有标题的简短新闻只是指明了张元济的身份是“中国教育部官员”，他的观点是想在中国实行义务教育（Compulsory education）制度。张元济是何时到美国纽约的呢？没有明确的报道，我们只能推论不是在11月18日之后。这与《年谱长编》提到的抵达时间为“11月中旬”相吻合，不过更加具体了一点。

1910年11月23日的《盐湖城电讯报》和11月25日的《奥史寇士报》的内容与第一份《纽约先驱报》剪报的内容基本相同。与《纽约先驱报》相比，这两份报纸均未提到“昨日乘北劳埃德公司的乔治·华盛顿号”“我已经决定，当我下月回国之后，将建议至少在初等学校实行强迫教育制度”“张先生曼哈顿酒店”。应该可以推论，这两份报纸的报道是转载自《纽约先驱报》。该剪报虽然提到“昨日”，但未必是“11月25日”。依《布法罗商报》来看，应该不是11月的下旬而是中旬的某日。笔者不知《年谱长编》编者从何得知的“11月中旬”。

2. 参观纽约少管所和少年法庭

相关报纸有9种，见表2。

表2　相关报纸9种及标题

日期	报纸	标题
11.23	《底特律自由报》（*Detroit Free Press*）	中国人参观少年法庭（*Chinaman sees Juvenile Courts*）
11.23	《华盛顿先驱报》（*The Washington Herald*）	中国人告知教学法（*Chinese Educator Tells of Methods*）
11.27	《布法罗导报》（*Buffalo Courier*）	中国来访者（*Visitors from China*）
11.29	《布法罗晚报》（*Buffalo Evening News*）	少年法庭之于中国（*Child Courts for China*）
12.2	《华盛顿邮报》（*The Washington Post*）	少年法庭之于中国（*Child Courts for China*）

续表

日期	报纸	标题
12.7	《方城时报》(*Quad-City Times*)	少年法庭之于中国（*Child Courts for China*）
12.7	《艾奇逊全球日报》(*The Atchison Daily Globe*)	—
12.11	《夏洛特新闻》(*The Charlotte News*)	—
12.15	《方城时报》(*Quad-City Times*)	少年法庭制度之于中国（*Juvenile Court System for China*）

时间跨度从1910年11月23日到12月15日，前后23天。其中，《华盛顿邮报》和《方城时报》这两种报纸的3条报道标明其新闻来源是《纽约太阳报》，但目前尚未找到这份报纸的报道。而《方城时报》报道两次，只是12月15日的报道比12月7日的报纸删除了后两段。《布法罗导报》只是一段节选。这次访问的时间，只能依最早报道的《底特律自由报》推论，是在11月23日之前。

据《纽约太阳报》报道，张元济在同一天中访问了纽约的少年法庭(the Children's Court)和少年感化所（Children's Society)，也就是张元济所说的"幼儿审判所"和"幼儿犯罪学堂"。张元济在《环球归来之一夕谈》中也谈了不少，笔者在此基础上做些补充。

陪同他访问的是副领事陆国祺。此前他们已拜访过纽约市市长威廉·杰伊·盖诺"(William Jay Gaynor，1849—1913，1910年1月1日起担任市长)。纽约少年法庭的怀亚特法官（Justice Wyatt）介绍了当地的少年法庭制度，张、陆二人听得十分认真。

该报道还提到，1909年10月，中国的司法大臣参加在美国首都华盛顿召开的国际收容会议，在纽约做过短暂停留。正是他在给清朝皇帝提的报告中，要求派遣使者来纽约学习，谋求在中国实施类似制度。正是受政府的派遣，张元济在美国各地考察少年法庭、少管所、养老院，为盲人、聋哑人、弱智者和伤残人士特设的残疾人学校、残障人士爱心福利院、少年感化所和其他机构。

据报道，当时中国有两个少年感化所，一个在北京，另一个在香港，而张元济是它们的督学。如果一个孩子被送到其中的一个感化所，他就会被无限期地关在那里接受教育。张元济认为，在中国建立一个完整的新制度固然缓慢，但他回国后一定启动此事。

本报道只是说要去参观纽约的少年感化所，但是没有说明已经成行。但张元济在回国后发表的《环球归来之一夕谈》中提到已经成行。

（二）华盛顿之行

相关报纸有 21 种。根据其标题和文中内容，可分为三部分：

1. 中国专员考察华盛顿学校

相关报纸有 2 种，见表 3。

表 3　相关报纸 2 种及标题

日期	报纸	标题
11.29	《晚星报》（*Evening Star*）	学校里的来访者（*Visitors at schools*）
12.20	《夏威夷星报》（*The Hawaiian Star*）	中国专员参观华盛顿学校（*Chinese Commissioner Inspects the School in Washington*）

时间跨度从 1910 年 11 月 29 日到 12 月 20 日，前后 22 天。虽然两篇报道的标题不一样，但是内容完全相同。这是一篇内容丰富的长篇报道，实际单词数为 770。

《晚星报》这篇报道题为“学校里的来访者”，就是指张元济和陪同他前来的中国驻美大使馆的二等秘书钟文邦（Wen Pang Chung）。他先后拜访了位于首都华盛顿的斯特朗·约翰·汤普森学校（Strong John Thompson）的幼儿园、富兰克林学校，导览他俩的是 A. T. 斯图尔特督学（Superintendent A. T. Stuart）。文中提到的时间是“今天早上”，也许可以判定张元济拜访这两所学校的日期是 1910 年 11 月 29 日，也可以证明在这个日期之前张元济到的华盛顿。

张元济参观斯特朗·约翰·汤普森学校幼儿园花了半个小时的时间，在这个幼儿园的大游戏室里满是四五岁的男孩和女孩，这让张元济很感兴趣，他问了各种各样的问题。接着，他又参观了富兰克林（The Franklin School）学校大楼，主要是观摩师范教学。

他们考察的两所师范学校，一个是哈迪小姐（Miss Hardy）任教的著名实习学校，该校是首先尝试使用可移动家具的新想法的学校之一。另一个是校长戈尔丁小姐（Miss Golding）负责教学的教室。戈尔丁小姐拿起一张模糊的照片，问在座的25个女师范生照片中是兔子还是鸭子，后来斯图尔特督学又拿起照片重复了一遍，张元济的回答是“这是一个非常糟糕的图片”。参观这些学校，对张元济绝对是一种全新的体验。

2. 中国人参观学校

相关报纸有1种，见表4。

表4 相关报纸1种及标题

日期	报纸	标题
1910.11.30	《巴尔的摩太阳报》（*The Baltimore Sun*）	中国人参观学校（*Chinese Visit the Schools*）

1910年11月30日的《巴尔的摩太阳报》做了题为《中国人参观学校》的报道，内容如下：

华盛顿，11月29日——今天上午，中国教育专员张元济由斯图尔特督学引领，在中国驻美大使馆二等秘书钟文邦和一些东方显要人员陪同下，有机会考察了华盛顿的学校和幼儿园设施。在参观了几所学校后，来访者们由衷地对美国教学法表示赞赏。

这能证明，他参观这个幼儿园的日期是1910年11月29日的上午。

3. 中国的幼儿园

相关报纸有10种，见表5。

表5 相关报纸10种及标题

日期	报纸	标题
1910.11.30	《盐湖城电讯报》（*Salt Lake Telegram*）	张元济参观学校（*Chang Visits Schools*）
1910.11.30	《里诺日报》（*Reno Gazette-Journal*）	中国教育者来了（*Chinese Educator Comes*）
1910.11.30	《托皮卡州日报》（*The Topeka State Journal*）	中国的幼儿园（Kindergartens in China）
1910.11.30	《布鲁克林鹰报》（*The Brooklyn Daily Eagle*）	中国的幼儿园（*Kindergartens in China*）

续表

日期	报纸	标题
1910.11.30	《每日时报》（*The Journal Times*）	—
1910.12.1	《密苏里人日报》（*The Daily Missoulian*）	中国的幼儿园（*Kindergartens in China*）
1910.12.1	《密苏里人报》（*The Missoulian*）	中国的幼儿园（*Kindergartens in China*）
1910.12.1	《俾斯麦论坛报》（*The Bismarck Tribune*）	中国人考察学校（*Chinese Inspects Schools*）
1910.12.2	《诺福克周报》（*The Norfolk Weekly News-Journal*）	中国教育者高兴了（*Chinese Educator Pleased*）
1910.12.13	《夏威夷报》（*The Hawaiian Gazette*）	—

时间跨度从1910年11月30日到12月13日，前后14天。

其中，1910年11月30日的《托皮卡州日报》（*The Topeka State Journal*）提到："中国教育专员张元济正在华盛顿考察当地学校。昨天，他参观了其中一个幼儿园，并表示了他的欣喜之情。他说，他的目的在于将幼儿园引入中国。"从文中来看，能再次证明，他参观这个幼儿园的日期是1910年11月29日。

4.（中国人）喜欢幼儿园

相关报纸有8种，见表6。

表6　相关报纸8种及标题

日期	报纸	标题
1910.12.1	《内布拉斯卡州日报》（*The Nebraska State Journal*）	—
1910.12.3	《晚星报》（*Evening Star*）	中国人喜欢华盛顿学校（*Chinese Likes Washington Schools*）
1910.12.8	《利博星报》（*The Lebo Star*）	喜欢幼儿园（*Likes the Kindergarten*）

续表

日期	报纸	标题
1910. 12. 28	《霍普金斯维尔肯塔基人报》(*Hopkinsville Kentuckian*)	喜欢幼儿园（*Likes the Kindergarten*）
1910. 12. 28	《托皮卡日报》(*The Topeka Daily Capital*)	喜欢幼儿园（*Likes the Kindergarten*）
1911. 1. 19	《波特堪萨斯人报》(*The Potter Kansan*)	喜欢幼儿园（*Likes the Kindergarten*）
1911. 1. 20	《怀恩多特主管报》(*Wyandotte Chief*)	喜欢幼儿园（*Likes the Kindergarten*）
1911. 2. 2	《福特促进者报》(*The Ford Promoter*)	喜欢幼儿园（*Likes the Kindergarten*）

时间跨度从 1910 年 12 月 1 日到 1911 年 2 月 2 日，前后 64 天。

其中，1910 年 12 月 8 日《利博星报》做了题为《喜欢幼儿园》的报道："中国教育专员说，他非常喜欢幼儿园这个想法，所以他想将其引入中国。他目前在考察美国的学校，为他本国的学校征求意见。"

最后值得探讨的是，张元济在美国访问时的身份。据美国报纸的报道，张元济的身份是"中国教育部教育专员"，也就是说他是以政府官员的身份来和美国人打交道的。按纽约《中西日报》的说法，张元济拜访美国的身份是"前外务部参议兼学部丞参行走"，这是中国人能理解的官衔，但未必能为外国人所理解。因此，美国人报道时加以简化。比如 1910 年 12 月 3 日的《晚星报》做了题为《中国人喜欢华盛顿学校》的报道，其中说道：

> 中华帝国教育专员（imperial commissioner of education）张元济致函美国教育部专员鲁道夫（Commissioner Rudolph），感谢他提供这么好的机会考察公立学校。

鲁道夫是与张元济身份对等的美国教育部专员。后者能参观华盛顿的学校，应该是美国教育部予以安排的。而中国驻华使馆的二等秘书钟文邦也陪同参观，也能佐证张元济的官员身份。

总之，这批新见美国报纸文献解决了张元济美国之行的一些谜团，但是仍有不少问题尚未解决，我们也期待发现更多的史料。

杜亚泉研究综述

刘晓嘉

（华中师范大学出版社，湖北武汉，430079）

摘要：杜亚泉是中国近代史上最重要的科技出版家。本文对有关杜亚泉的研究特别是1988年以来30年的有关杜亚泉的文化思想和出版理念的研究进行了梳理和综述，认为这些研究在某种程度上弥补了长期以来对杜亚泉研究的忽视和空白，但也存在一些局限和不足。在此基础上提出了将来对杜亚泉进行研究值得注意的几个问题。

关键词：杜亚泉；文化思想；出版理念；综述

杜亚泉（1873—1933）是中国近代出版史和文化史上不可遗忘的一个重要人物。自1900年其到上海创办《亚泉杂志》，到1904年应张元济、夏瑞芳之约任商务印书馆理化部主任，到1933年12月因病溘然长逝，他把一生奉献给了出版文化事业。

杜亚泉对近代中国的出版文化事业有着不可磨灭的贡献。在商务期间，杜亚泉不仅编著自然科学的书数百种，成为中国近代科学出版的先驱，还入主《东方杂志》近十年。他对《东方杂志》实行了大刀阔斧的改革，使其成为近代中国影响最大的刊物之一。这也是杜亚泉奠定自己在中国近代出版史上地位的两大主要功绩。

由于众所周知的和以陈独秀为代表的《新青年》派的东西方文化的论争，长期以来，杜亚泉作为逆潮流而行的保守主义的代表而饱受诟病，对他的研究也没有得到足够的重视。在杜亚泉贫病交加、与世长辞后，其生前故交好友蔡元培、张元济、胡愈之、周建人、章锡琛等陆续发表过一些文章追忆杜亚泉的生平，肯定他在推广教育和践行出版方面的功绩，但多属悼念性的文章，对其文化思想和出版理念并没有展开深入的讨论。改革开放以后，学术风气逐渐活跃，对杜亚泉进行研究的学术成果也日趋丰富。特别是1988年龚育之在《世界经济导报》上发表《科学·文化·杜亚泉现象》的文章后，对杜亚泉的研究终于慢慢引起我国思想学术界的重视，不少学者陆续发表了他们研究杜亚泉的学术成果。除开对杜亚泉本身著作、论文的结集如《杜亚泉文选》《杜亚泉文存》《中国近代思想家文库·杜亚泉卷》《杜亚泉著作两种》等之外，研究性的成果、著作主要有高力克《调适的智慧——杜亚泉思想研究》（浙江人民出版社，1998年），许纪霖、田建业主编《一溪集——杜亚泉的生平和思想》（生活·读书·新知三联书店，1999年）。论文主要有王元化《杜亚泉与东西文化问题论战》（《杜亚泉文选·序》，华东师范大学出版社，1993年），高力克《重评杜亚泉与陈独秀的东西文化论战》（《近代史研究》1994年第4期）、《杜亚泉的调和主义思想》（《自由与社群》，生活·读书·新知三联书店，1998年），吴方《万山不许一溪奔——杜亚泉及其前进与保守》（《读书》1994年第4期），等等。这些研究成果主要集中在对杜亚泉的文化思想的研究上，而对其出版活动和出版理念的研究，除了周武《为国家谋文化上之建设——杜亚泉与商务印书馆》（《档案与史学》1998年第4期）、王建辉《科学编辑杜亚泉》（《出版广角》2000年第6期）和数篇硕博士学位论文之外，其他鲜有涉及。总体来看，研究主要集中在以下几个维度。

一、关于杜亚泉的生平

谢振声通过历史文献和访问调查，对杜亚泉的生平事迹做了一个简单的介绍，充分肯定了杜亚泉在编辑和教育上的事功。认为杜亚泉是中国20世纪早期自学有成的一位科学编辑者、科学普及家和教育家，对中国近代科学普及和科学教育做出了积极贡献（《杜亚泉传略》，载《中国科技史料》1988年第3期）。陈镱文、姚远以时间为顺序，采用文献分析和考证法，梳理了晚清民初杜亚泉（1873—1933）对西方自然科学的贡献以及其所从事的教育活动，认为杜亚泉是近代中国西学东渐背景下，经由日本引进西方科学，特别是近代化学的标志性人物，其科学传播实践及其科学思想具有重要的现实意义（《杜亚泉先生年谱》（1873—1912）、（1912—1933），载《西北大学学报》（自然科学版）2008年第5期、第6期）。赵畅通过对杜亚泉的忆念，梳理了杜亚泉的生平，特别突出了杜亚泉的三次重大编辑活动，即编纂《植物学大辞典》、编纂《动物学大辞典》、编著《化学工艺宝鉴》，认为把杜亚泉归为新文化运动的落伍者是一种天大的误会（《忆念杜亚泉》，载《纵横》2008 年第 11 期）。

二、关于杜亚泉的文化思想

对杜亚泉的文化思想的研究，是目前有关杜亚泉的研究中成果最为丰富和最有深度的部分。研究者从多种角度切入，纷纷提出了自己的观点。而其中最主要的，则是围绕近代以来影响最大而对此研究又未得到足够重视的东西方文化问题论争，通过与陈独秀进行比较研究的方法，来对杜亚泉的文化思想进行研究和评析。

（一）主张从冷静理性的角度对杜亚泉的文化思想重新评估，充分肯定杜亚泉文化思想中的合理质素

王元化在为《杜亚泉文选》所作序言中，对杜亚泉的生平做了一个简要的回顾，而对杜亚泉与陈独秀的东西方文化论争，则浓墨重彩地进行了评析。王元化认为，应该平心静气地对杜亚泉进行再认识、再估价。他把杜亚泉当作“五四”时期前后居于领先地位的知识分子，而并不是反对革新的落伍者。王元化对这场论战双方的主要观点进行了深入剖析，认为这场争论的核心在杜亚泉调和论中有关传统伦理道德的观念。而对于伦理道德的继承，对于东西文化的融会调和，到底应该走什么样的路径，在当下看来，都是需要冷静思考的（《杜亚泉与东西文化问题论战》，见《杜亚泉文选》序言，华东师范大学出版社 1993 年版）。张汝伦则认为人类直到今天尚未摆脱意识形态，思想史的模式的建构也是如此。像杜亚泉在中国近代思想史和文化史的贡献被长期忽略乃至否定，并不合理。以意识形态为主导建构思想史，既缺乏具有终极关怀的价值理性，也缺乏具有缜密分析的工具理性。因而，我们必须理性地重新建构中国近代思想史，使杜亚泉这样真正的思想家能够得到客观理性的评价。他认为杜亚泉根本就不是所谓的文化保守主义者，而是一个充满理性的思想家（《杜亚泉与思想史》，载《文汇报》1994 年 2 月 27 日）。高力克把杜亚泉当作稳健理性的启蒙主

义者，认为其与陈独秀激进的启蒙模式不同，选择的是相对稳健的启蒙模式，更接近温和的英国自由主义模式。杜亚泉所持的温和的多元论思想具有开放和怀疑谨慎的科学精神，顺应了那个时代东西文化汇合交融的趋势，而更具深远的思想价值（《杜亚泉多元论思想的现代性》，见《调试的智慧——杜亚泉的思想研究》，浙江人民出版社 1998 年）。张琴在其硕士学位论文中以“五四”时期杜亚泉与陈独秀的东西文化论战为切入点，对研究对象进行了历史主义分析，试图厘清近代第一次大规模文化论战发生的背景、内容和意义，理清东西文化的本质差异和近代中国文化的出路，在此基础上，对杜亚泉与陈独秀进行了客观、中肯的评价，不同意“扬陈贬杜”的观点，认为应该排除非历史主义的倾向，给历史人物以实事求是的评价（《“五四”时期杜亚泉与陈独秀东西文化论战研究》，江西师范大学硕士学位论文，2014 年）。

（二）从文化的时代性、民族性等角度切入，认为杜亚泉的思想既有其进步之处，也有其局限性

钟华认为杜亚泉的文化调和论实质是新条件下“中体西用论”的翻版，他通过对杜亚泉和陈独秀主要文化观点的剖析得出结论，即杜亚泉文化理论体系的大前提是完全错误的，但是包含着合理的方法论成分。同时，钟华还认为，在研究新文化运动时，把视线集中于从事新文化运动的人士，对其对立面避而不谈，甚至采取一概唾弃的简单做法，是有失偏颇的（《杜亚泉文化思想初探——兼论五四新文化运动的论争》，载《史学月刊》1994 年第 5 期）。董恩强认为，杜亚泉是“五四”时期“东方文化派”的代表人物之一，其思想主张在当时产生过较大影响。在东西文化对比上，他提出了文化“动静说”；在新文化建设方面，他主张新旧调和，用中国固有文明统整西方物质文明。这有其合理的一面，但也有其保守的一面。杜陈的文化论争，拉开了东西文化问题论争的序幕，这次论争在中国现代思想史上具有深远的意义（《杜亚泉的文化思想——兼评杜、陈文化论争》，载《华中师范大学学报》（人文社会科学版）2000 年第 2 期）。马海杰认为杜亚泉与陈独秀的东西文化论战的实质是双方基于对国家民族前途与命运的思考和忧虑而得出的两种不同文化取向。在波诡云谲的近代中国革命的历史情境之下，杜亚泉平静的学术立场相对来说不那么融于时代

潮流而难以避免失败的命运，而陈独秀因为比较好地顺应了历史潮流，产生了更为深远的影响。杜陈的争辩主要集中在三个问题：中西文化可否调和，传统文化如何统整，教育如何普及。他们虽然路径不一，但动机并无二致（《浅谈五四前期陈独秀杜亚泉东西文化之争辩》，载《中州大学学报》2006年第2期）。陈秀萍认为对历史问题的评析，不能脱离当时的历史背景。陈独秀出于救亡的目的，矫枉难免过正，有些观点不仅可以理解，而且还有一定的道理和社会作用。而杜亚泉能够觉察到盲从西化的危险性，是其过人之处；同时他能够思辨、冷静地分析东西文化，指出西方文化的某些弊端，对保存和弘扬中国传统文化中的精华部分有着十分积极的作用（《重评陈独秀与杜亚泉的东西文化论战》，载《中共党史研究》1996年第3期）。杨思信则在其博士学位论文中将杜亚泉归之为“东方文化派”，对杜陈之争也做了比较深入的分析，认为陈杜分别从文化的时代性与民族性这两种角度切入探讨中西文化的异同优劣，各有可取之处，但也各有偏颇。他认为杜并非是时代的落伍者，较之“中体西用论”以及其他各种调和论，文化民族主义者的主张因具备了“类”文化的认识而更具积极性。杜亚泉主张对文化以及社会的其他变革均应采取审慎推进的态度，既不复古倒退，又不激烈反传统，而要注意历史文化传统的相承性，兼顾开进与保守，这种建设民族新文化的思想，无疑也是可取的（《近代中国文化民族主义研究》，北京师范大学博士学位论文，1999年）。

（三）从历史背景出发，认为杜亚泉落伍于时代，不适应时代的需求

朱文华不同意对杜亚泉文化思想深刻性的过于拔高，也不认可杜亚泉的“文化调和论”比激进主义的“科学民主”更为深刻宏伟的说法，他认为东西方文化论战是杜亚泉先行挑起的，而杜亚泉的文化思想，完全是新文化运动的对立面，并不属于新文化运动的内部争论，因而不同意高力克所谓杜氏文化思想“当属20世纪新文化运动之重要一翼”的说法。他把杜亚泉的文化思想归结为反进步反革新的“文化保守主义”，认为杜亚泉的文化思想甚至比维新派的思想水平还要落后，只不过沿袭的是“国粹派”的文化观。杜亚泉在强调文化的民族性的问题上，立足点就是错误的，看不到固有文明的落后与腐朽。从近代文化思想史的背景来看，杜亚泉远远

比不上陈独秀的历史功绩。他的文化思想中固然有一部分合理的因素，但更多的是落伍于时代的（《也来重新审视陈独秀与杜亚泉的论争》，载《近代史研究》1995年第5期）。李新宇认为不宜从保守主义立场对这场论战进行重估，他分析了论战双方的视角与方法，在一方志在革新、一方意在保守的情况下，冲突便不可避免了。杜亚泉留恋固有文明，输入西方学说的目的，是使之融入中国固有文明，这与致力于中国现代化的陈独秀等人来说是背道而驰的。陈独秀固然言论未必句句恰当，但是在当时他的努力却具有重大的意义（《五四：文化论战，为何而战？——以陈独秀与杜亚泉为例》，载《齐鲁学刊》2006年第3期）。汪振军也认为杜亚泉的文化观点以传统文化为本位，但是由于过分强调归于一统，便在文化上妨碍了不同思想的自由发展，因而不赞同轻易否定陈独秀及其同道的观点，认为正是"五四"一代创造的新文化才延续并焕发了中国文化的生机（《陈独秀与杜亚泉的东西文化论战》，载《郑州轻工业学院学报》（社会科学版）2004年第3期）。

（四）以传统文化特别是儒家文化为主要依据，探析杜亚泉文化思想的来源

有部分论者着力于从杜亚泉文化思想的来源出发，探寻杜亚泉文化思想的价值和意义。如姚铭尧认为杜亚泉是中国传统文化的卓越传承者，是"调和持中"文化观的杰出典范。其"调和"基调上的主旋律是儒学精华与英美自由主义精华的完美融合。无论在经济上、政治上还是道德文化上，杜亚泉都秉持"调和持中"的观念。他虽然竭力引进西方文化，但是他的立足点仍然是以儒学为代表的中国传统文化。他对儒学与自由主义的整合，使他成为儒学自由主义的先驱；而且，杜亚泉不仅仅是儒学自由主义者，他的视野更为宽广，还融入了和平社会主义，具有丰富的"后现代"特征，与当今世界文化的发展总趋势颇为吻合（《儒学自由主义先驱杜亚泉》，载《理论研究》1994年第7期）。王代莉认为，在"五四"时期前后，是中国从传统向近代转型的最重要时期，文化调和论则是那时具有重要影响力的文化主张，持文化调和论最突出的代表人物是杜亚泉。杜亚泉所主编的《东方杂志》，成为提倡调和论的言论主场地。从思想根源来说，这种"调和"的观念一方面有着浓厚的中国文化底色，与中国传统的

中庸思想及“和而不同”的理想紧密相连，另一方面也吸收了法、英、印、日等国的思想养料，是中西文化交流碰撞的产物。杜亚泉并非新文化运动的反对力量，也不是毫无原则的折中派，而是新文化运动的参与者之一，是新文化运动中一支相对理性、稳健的力量。但由于调和论自身理论的缺陷，对西学认知不深，加上调和论本身的概念也比较含混，带上了许多主观的理想色彩，因而经不起实践的检验沉寂了下去（《五四前后文化调和论研究——以杜亚泉和〈东方杂志〉为中心的考察》，中国社会科学院博士学位论文，2009 年）。赵黎明认为，杜亚泉的“新文化”愿景，是中庸思维在文化问题上的具体运用。他运用物理学的“力量”对抗原理，解释中庸之道的合理性。他还提出“协力主义”“接续主义”和“多元主义”，作为处理文化问题的基本原则。杜亚泉的文化探索具有一定的合理性，一定程度上丰富了新文化运动的内涵，其思维也充满了辩证和理性因素，但同时存在缺乏“时中”“权变”等不少问题，需要一分为二地看待（《“中庸思维”与杜亚泉的“新文化运动”》，载《华中师范大学学报》（人文社会科学版）2015 年第 4 期）。

三、关于杜亚泉的出版理念和出版实践

对杜亚泉出版理念与实践的研究，目前成果并不算多，且多是个案研究。有的以其早期的办刊实践为切入点，研究杜亚泉在科学传播实践中的功绩；有的以其主编的某本教科书为切入点，介绍杜亚泉在编辑工作上的贡献；更多的论者是以《东方杂志》为中心，对杜亚泉的出版理念进行研究。

（一）以时间为界限，研究杜亚泉的早期办刊实践和对科学传播的贡献

汪家熔对《亚泉杂志》给予了高度评价，认为杜亚泉创办的《亚泉杂志》虽然只出版了 10 期，加起来 160 页左右，但是它是国人出资、国人编写且有一定水平的科学刊物，实现了从介绍常识到介绍学问的转变，标志着一个新时代的开始。它所介绍的科学对振兴国家是有一定的意义（见汪家熔著：《中国出版通史・清代卷》下，中国书籍出版社 2008 年，第 298—300 页）。谢振声对杜亚泉创办《亚泉杂志》的前后经历进行了介绍，

对杜亚泉致力于自然科学的传播高度赞扬。杜亚泉未及而立之年，即独立编辑出版《亚泉杂志》这份自然科学期刊，并且编写了相当一部分颇具水平的科学论文，主要传播了近代的化学知识，在当时那种历史条件下，是非常难能可贵的。谢振声还对《亚泉杂志》的内容和形式进行了介绍，特别介绍了《亚泉杂志》对化学的贡献：一是率先介绍了化学周期律，二是反映了化学领域的新成就，三是首创了部分化学元素的中译名，四是注重实验，介绍了化学分析的方法。不唯如此，《亚泉杂志》还推介了物理学、天文学、气象学、动植物学等方面的自然科学知识，对我国早期的科学事业，起到了很大的推动作用（《杜亚泉与〈亚泉杂志〉》，载《科学》1988年第2期）。谢俊美则重点研究了《普通学报》。《普通学报》由《亚泉杂志》更名而来，刊物内容则由以自然科学为主转为社会科学和自然科学并重。虽然内容看似庞杂，但社会科学方面政论性文章还是较少，多属于知识性的介绍，反而在自然科学方面承续《亚泉杂志》，推介的内容相当广泛（《杜亚泉与〈普通学报〉》，见《辛亥革命时期期刊介绍》第三集，人民出版社1983年）。陈镱文等通过原始期刊文献考证，全面研究了杜亚泉先后主编的《亚泉杂志》《普通学报》和《东方杂志》，肯定了杜亚泉首创中国学者自办第一种综合性科学期刊的历史功绩，并认为这三种刊物的科技传播倾向形成了杜亚泉一以贯之的办刊理念。杜亚泉作为中国近代西学东渐背景下致力于西方科学知识引进及传播的标志性人物，谱写了近代中国期刊史的新篇章。他的综合性期刊特色化的办刊实践，对今天期刊的发展仍然具有很强的借鉴意义（《杜亚泉主编的3刊及科学传播实践》，载《编辑学报》2009年第2期）。苏力、姚远则对《亚泉杂志》的创刊始末、办刊宗旨、科学态度、科学内容做了全面的分析论证，重点分析了《亚泉杂志》所刊载的化学内容及科学意义，认为它是中国人自办的最早的综合性科学期刊，这种代表科学综合化发展趋势的期刊类型将会永存（《中国综合性科学期刊的嚆矢——〈亚泉杂志〉》，载《编辑学报》2001年第5期）。陈矩弘选取杜亚泉从创办《亚泉杂志》至进入商务印书馆担任《东方杂志》主编这一时间段，系统梳理杜亚泉的编辑活动，在此基础上分析杜亚泉编辑思想的特色和风格，探讨杜亚泉对于中国近代科学的启蒙影响，肯定了杜亚泉早期的编辑出版实践对西方近代科学知识在中国传播和普及的推动之功，认为其编辑实践中形成的独特编辑思想至今仍有借鉴意义（《杜亚泉早期编辑出版实践及思想探析》，载《杭州电子科技大学学报》（社会科学版）2013 年第 2 期）。此外，江家发、高峻、徐克敏、孙凤琴等也对杜亚泉早期创办科技期刊和传播科学知识的活动进行了研究。

（二）以《东方杂志》为中心，考察杜亚泉的出版实践和出版理念

周武详细介绍了杜亚泉在入主《东方杂志》后，对《东方杂志》进行了改良，从栏目设计、开本大小、刊载内容、版式装帧等各方面都较之以前有很大的提高。除了延请名家撰稿，杜亚泉自己也为《东方杂志》撰写了不少稿件，并且始终从启蒙者和自由主义者的立场出发，留下了许多富有针对性的深邃思考。作为一个具有科学理性头脑的人，杜亚泉选择的道路是温和的、循序渐进的。但在那个时代，杜亚泉无疑是偏离了时代的主潮的，这也决定了他的命运（《杜亚泉与〈东方杂志〉》，载《科学》2016 年第 2 期）。李静选取 1911 年—1920 年杜亚泉主笔《东方杂志》这一时段，系统研究了杜亚泉的学术背景、编辑实践和编辑思想，认为自甲午以后，杜亚泉便选择了弃绝传统学问而钻研西方科学知识的道路。杜亚泉对《东方杂志》的改革，既推动了《东方杂志》的快速发展，也成全了杜亚泉自己。杜亚泉正是借助这个平台，充分施展了自己的编辑才能，阐发了自己的出版理念和文化思想。杜亚泉的出版理念正是受到其文化思想的渗透影响。这种客观、理性、宽容的文化思想指导下的《东方杂志》，对民众启蒙、社会反思等在那个时期都起到了巨大的作用（《杜亚泉与〈东方杂志〉》，载《青海社会科学》2007 年第 4 期）。蔡雯把杜亚泉主笔《东方杂志》的时期归为《东方杂志》发展的黄金时期，杜亚泉对《东方杂志》的改良，是幅度最大的一次，也是《东方杂志》从草创期进入成长期的标志。这次改良之后，《东方杂志》才成为真正意义上具有现代元素的名副其实的“杂志”。杜亚泉所提出的要做“舆论的顾问者”而不是做“舆论的指导者”，体现了对读者的尊重，对我们今天仍具有指导意义（《从期刊编辑学角度看〈东方杂志〉》，湖南师范大学硕士学位论文，2012 年）。陶海洋在其博士学位论文中把“杜亚泉与《东方杂志》专门作为一章，开门见山地指出，研究《东方杂志》的主编，必须首先研究杜亚泉。陶海洋梳理了杜亚泉的生平，并对有关杜亚泉的研究做了简要述评，然后以杜亚泉

主笔《东方杂志》期间的社会科学类作品为基础，从八个方面介绍了杜亚泉的思想，认为杜亚泉带给《东方杂志》的是根本性的变化，同时《东方杂志》也成为杜亚泉阐发其思想的主要平台（《〈东方杂志〉研究（1904—1948）——现代文化的生长点》，南京大学博士学位论文，2013 年）。

（三）从杜亚泉整个出版生涯的维度出发，特别是围绕其对商务印书馆的贡献，考察杜亚泉的出版理念

袁翰青作为商务印书馆的老员工，充分肯定了杜亚泉对商务印书馆的贡献，认为他所编著的自然科学方面的书籍，对推动我国 20 世纪前期的科学发展，起了相当大的作用。在徐寿之后，在介绍西方科学方面，杜亚泉应该算是成绩卓著的人物之一（《自学有成的科学编译者杜亚泉先生》，载香港《新晚报》1982 年 2 月 7 日）。周武介绍了杜亚泉进入商务印书馆前后的经历，指出杜亚泉所以加盟商务并非为谋衣食，而是寄托着他“为国家谋文化上之建设”的理想。杜亚泉编著了大量的自然科学方面的书籍，包括这一时期最具有系统性的教科书，这使得商务印书馆成为近代以来普及和传播自然科学的重镇，而且也为商务印书馆带来了丰厚的经济效益。杜亚泉对《东方杂志》的改良，使得《东方杂志》焕然一新，销量大大增加。通过出版实践活动，杜亚泉为民族文化教育事业做出了巨大的贡献（《杜亚泉与商务印书馆》，见《一溪集》，生活·读书·新知三联书店，1999 年）。汪家熔则侧重从杜亚泉所主持或参与编写的重点图书入手，如《植物学大辞典》《动物学大辞典》《文学初阶》等，深入探析杜亚泉的出版理念，以及其对商务印书馆的突出贡献（《杜亚泉对商务印书馆的贡献》，见《一溪集》，生活·读书·新知三联书店，1999 年）。王建辉对杜亚泉的出版生涯做了简要梳理，充分肯定了杜亚泉在出版特别是科学出版上的功绩，认为杜亚泉在商务印书馆的主要贡献有两个：一是编辑理科类教科书，二是主编《东方杂志》（《科学编辑杜亚泉》，载《出版广角》2000 年第 6 期）。余望探析了杜亚泉的科技编辑思想和特色，讨论其在我国科技发展启蒙时期中的地位、作用及对我国近现代科技出版发展的影响，认为杜亚泉的科技编辑出版实践对当代仍有许多可借鉴之处（《探析杜亚泉的科技编辑思想与贡献》，载《中国科技期刊研究》2007 年第 3 期）。海旭以杜亚泉编辑自然科教科书为切入点，探讨了杜亚泉在实际的

编纂过程中逐渐形成的关于自然科教科书的编辑思想，充分肯定了杜亚泉在中国近代教科书史上的地位（《杜亚泉编撰自然科教科书的思想与实践》，沈阳师范大学硕士学位论文，2014 年）。郭讲用通过对杜亚泉所撰述的文章和所编辑的杂志进行分析，认为杜亚泉的编辑思想实际上就是中学为体、西学为用、温和稳健、审慎理性，这种编辑思想背后体现出的是主张中西文明互补，肯定中华文化主体性的文化思想（《杜亚泉编辑思想及其当代价值》，载《编辑学刊》2016 年第 5 期）。

四、对已有研究成果的简要述评

综观目前对杜亚泉文化思想和出版理念及实践的研究成果，从数量上看并不算多，相关的专著尤为少见，这与杜亚泉在近代思想文化史和出版史上的地位并不相称。改革开放以来，随着学术风气的逐渐开放，对杜亚泉的研究成果虽日趋增多，甚至一度出现所谓的“杜亚泉热”，但总体来看，仍存在一些局限和不足。

（一）个案研究多，总体研究少

已有的对杜亚泉研究的成果，多从某个时段或某个历史事件入手。如研究杜亚泉在近代科学出版上的贡献，许多论者从其早期创办的自然科学期刊《亚泉杂志》切入，进行个案研究；或以某个时段为节点，研究其在这个时段中的出版实践活动，如围绕杜亚泉主笔《东方杂志》的这一时间段进行研究；或依托某一事件，如杜亚泉与陈独秀的东西方文化论争，以此为据来展开研究。缺乏对杜亚泉教育经历、出版实践等的整体性、历时性考察，因而对杜亚泉文化思想和出版理念的形成、发展、演变的总体脉络梳理得不够清晰。

（二）缺乏将其置于社会转型场域中的考察

社会的变迁和转型，传统的延续和断裂，对处于特定历史场域中的人们，影响是巨大而深刻的。已有的研究成果，多是就杜亚泉本身的文化思想和出版理念展开论析，但对杜亚泉的文化思想的来源，其所受到的思想环境的影响，特别是科举废除以后，对那一代知识分子包括杜亚泉的影响，缺乏共时性的考察。

（三）对杜亚泉的文化思想和出版理念的关联性缺乏深入研究

杜亚泉在出版上，尽力推介西方自然科学知识和西方各种思想文化，显得相对激进；而其在文化思想上因秉持“调和持中”和“文化统整”显得相对保守。已有研究，要么聚焦在探析其出版实践和出版理念，要么聚焦在其文化思想，而对这种看似矛盾的两个方面之间到底有何联系，则研究不多。实际上，这二者不是分裂的，而是具有深刻的内在关联性。

（四）对杜亚泉缺乏从学术本身出发的客观评价

早期对杜亚泉的悼念性文章，大都能肯定杜亚泉在编辑出版和普及教育上的功绩。后来对杜亚泉的研究，很长一段时间出现了空白。改革开放以来，对杜亚泉的研究出现了几种倾向（主要是围绕东西方文化论争），一是依然贬抑杜亚泉，认为杜亚泉是保守主义的代表，阻碍了新文化运动的发展；二是各打五十大板，认为杜亚泉和陈独秀各有其长，各有其短；三是过度拔高杜亚泉，认为杜亚泉代表了理性的启蒙主义，其文化思想意义比陈独秀更为深远，也更适合中国的发展。这几种倾向实际上都没有摆脱“以学术为荃蹄”的窠臼。学术本身应该摆脱功利性的评价，它既和历史共生共发又有超越历史的意味所在。学术不是工具，评价一种文化思想，应该从学术本身的维度出发来进行。而已有的研究，则多是以其对新文化运动的促进或者阻碍的功用方面来进行考量。

五、研究展望

历史不是一个恒常不变的静物。对于同一段历史，研究者们的阐释可能各有不同，但这并不代表历史是飘缈的幻想。“横看成岭侧成峰，远近高低各不同”，不同角度的审视，更能还原历史的真实。随着对杜亚泉研究的丰富和深入，学界对杜亚泉的认识也日趋全面（抑或说真实），并不再因为其与陈独秀的东西文化思想论战而对其不置一词，这应该来说是一个正常的倾向。

但我们也注意到，对杜亚泉的评判似乎还是存在一种非此即彼的态度。过去的研究对杜亚泉要么不置一词，要么持贬抑的态度；而近年来的一些研究则争相为杜亚泉正名，似乎杜亚泉的东西调和的文化思想才能疗救现代化的种种疾病，这里面固然有对“五四”以来激进主义的反思，更有一种学术上的随大流趋向。笔者以为，应该以一种理性的态度来对待杜亚泉，既不宜一棍子打死，也不宜夸大其价值和影响。而应该还原到当时的历史背景，客观地进行分析和评价。

对杜亚泉的研究，依然有待深入，比如，杜亚泉自小接受过正统的儒家教育，为何转而倡导科学特别是反映在出版活动上倡导自然科学？他的这一转变是完全抛弃旧学还是儒家知识分子的从“尊德性”转向“道问学”，从水间林下的空谈心性转向经世致用，而仅仅只是把西学当作经世致用的一种工具？又如，杜亚泉是秉持“调和持中”思想的，他的这种“调和持中”思想的来源及对其出版理念的影响是什么，抑或说他的出版活动与其“调和持中”思想有无必然的内在联系？再如，杜亚泉与陈独秀等的论战对《东方杂志》影响甚大，杜亚泉逆潮流而行，是否与其恪守儒者的人格理想有关？我们今天如何评价他的这一行为？对我们今天的出版活动有何启示？这些问题，依然值得我们思考。此外，杜亚泉那一代的知识分子，大都抱有救亡图存的强烈愿望，但选择的路径则并不完全相同。如陈独秀、胡适、李大钊、梁漱溟等，在思想主张乃至投身社会实践的方式上，都各有所不同。特别是那一批投身出版以昌明教育、服务社会的知识分子，其出版理念和实践也都有其显著的个性特征。对这一批人的比较研究，对于中国近代出版史的研究和中国近代知识分子群体的研究，都是很有必要的。

"消失"的副局长：沈知方中华书局经历考述

王鹏飞

（河南大学新闻与传播学院，河南开封，475001）

摘要：1913—1917年间，沈知方担任中华书局副局长，主管发行，被陆费逵赞为"极称得力"。中华书局兼并文明书局后，沈知方兼任文明书局协理，创办《小说大观》，为中华书局赢得通俗文学市场一席之地。1916年，沈知方于书局之外，创立古书流通处，从事旧籍贩卖与出版。1917年1月，因个人行为致中华书局"民六危机"加剧，黯然辞职，沈知方也渐渐湮没在中华书局的历史之中。

关键词：沈知方；中华书局；小说大观；古书流通处

现代出版史上，沈知方（芝芳）以民国三大书局之一世界书局的创办人名世。盛名之下，沈知方曾入职商务印书馆，尤其是担任中华书局四年副局长的经历，湮没不彰。在中华书局时期，沈知方是书局行政架构中仅次于陆费逵的二号人物，负责发行工作，有着举足轻重的地位。但沈知方的中华书局经历，目前坊间所述甚少。中华书局出版的《回忆中华书局》一书，附录了民国时期中华书局的创办人和主要负责人小传，沈知方付之阙如。沈知方在中华书局史上身影模糊的原因，一方面是陆费逵巨大影响的掩隐；另一方面也不无因其功过参半，中华书局的叙述者对其有意无意的忽略。加之世界书局在1957年被解散之后，很少获得学界关注，从而使沈知方中华书局元老的身份，常见于民国出版人的回忆之中，却少见于后继者的论述。1939年4月，沈知方在去世前半年为蒋伯潜《语译广解四书读本》中回忆了自己的出版生涯，其中简单提到，"与陆费伯鸿先生创办中华书局，未几又创办世界书局”①，这句夫子自道，成为本文考述沈知方中华书局时期出版生涯的起点。

一、众说纷纭的入职

1913 年 4 月 20 日，中华书局在虹口东百老汇路本局总公司楼上召开第三届股东会议，陆费逵向股东会议报告：

> 今年以来，局面愈大，需才愈多。沈芝芳君（知方）于营业颇有经验，既出商务书馆，由本局延充副局长，到局业已两月余，极称得力。

这份档案（中华书局总编室档案 000003 号）显示，沈知方在 1913 年 2 月进入中华书局，出任副局长。但中华书局设置副局长的职务，则是此前一年的事情。中华书局改组为股份制之前，由创办人会议决定公司事项。1912 年 3 月 24 日，在陆费逵进局不久，召开了第一次创办人会议。《元年三月二十四日第一次会议》（中华书局总编室档案 000002 号）档案显示，这次创办人会议商讨了即将发行的股票出名办法：“创办人名下之票，正副局长出名。外人股票，由局长出名，副局长空出，容后补填”，显示出创局三月之后，便有副局长职位的设置。

此句之外，这份会议档案还涉及中华书局的几位创办人。档案中这次创办人会议的签名人共有五位：继方、伯鸿、寅、厚功、雪卿。钱炳寰先生在《谈谈中华书局的创办人》中说本次会议出席人为沈继方（季芳）、陆费逵（伯鸿）、陈寅（协恭）、戴克敦（懋哉）、沈颐（朵山），得出中华书局由此五人集资发起。但“厚功”和“雪卿”就是戴克敦和沈颐的结论，他证不多。当年 10 月召开的第二次创办人会议，有“伯鸿、继方、懋哉、协恭”四人签名，戴克敦直接签署的是“懋哉”，沈颐或朵山的签名依然没有出现。尤其是第二次会议决定股本增为七万五千元，其中书局创立时的两万五千元旧股翻倍为五万元，另外“留二万五千元备办事人无股者及外间有关系者。附入者一人至多不得过二千元，且需经创办人会议议决”（《十月初一日第二次会议》，见中华书局总编室档案 000005 号）。在新

---

① 沈知方．语译广解四书读本刊行序［M］//语译广解四书读本．上海：启明书局，1941：1.

增添的附入者中，专门记录有“沈朵山二千元，已收一千五百元”。可见沈颐是第二次增股时才成为股东的，并不具有原始出资人的身份。

之所以提及中华书局的创办人问题，是因为早期几位创办人的职位轮换，与沈知方担任的副局长有微妙关系。1912 年 1 月 1 日中华书局成立时，陆费逵还没有脱离商务印书馆，陈寅主持其事。陆费逵入职后担任局长，陈寅改任事务长，汪海秋、戴懋哉先后担任编辑长。等到一年后聘任范源濂担任编辑长，则继续推衍，“戴懋哉君旧任编辑长现任事务长，陈协恭君旧任事务长现任营业长”（中华书局总编室档案 000003 号）。也就是说在沈知方到局之前，陆费逵、陈寅、戴克敦等创办人，依次担任中华书局的局长、编辑长、事务长等职位。副局长一职始终付之阙如。

在中华书局的行政架构中，“以局长为首领，执行局务。各机关均属之。与局长连带负责主持各务者，有副局长一人，理事四人，所长三人”。创局第五年在提交给董事会的报告中，重要职员排序为“局长陆费逵，副局长沈知方，理事陈寅、戴克敦……”[①]，可见中华书局副局长职位，处于一人之下第二重要的位置。那么，为何最早主持中华书局事务的陈寅在陆费逵担任局长之后，仅仅担任事务长而没有出任副局长呢？为何中华书局在股票署名时不怕麻烦，“副局长空出，容后补填”，也不议决某一个创办人先行兼任呢？答案只有一个，就是中华书局设立副局长职位之时，已经有了特定的人选——沈知方。

这个结论，涉及沈知方提及的“与陆费伯鸿先生创办中华书局”的问题。关于中华书局创办的流行说法，是辛亥革命前后，商务决策层对于是否准备一套革命教科书犹豫不决。张元济“以为革命必不能成功，教科书不必改”[②]；总经理夏瑞芳咨询了陆费逵等人，陆费逵也言之凿凿，认为革命不能成功，新式教科书不必准备。但私下里，陆费逵则偷偷约着几个同志策划了一套革命教科书，待到民国肇建，陆费逵等便脱离商务，另立中华书局，以革命教科书很快取得一席之地。这种特洛伊式的创局之路，成为中华书局创办的主流叙述。但对于具体的细节，则有不同说法。涉及沈

① 中华书局五年概况［M］//宋原放．中国出版史料：第 3 卷．武汉：湖北教育出版社，2011：169.

② 维乔．创办初期之商务印书馆与中华书局［M］．宋原放．中国出版史料：第 3 卷．武汉：湖北教育出版社，2011：195.

知方的有如下几种，一是开明老人章锡琛的回忆：

> 他（陆费逵）趁商务周转不灵、业务暂时萎缩的时期，暗中跟国文部编辑戴克敦和发行所沈知方等计划，筹集资金贰万伍仟元，另行创办出版机构，约聘商务解职和留所的编辑人员，秘密编辑中小学教科书。①

章锡琛曾在商务印书馆工作多年，他的回忆成为一种主流叙事。与此类似，民国出版人平襟亚说夏瑞芳当时被沈知方误导了：

> 夏粹芳向沈知方征求意见，沈已胸有成竹，只推托人微言轻，事关国家大势，不便置喙，但若改编太早，人将指摘我馆为革命党机关，有杀头封门之危险。依本人之见，还得照常办理，何况革命党声势虽大，要推翻清朝恐难成事实。夏粹芳听信了沈的意见，力主照常印刷。谁知沈早有准备，他另与一批朋友们日夜赶编倾向于革命的教科书。②

民国报人喻血轮在《绮情楼杂记》中，则指出沈知方是中华书局的同谋者，“沈为人精明强干，眼光敏锐，其最为大胆而卓越者，则为辛亥未起义前，彼即料定中国革命必成功，尝怂恿中华书局总经理秘密编辑共和国中小学教科书，总经理从之”③。即连在陆费逵去世时，陆费逵的弟弟陆费执在《陆费伯鸿先生传略》中，也把沈知方（芝芳）列为私下编撰新式教科书的几人之一。这些记述，似乎印证了沈知方在陆费逵去世前二年所写的“与陆费伯鸿先生创办中华书局”的结论。但因为沈知方在书局创办一年之后才加入中华书局，加之有学者认为说沈知方编书是与沈颐搞混了，说沈知方是书局创办人是与沈继方（季芳）搞混了，从而使沈知方与中华书局的创办扑朔迷离。正如有学者所言，“至于其中是谁误导了商务，目前学术界尚无定论，有人说是陆费逵，有人说是沈知方”④，也成了一段

① 章锡琛. 漫谈商务印书馆［M］//文史资料选辑：第15卷：第43辑. 北京：中国文史出版社，1981：63.

② 平襟亚. 上海出版界琐闻·书业闯将沈知方［M］//上海地方史资料（四）. 上海：上海社会科学院出版社，1986：232.

③ 喻血轮. 沈知方与世界书局［M］//绮情楼杂记. 北京：中国长安出版社，2011：244.

④ 周其厚. 陆费逵与中华书局史实辨析［M］// 文化视野下的近代中国. 北京：中国传媒大学出版社，2009：555.

出版轶事。

虽然尚无档案直接证明沈知方参与创办，但沈知方为何1913年初才进入中华书局，却与他的合同有关。1902年初沈知方进入商务印书馆的时候，先有五年之约，到期后续签五年，到1913年初期满。1945年《海风》杂志上《沈知方在商务印书馆的绰号》一文中也提及，“这时候，陆费伯鸿已正式脱离商务，做了中华的局长了。只有沈知方却因合同未满，未便脱离，同样的，商务亦未便辞退他”。这一细节，从时间点上例证了沈知方为何到1913年初才“既出商务印书馆”，也说明不便列名中华书局创办人，并不说明未参与书局的创办工作。

此外，民元前后沈知方的革命热情，也可作为沈知方密谋新式教科书的一个旁证。根据陈乃乾、叶九如等时人的记载，1911年春天，上海书业商团正式成立，共有团员120余人，并加入上海商团公会。推举名誉会长席子佩、陈润夫、夏瑞芳，正副会长叶九如、陈咏如、沈芝芳。书业商团并不是一个简单的出版业联谊会，而是具有浓厚革命情结的“民兵”组织。为此，书业商团聘刘逊谦、陶叔言、周长康为教练，对成员进行武装训练。1911年11月3日，上海革命党人举行起义。书业商团的成员随同革命党军出发，将革命旗帜竖立于上海城垣，并张贴安民告示，收降兵备道署卫队及硝磺局军械库防营，当夜参加进攻江南制造局。因为上海光复时书业商团著有劳绩，沪军都督陈其美曾题写“急公好义”匾额相赠①。

由此可见，民国三大书局创始人夏瑞芳、陆费逵、沈知方之中，热衷革命或者善于抓住革命时机来促进出版业务的，似乎还是沈知方略擅胜场。除了这次上海光复之役，后来1927年北伐革命刚刚开始，也是世界书局率先冒险发售南方三民主义的书籍，并以此成为世界书局的另一增长点。这个掌故，也为章锡琛等人指出的沈知方与陆费逵秘密策划革命教科书之论提供了旁证。

二、文明书局协理：初办期刊

沈知方进入中华书局后主要负责发行，他发挥在旧书业中的影响力，

① 陈乃乾．上海市书业工会史［M］//宋原放．中国出版史料：第3卷．武汉：湖北教育出版社，2011.

依托各地工商大佬以及乡绅，以合资或参股的方式开办分局或代办处，迅速扩充了中华书局的全国架构，“极称得力”。沈知方加入中华书局半年多后，1913 年 11 月 23 日第四次股东会议报告显示，第三届（1913 年 1 月—6 月）贸易总数计三十五万余元，较之去年上半年约四倍，较之去年下半年约二倍半。到了 1913 年底，中华书局的各地分局，已设北京、奉天、保定、开封、广州等十六处。不过沈知方毕竟是副局长，这些成绩很难单独切出，加于其身。这一时期最能反映沈知方发行才能的工作，是他主持并入中华书局的文明书局。

1915 年 8 月 26 日，中华书局董事会致各位董事的报告中，汇报了文明书局的合并事宜：“文明书局兹由本局兼并，所有存货、生财、房屋、地产均已移交，将来总厂总店落成，亦拟一并并入，惟牌号仍留存。”时任中华书局副局长的沈知方，担任文明书局协理，主持局务。沈知方接手的第一大事，便是邀约通俗小说名家包天笑担任主编，创办了《小说大观》。

《小说大观》创刊于 1915 年 8 月，至 1921 年 6 月停刊，共出版 15 期，是中国通俗小说第一季刊，时人即称许“在杂志中最伟大最充实的要推《小说大观》为第一”①。包天笑回忆说：“《小说大观》是以文明书局名义出版的，那时文明书局已归于中华书局了，而它的名义尚在，不过做了中华书局一个附庸……主其事者为沈子方，那时还没有开办他的世界书局，便经理文明书局。”②

《小说大观》创刊后，包天笑与沈知方围绕刊名有过一场争论：“为了这《小说大观》四字，我颇与沈子方，文明书局的主办者争执一下。我主张用《今小说》三字，否则老老实实用《小说季刊》四字。……然而他们是书贾，是注意生意眼的，用大观两字，足以表示内容丰富。因为是季刊，要三个月出一册，安得不以丰富示人呢。”③ 在包天笑眼里，对于小说大观这个名称，嫌它太庸俗，不雅驯。但沈知方则认为：“我们一出版就

---

① 包天笑. 我与杂志界［M］//魏绍昌. 鸳鸯蝴蝶派研究资料. 上海：上海文艺出版社，1984：401.

② 包天笑. 钏影楼回忆录［M］. 北京：中国大百科全书出版社，2009：374.

③ 包天笑. 我与杂志界［M］//魏绍昌. 鸳鸯蝴蝶派研究资料. 上海：上海文艺出版社，1984：401.

要使人家轰动。我们决定以后，我就要预先登广告，如果用小说大观这个名字，我在推销上，大有把握，若用别的名字，我就不敢说了。"包天笑没有办法，只得屈从。因为包天笑深知，沈知方"是在发行上有把握的人，我们不能不相信他"①。

自然，杂志出版以后的市场表现，也验证了沈知方的发行能力。《小说大观》每期三百多页，还有十几页的铜板插画，厚实美观。定价每册一元，在当时简直高得离谱，包天笑也感到吃惊，"以前的杂志，从未有每册售至一元的，普通不过二三角，若售至四角的，购者已嫌太贵。但《小说大观》则售至一元"。而同时通俗期刊的当家花旦《礼拜六》，最低的时候，一期只卖五分钱。《小说大观》顶着包天笑看来庸俗的刊名，标着普通杂志三四倍的价格，一炮而红，使得包天笑事后也佩服沈知方的市场眼光，称赞他"生意眼却不差，出版后果然畅销"②。1914 年 1 月，中华书局曾创办《中华小说界》，试图在当时兴盛的通俗期刊市场分一杯羹，无奈影响不大。《小说大观》兴盛之后，得与中华图书馆的《礼拜六》和商务印书馆的《小说月报》鼎足而三，终为中华书局赢得通俗文学市场一席之地。

《小说大观》之外，文明书局还石印出版了大量的笔记小说。1915 年，凡 60 册的《说序》出版，收汉魏至明清笔记 170 种。沈知方负责策划与发行，沈知方的老友王均卿主持内容编选。此后更大规模的《笔记小说大观》21 种 50 册，《清代笔记丛书》41 种等，则以进步书局的名义在 1920 年代出版。中国历代笔记名作，于兹搜罗殆尽。这里的进步书局，是文明书局的一个副牌，也由沈知方负责。陈乃乾说"知方任中华书局副经理，别自设进步书局编辑所于三马路惠福里"③，指的就是这种一局两面的场景。

---

① 包天笑. 钏影楼回忆录［M］. 北京：中国大百科全书出版社，2009：375.

② 包天笑. 我与杂志界［M］//魏绍昌. 鸳鸯蝴蝶派研究资料. 上海：上海文艺出版社，1984：384.

③ 陈乃乾. 上海书林梦忆录［M］//张静庐. 中国近现代出版史料甲编. 上海：上海书店出版社，2004：415-431.

三、古书流通处：旧版书圣殿

沈知方任职商务印书馆发行所时，不安于中层职位，在外面合办了声势不小的国学扶轮社。进入中华书局之后，虽然居于一人之下，但时间一长，似乎也并不甘心。他的长孙沈柏宏先生说中华书局发达兴旺之后，沈知方总想一展宏图，于是后来就离开了。熊尚厚先生也有类似说法，“沈知方推销中华书局教科书，以旧书商为发行网，销路不胫而走。中华书局声望一时崛起，沈的地位亦随之提高。沈遂另谋出路，1916 年抽回中华书局投资离去”①。这里的“抽回投资离去”，就是指 1916 年沈知方与陈立炎一起合办了“言版本者江南第一”的古书流通处。

古书流通处的诞生，要从浙东鄞县藏书家卢址的抱经楼说起。抱经楼建于清乾隆四十二年（1777 年），在宁波与范氏天一阁、郑氏二老阁齐名。1914 年，卢氏子孙难以为继，抱经楼的藏书再次散出，轰动一时。当时正在上海经营六艺书局的陈立炎对这批珍宝颇为艳羡，但他经营的六艺书局濒临破产，徒有羡鱼之情。沈知方得知此事之后，邀约师兄魏炳荣一起，投资两万余元，全部收购。在三马路惠福里的进步书局编辑所里面，腾出西厢房陈列抱经楼的藏书，挂一牌匾为古书流通处。

抱经楼藏书版本精良，入市之后，海内惊叹，古书流通处也成为当时江南规模最大的古旧书店。现代旧书业元老陈乃乾在《上海书林梦忆录》中说：

> 三十年来，大江以南言版本者，书肆以古书流通处为第一，藏书售出者以抱经楼为第一。古书流通处初开幕时，列架数十，无一为道光以后之物，明刻名钞，俯拾即是。入其肆者，如堕万宝山中。今之抱残守阙自命为收藏家者，曾不足当一鳞片甲也。②

古书流通处的坊址前后迁移数次，自惠福里迁麦家圈仁济医院隔壁，再迁广西路小花园，历时九年。古书流通处的业务分两个方面。一是古典

① 中国社会科学院近代史研究所编．中华民国史资料丛稿：人物传记：第三辑[M]．北京：中华书局，1976：120.

② 陈乃乾．上海书林梦忆录［M］//张静庐．中国近现代出版史料甲编．上海：上海书店出版社，2004：415-431.

旧籍的收购和销售，“凡藏家之大批售出者，悉为其网罗，如百川之朝宗于海焉。其中最著者为缪筱珊之艺风堂及嘉定缪谷似（寿丰）两家之藏”，一时之间，古书流通处成为当时藏书家眼中的圣地。陈乃乾说“沈知方晚年亦好聚书，尝编印粹芬阁藏书目录一册。在当时则专力于出版事业，故于抱经楼书不留片纸”①，可知旧籍销售是古书流通处当时的主要业务。另一方面则是销售之外，古典旧籍的翻印和出版。沈知方毕竟是个出版人，胡道静《陈乃乾文集序》曾说及：“名曰流通处，志不仅在于赙售之间，而欲使之兼具出版之械能。辄以古书一经售出，则如黄鹤飞去，不可后返。凿以其在手之日，焉之影印，则以一化百，乃可普及。”② 古书流通处的出版业务分为两类。一是对于明版的旧藏，主要采用影印的方式，求以一化百的出版功效。二是对于抱经楼的抄校本，不断售出之后，发现奇货可居，后期开始仿造。“尝伪刻抱经楼等藏印，且雇钞胥三人，每日以旧棉纸桃花纸等传钞各书，钤印其上，悉售善价。”③ 古书流通处这种鱼目混珠的方式，在后来世界书局策划的三大伪书里有着熟悉的影子。

四、黯然离职：唯一的副局长

1917 年 1 月 21 日，沈知方提交了辞职信，“因他方关系兼办别业，以致事务纷繁，日不暇给。目前所办华昌火柴公司正在扩张，中华制药公司亟待进行。兼筹并顾则力有不支，舍彼就此又势所不能”④，辞去了中华书局副局长，挂冠而去。沈知方辞职之后，中华书局董事会决议副局长不再补人，所办各事即由诸理事分任，沈知方就成为中华书局历史上唯一的副局长。

沈知方离任之时，正值中华书局的“民六危机”。这场危机之前，沈

---

① 陈乃乾．上海书林梦忆录［M］//张静庐．中国近现代出版史料甲编．上海：上海书店出版社，2004：415-431.

② 胡道静．陈乃乾文集序［M］．北京：国家图书馆出版社，2009：2.

③ 陈乃乾．上海书林梦忆录［M］//张静庐．中国近现代出版史料甲编．上海：上海书店出版社，2004：415-431.

④ 钱炳寰．中华书局大事纪要［M］．北京：中华书局，2002：30.

知方“兼办别业”挪用了三万元公款，等到“民六危机”引起挤兑风潮，他申请改为公司欠款，使书局财务雪上加霜。此后陆费逵在复股东查账代表的信中检讨书局制度，首先以沈知方为例：“董事兼副局长沈知方的欠款三万元，湘局经理王衡甫的欠款二万余元，均系先挪用后改为押款的，并非债务抵进押品，自叹才短力薄，用人不当……”[①] 中华书局创办20年之后，陆费逵依然不忘这件事，“副局长某君个人破产，公私均受其累”[②]。可见到了离开中华书局的时候，陆费逵对沈知方的观感之恶。虽然有学者记述，“民六危机”之时陆费逵遭遇了一件讼案，因为沈知方的善于交际，帮助化解得以了结[③]，但似乎不能抵消陆费逵的怨气。陆费逵的记述流传甚广，以致给人一种印象，沈知方在中华书局只做了一件事：因为个人破产，导致公司陷入危机。

当然，这并不是事实。“民六危机”后慨然出手组织“维华银团”的常州富商吴镜渊（有伦），与另一位监察黄毅之在认真查账之后提交董事会的《调查公司现状报告书》中，详细说明了中华书局陷入危机的原因：

> 据以前之报告，不外欧战方殷，原料昂贵，国内多故，金融恐慌，局长去年卧病三月，副局长去年亏空累万。凡此诚足致病之由，然皆外感而非致命之原因也。致命之因有三：进行无计划为其第一原因，吸收存款太多为其第二原因，开支太大为其三原因。有此三因，即无时局影响、人事变迁，失败亦均不免。[④]

报告中所提的三大原因，归根到底就是中华书局在早期发展顺利之后，书局的决策层陡生冒进之心，采取了一种盲目扩张式的发展思路。如归为第一原因的进行无计划，主要表现为：“编辑进行太骤，现存各稿非二三年不能出完，稿费不下十万。次为印刷机械太多，地基过大……次为分局开设太滥……次为计划过于久大，不顾自己实力。”而第三条开支太大，导致的结果就是“漏卮日甚，现金日少，欲不搁浅不可得矣”，“财产

① 吴中．我所知道的“维华银团”［M］//宋原放．中国出版史料：第3卷．武汉：湖北教育出版社，2004：188-190.

② 陆费逵．中华书局二十年之回顾［M］//俞筱尧．陆费逵与中华书局．香港：中华书局香港有限公司，2002：470.

③ 王建辉．沈知方冒险和投机兼备的出版家［J］．出版广角，2001（06）：68-69.

④ 钱炳寰．中华书局大事纪要［M］．北京：中华书局，2002：30.

日增，现款日少……若不减缩支出而欲其不失败，难矣”①。因而在吸收的存款面临挤兑时，就陷入了资金链断裂的危机。多年以后，吴镜渊的孙子吴中回忆此事时也说，“中华书局在1914年—1915年发展太快，将吸收存款用于固定资产投资，超过负担能力，周转失灵，无法归还存户存款，至1917年濒临破产”②。

吴镜渊提交调查报告的时候，陆费逵已经卸掉局长之职，但被董事会推选暂任司理，主持局务。根据中华书局董事会档案，他列席了此后每一次的董事会，也就是说他清晰了解吴镜渊等人的调查结论。但他忽略自己经常请假和其他原因（如中华书局董事会档案中1914年7月11日，“局长近患足疾，未能步履，届时拟顺延数天，俟有定期，再当通告”。类似推延董事会召开的记录出现几次），却念念不忘沈知方关键时刻掉链子的亏空，可知二人之间的合作，已经没有了“与陆费伯鸿创办中华书局”时期的默契。在喻血轮和应文婵的记述中，沈知方离开中华书局，是因为与中华书局股东陈协恭意见不合③。更说明了在担任四年副局长之后，沈知方与陆费逵、陈寅等创局诸公，已经形同陌路。加之沈知方在中华书局之外另有古书流通处等琵琶别抱之举，这种情况下，即使没有“民六危机”，沈知方的离开也是早晚的事情。

① 钱炳寰．中华书局大事纪要［M］．北京：中华书局，2002：30.

② 吴中．我所知道的“维华银团”［M］//宋原放．中国出版史料：第3卷．武汉：湖北教育出版社，2004：188-190.

③ 应文婵．文化事业中一段掌故：忆述世界书局创办人沈知方［M］//书斋志异．北京：中国友谊出版公司，1984：115.

陈瓘《四明尊尧集》的编纂与传播①

金雷磊

（三明市闽学文化研究中心，三明学院文化传播学院，福建三明，365004）

摘要：《四明尊尧集》是一本政治色彩较浓烈的著作，它的直接矛头指向王安石及其朋党。在某种意义上说，是陈瓘对王党的宣战书。编纂此书，一是为了指正绍圣史官据王安石《日录》改修《神宗实录》，“变乱是非，不可传信”；二是为了反思己过，改正错误，发“刍荛之言”，抒“畎亩之志”；三是为了著作藏之名山，传之四海，既让后人看到王安石的“诬君之习”，又让后人看到陈瓘的正直之气。事实证明，《四明尊尧集》的编纂，对当时及后世产生了很大影响。随着该书的多次重刻和持续传播，陈瓘的行为不断获得认同，地位也随之提高。

关键词：性命之理；刍荛之言；编纂；传播效果

《四明尊尧集》为北宋著名言官陈瓘编著。陈瓘，字莹中，号了翁、了斋或了堂，南剑州沙县（今福建永安）人。“少好读书。不喜为进取学。父母勉以门户事，乃应举”，中元丰二年（1079年）进士。“通于《易》，数言国家大事，后多验。”“所著有《了斋集》行世。”② 目前学术界对陈瓘

---

① 本文为基金项目：三明市社科规划项目：宋代三明闽学家著述传播研究（M19086）；三明学院科学研究发展基金暨福建中青年教师教育科研项目“宋代三明籍理学家图书编辑研究”（项目编号：A201806，JAS180446）成果。

② 叶联芳．重修沙县志［M］．张卿子点校．福州：海风出版社，2006：74-75.

研究不多，或者从文学史的角度，对陈瓘诗文进行研究①；或者从政治史的角度，考察陈瓘政治思想，从陈瓘政治思想进而考察北宋后期的政治环境②。无论是研究陈瓘诗文还是研究其政治观，《四明尊尧集》作为其基础性文献和代表性作品，地位和价值不容忽视。因此，考察《四明尊尧集》的编纂与传播情况就显得尤为重要。下面拟对该问题做一探讨。

一、《四明尊尧集》：陈瓘对王安石的宣战书

陈瓘对王安石的态度经历了一个由爱生恨的过程，到了后期可以说基本上是“痛绝王氏”。因此，要“洗心自新”，“为欲明臣改过之心”③。陈瓘所要改过之处，是之前赞同的王安石的所谓“性命之说”。陈瓘对王安石的态度从推崇到反对这样一种心态转变历程，他在《四明尊尧集序》一

① 如李懿《中华本〈永乐大典〉陈瓘诗文辑考》(《古籍整理研究学刊》2012 年第 3 期)，以中华本《永乐大典》为底本，对陈瓘诗文作了详细的搜集和整理，为我们进一步研究陈瓘文学创作和思想提供了材料基础。该文补充了《全宋诗》《全宋文》所收陈瓘诗文之缺，增加了诗歌一首，为《寄寿阳处士李子玉》，文章十二篇，分别为《刍说》《先君行述》《陈伯瑜墓志铭并序》《陈谨常墓志》《陈子真墓志铭》《复宣教郎谢表》《中奉大夫游公墓志铭》《祭四兄主簿文》《祭朱时发亲家文》《与孙司谏及第启》《跋司马温公送张太博守岳阳诗后》《跋司马温公宋李益之侍郎归庐山诗后》等，所涉及文体有墓志铭、行述、序跋、启文、祭文等。难能可贵的是，作者对这些佚文作了点校和考述。郭志安《宋史陈瓘传考补》(《兰台世界》2009 年第 24 期) 一文，则在综合多本史籍的基础上，对《宋史·陈瓘传》加以考订和补充，充实完善了陈瓘的生平事迹。

② 研究陈瓘政治思想论文有郭志安、王晓薇《由尊到贬：陈瓘对王安石政事学术评判之剧变》(《西北师大学报》2007 年第 2 期)，该文认为，陈瓘对于元祐间新旧党之争有着自己清醒的认识，尽量使自己保持政治上的相对独立。陈瓘对王安石的态度也发生巨大转变，由推崇转变为否定。暨南大学古籍研究所张其凡、金强的《陈瓘与〈四明尊尧集〉——北宋哲徽之际党争的一个侧面考察》(《浙江大学学报》2004 年第 3 期) 一文，从陈瓘的代表性著作《四明尊尧集》内容出发，分析了陈瓘对王安石等新党的攻击和批判，同时也从另外一个侧面探讨了北宋后期党争状况和政治气候。此外，还有香港学者阮廷焯《从〈陈忠肃公年谱汇校补遗（简本）〉试观其从政生活及当时党争之烈》(《国际宋史研讨会论文集》，1988 年)。

③ 陈瓘. 四明尊尧集序［M］//曾枣庄，刘琳. 全宋文：第 129 册：卷 2785. 上海：上海辞书出版社，2006：116.

文中有明确交代：

> 臣昨在谏省，所上章疏尝以安石比于伊尹。伊尹圣人也，而臣乃以安石比之者，臣于时犹蔽于国是故也。又臣所上章疏，谓安石为神考之师。神考，尧舜也，任用安石止于九年而已矣。初用后弃，何尝终以安石为是乎？臣以安石为神考之师者，臣于此时犹蔽于国是故也。臣昨者以言取祸，几至诛殛，赖陛下委屈保全，赐臣余命。臣感激流涕，念念循省，得改过之义焉。盖臣之所当改者，亦性命之理而已矣。①

这段话，实际上描述了陈瓘对王安石态度的前后对比变化。陈瓘初在所上谏省章疏中称王安石为伊尹，且谓王安石为神宗之师。后来发现此种表述中，把王安石的地位拔得太高，且违背尊卑次序，不合君臣之义。之所以会有之前这种说法，主要是“蔽于国是”，也就是被当时整个国家的舆论氛围所遮蔽。陈瓘对王安石的态度发生巨大转变，既是由陈瓘自身的政治思想决定的，也是由当时整个政治环境变动所致②。从当时整个政治环境来看，神宗皇帝已对王安石弃而不用。从陈瓘自身来说，他本人因言得祸，多次危及生命。在这种情况下，陈瓘不得不对自己的言行进行反思和总结，政治思想逐渐发生变化。陈瓘改变对王安石的态度后，对王安石毫不留情地展开了批判：

> 废大法而立私门，启攘夺而生后患，可为寒心，莫大于此。③
>
> 神考逐绾，可以见悔用安石之心；哲宗窜立，可以见斥绝安石之意。两朝威断，天下皆以为至明。④

陈瓘认为再也没有比王安石“废大法而立私门，启攘夺而生后患”更为寒心的事件。用动词“悔用”“斥绝”来指出王安石的过错，表明皇帝及本人改过的决心；用“威断”表明两朝皇帝的英明和果断；用形容词“至明”来建构皇帝光明、伟岸的形象。

---

① 陈瓘. 四明尊尧集序［M］//曾枣庄，刘琳. 全宋文：第129册：卷2785. 上海：上海辞书出版社，2006：116.

② 郭志安，王晓薇. 由尊到贬：陈瓘对王安石政事学术评判之剧变［J］. 西北师大学报，2007（2）：68.

③ 陈瓘. 四明尊尧集序［M］//曾枣庄，刘琳. 全宋文：第129册：卷2785. 上海：上海辞书出版社，2006：122.

④ 陈瓘. 四明尊尧集序［M］//曾枣庄，刘琳. 全宋文：第129册：卷2785. 上海：上海辞书出版社，2006：122.

陈瓘不仅明目张胆地反对王安石，对王安石集团其他人员，也是直言不讳，无所顾忌，比如他在建中靖国元年八月《与曾布书》中批判曾布：

> 阁下德隆功大，四海之内所赞颂，然谓阁下无过则不可。尊私史而厌宗庙，缘边费而坏先政，此二者阁下之过也。……今阁下独擅政柄，首坏先烈，弥缝壅蔽，人未敢议。它日主上因此两事，以继述之事问于阁下，阁下将何以为对？当此之时，阁下虽有腹心之助，恐亦不得高枕而卧也。①

陈瓘在上曾布书中，十分注意沟通方式，采取先赞后贬的形式：首先肯定了曾布的功劳，以及所获得的普遍认可；紧接着话题一转，指出若是认为“阁下无过则不可”。明确指出曾布的两条过失，一是“尊私史而厌宗庙”，二是“缘边费而坏先政”。陈瓘提醒曾布，它日皇上过问、追查二事，怪罪下来，即使有心腹同党的帮衬，恐怕也不会那么高枕无忧。

除此之外，陈瓘还对章惇、蔡京、蔡卞等成员展开攻击，这些言论直击要害，鞭辟入里，振聋发聩。如：

> 以非为是，态度日移，废道任情，今甚于昔。昔者初立国是，使惇行之；惇既窜逐，移是于布；布又窜逐，移是于京。三是皆废于卞谋，三罪同归乎误国。②

> 陛下光扬，亦以去卞为先务。扫除旧秽，允协人心；布泽日新，上合天意。③

上述文字指名道姓，用带有贬斥的词语“窜逐”来呈现王党的猥琐形象，用“三罪”“误国”等词语来给他们定性，特别是对蔡卞，直接呐喊，清除蔡卞，扫除污垢。仿佛只有这样才能安抚人心，恩泽远播。陈瓘的这些言论，简直就是对蔡卞的讨伐书，用语极为犀利，大快人心。要知道，这些犀利的语言如果传播出去，被当时权贵所知，会招来杀身之祸：

> 臣之以言取祸，初缘此语，然臣自视此语，犹野人之视芹也。切于爱君，又欲贡献，前日之欲杀臣者必益瞋矣。然臣之肝脑本是报国之物，臣若爱吝此物，则陛下不得闻安石之罪矣。陛下不得闻安石之

---

① 陈瓘．与曾布书［M］//曾枣庄，刘琳．全宋文：第129册：卷2784．上海：上海辞书出版社，2006：99．

② 陈瓘．四明尊尧集序［M］//曾枣庄，刘琳．全宋文：第129册：卷2785．上海：上海辞书出版社，2006：122．

③ 陈瓘．四明尊尧集序［M］//曾枣庄，刘琳．全宋文：第129册：卷2785．上海：上海辞书出版社，2006：122．

罪，则人臣之利美咸在矣。为我宋之臣，岂可以不思乎？①

从上也能看到，陈瓘早已将自己的生死置之度外，对生命毫不足惜，对死亡毫无畏惧，陈瓘忧国忧民之心溢于言表，报国之心有目共睹。通过著书立说和书籍传播，让此段历史有征有信，为后来研究者留下文献资料。从这个意义上说，此书的价值不容忽视。

二、《四明尊尧集》的编纂原因

《四明尊尧集》政治色彩浓厚，主要针对王安石而发，先后经历了从《日录辨》到《合浦尊尧集》再到《四明尊尧集》的成书过程。陈瓘先是“自撰《日录辨》，后贬廉州，改名《合浦尊尧集》……后又贬明州，成《四明尊尧集》”②，三书在内容上，实际是一脉相承。陈瓘为什么编纂乃至传播《四明尊尧集》？归纳起来，有如下三个方面的原因：

第一，辨别是非，以正视听。《四库全书》编者认为，“瓘以绍圣史官专据王安石《日录》改修《神宗实录》，变乱是非，不可传信，因作是书以辨其妄”③。编纂此书，是为了辨别《神宗实录》是非真假问题。

《神宗实录》是王安石女婿蔡卞据其《日录》而编，《日录》一书“论法度有不便于民者，皆委过神宗，而可以垂耀后世者，悉归功于己，且历诋平生与己不合者”④。明代樊玉冲编撰，于伦补辑的《智品》一书，总结了陈瓘编纂《四明尊尧集》的原因，即记载王安石的是非颠倒：

> 陈瓘尝著《尊尧集》，谓绍圣史官专据王安石《日录》，改修《神宗史》，变乱是非，不可传信，宜深明诬妄，以正君臣之义。⑤

---

① 陈瓘．四明尊尧集序［M］//曾枣庄，刘琳．全宋文：第129册：卷2785．上海：上海辞书出版社，2006：121.

② 《续修四库全书》编纂委员会．续修四库全书总目提要：史部［M］．上海：上海古籍出版社，2014：153.

③ 福建工程学院．福建文献汇编：四库全书部分［M］．北京：商务印书馆，2011：180.

④ 《续修四库全书》编纂委员会．续修四库全书总目提要：史部［M］．上海：上海古籍出版社，2014：153.

⑤ 樊玉冲编撰，于伦补辑．智品［M］//孙德敦．皇家藏书．北京：中国戏剧出版社，2000：750-751.

樊玉冲简明扼要地总结了陈瓘编集的理由，认为编纂文集是为了辨正绍圣史官编修的《神宗实录》一书，此书是根据《日录》改修，“蔡卞专用《日录》以修《神宗实录》”①，不合史书规范，“不可传信”。岳珂在《桯史》一书中也分析了陈瓘著《四明尊尧集》原因，就是为了辨别王安石《日录》中所记载的内容：

> 陈了翁瓘为右司员外郎，以书抵文肃，谓薄神考而厚安石，尊私史而厌宗庙，不可。文肃大怒，罢为外郡，寻责合浦。了翁始著《合浦尊尧集》，……亶辨其所纪载，……及北归，又著《四明尊尧集》。②

从岳珂的描述来看，陈瓘分别在合浦和四明著《尊尧集》，主要是为了反对曾布延续王安石学说，“薄神考而厚安石，尊私史而厌宗庙”的现象。据岳珂载，合浦本和四明本两书在用语和风格上稍微有所差别③。“其初窜廉州时所著，名《合浦尊尧集》。但著十论，犹未直攻安石。及北归后，乃改作此书，……始力斥王安石之诬。”④

第二，以“刍荛”自居，反思己过，改正缺点。陈瓘为人低调，“谦和不与物竞。闲居矜庄自持，语不苟发”⑤。《四明尊尧集》的编纂一定是经过审慎考虑。在《四明尊尧集后序》中，作者以“刍荛”自比，认为编纂此书来反对王安石是“刍荛之言”：

> 右《四明尊尧集》者，刍荛改过之书也。昔谏省所论，合浦所述，妄推王荆公以为神考之师，又妄以王荆公拟于伊尹，议论乖错，得罪公议，窒惕悔恨，故不敢不改也。夫刍荛者，匹夫之采薪者尔，其人未必有知，而其言或不可废，心窃效之，此集之所以作也。⑥

作者开宗明义，交代《四明尊尧集》就是“刍荛改过之书”。陈瓘从

① 陈振孙. 直斋书录解题［M］. 上海：上海古籍出版社，1987：166.

② 岳珂. 桯史［M］. 吴敏霞校注. 西安：三秦出版社，2004：281.

③ 前书用语稍显委婉和含蓄，共十论，“犹未敢以荆公为非”；后书则更直接和犀利，为八门，分别为圣训、论道、献替、理财、边机、论兵、处己、寓言，“始条分而件析之，无婉辞矣”。

④ 福建工程学院. 福建文献汇编：四库全书部分［M］. 北京：商务印书馆，2011：180.

⑤ 叶联芳. 重修沙县志［M］. 张卿子点校. 福州：海风出版社，2006：75.

⑥ 陈瓘. 四明尊尧集后序［M］//曾枣庄，刘琳. 全宋文：第129册：卷2785. 上海：上海辞书出版社，2006：123.

最初附和王安石的学说到后来批驳王安石，就是“刍荛改过”。这种“刍荛改过”在《四明尊尧集》中得到充分体现，比如陈瓘批判王安石所谓“非什伍民而用之，不可以致治强”条：

> 余曰：“非什伍民而用之，不可以致治强。上论所以致国治强，余以为非什伍其民而用之，则不可以致治强，他时固未易议此如。陛下明于道德，忧勤政事，上下无弊，乃可以议此。”
>
> 臣瓘论曰：“安石曰：‘非什伍其民而用之，不可以致治强’，盖安石欲变寡兵宿卫之法，故其言如此。”①

陈瓘以简洁的语言，鲜明地点出了王安石“非什伍其民而用之，不可以致治强”的论点。这也正是陈瓘“刍荛改过之言”的直接表现。以“刍荛”自比，既暗含自己是生活在民间底层、默默无闻的割草砍柴之人，又隐喻出自己只是一介匹夫，生命没有那么贵重，不足惜之。作者认为，“其人未必有知，而其言或不可废”，打算用言语文字记载自己的过失和反省。正是如此，“刍荛之言”也就成了作者效法的对象，直接导致作者编辑此书。作者交代，之前在谏省所论，合浦所著之言，是自己的过失和失误，得罪了公众，引起了公议，十分悔恨和自责，必须加以改正。事实上，陈瓘在《四明尊尧集》中也做到了这一点。针对王安石《日录》中每条论述，依次展开辩驳。

第三，记录信史，以供传播。陈瓘在《四明尊尧集序》中，交代了编纂此书的另一个重要目的——希望该书能够得以传播，使得书中所记王安石事迹也随之流传：

> 变王氏诬君之习，合《春秋》尊元之义。济济多士，何患无人？又况安石所施，其事既往，若不自述于文字，后人安知其用心？著为此书，天使之也。然安石著书之意，岂是便欲施行？下所安排，非无次序。自谓举无遗策，何乃急于流传，宣示远近，不太速乎？然则流传之速，天使之也。天之右序我宋，而不助王氏，亦可知也。②

① 《续修四库全书》编纂委员会. 续修四库全书［M］. 上海：上海古籍出版社，2002：386.

② 陈瓘. 四明尊尧集序［M］//曾枣庄，刘琳. 全宋文：第129册：卷2785. 上海：上海辞书出版社，2006：119.

在上段材料中，陈瓘明确说明，运用文字媒介把王安石“诬君之习”记录下来，以便后人了解这段过往的历史，明白王安石的别有用心。王安石曾以运瓮为例，来宣扬他的一套理论：

譬如运瓮，须在瓮外，方能运；若坐瓮中，岂能运瓮？今欲制天下之事，运流俗之人，当自拔于流俗之外，乃能运之。今陛下未免坐于流俗之中，何能运流俗，使人顺听陛下所为也？①

王安石认为皇帝处于“流俗”之中，就如坐在“瓮中”，不能制驭“流俗”之人。在这里实际上是向皇帝宣传他的“性命之理”。王安石称不习“性命之理”的人为“流俗”之人。言下之意，皇帝也要学习“性命之理”，才是处于“瓮外”，才能“运流俗”，“使人顺听陛下所为”。王安石运用“偷换概念”的方法将其歪理邪说发挥得淋漓尽致，其欺下瞒上的行为可见一斑。

陈瓘指出，王安石的著作，“急于流传，宣示远近”，速度太快，反而让人觉得另有企图。作者认为，自己之所以编纂此书来揭示王安石的企图，是“天使之也”。而王安石著述流传之快，让人更早看清其真面目，也是“天使之也”。“天之右序我宋，而不助王氏，亦可知也”，陈瓘把对王安石的反对态度上升到天意的层次。在表述上，没有任何遮掩与隐蔽，而是非常直接和公开。

三、《四明尊尧集》的传播与影响

陈瓘非常清醒地认识到媒介的传播功能，善于利用书籍编纂活动来记载历史，通过书籍媒介来传播自己的思想。“畎亩之志，一书可通；刍荛之言，万里不隔。集群词而上达，遭一览以为荣。”② 书籍作为传播媒介，可以将“畎亩之志”“刍荛之言”传递到千里之外，承载着丰富的知识和信息。作者也正是以此种思想来指导和实现自己著书立说的行为和愿望。

岳珂读过陈瓘的文章和书籍，并将自己阅读心得写在《桯史》中，该书有两篇文章记录陈瓘事迹，一篇为《尊尧集表》，另一篇为《陈了翁始

① 王安石．王安石日录辑校［M］．孔学辑校．成都：四川大学出版社，2015：391.

② 陈瓘．台州羁管谢表［M］//曾枣庄，刘琳．全宋文：第129册：卷2784．上海：上海辞书出版社，2006：96.

末》。两篇文章“互见始末”，相互配合。之所以“不厌屡书”，是为了“耆诶立懦”①。岳珂在《陈了翁始末》一文中，提到了自己童年时候母亲教他阅读陈瓘文章的经历和感受：

> 余谓前辈名节之重，身蹈危机，不复小顾，申省公牍，百载而下，读之凛凛有生气。余丱角时，先夫人教诵古今奏议，谓是足壮它日气节，此书与焉。②

陈瓘文章“读之凛凛有生气”，也正因为如此，岳珂的母亲认为多读陈瓘文章，可以养浩然之气。童年时，母亲教导岳珂诵读陈瓘奏议文章，以致成年后，仍然能够把陈瓘的文章横流倒背，即“今尚亿其全文”③。

明代徐阶也被陈瓘的作品深深感动，他在《重建了斋先生祠堂记》一文中道：“某每读先生《责沈文》《自紧诗》《谕自侄》诸篇，未尝不掩卷太息，以为先生之独立不惧。遁世无闷，其原盖出于此，未可直以气节之士目之也。”④ 徐阶受到陈瓘文章影响，被陈瓘文章中所散发的浩然之气所感染，每次读之，不禁“掩卷太息”。同时，陈瓘所呈现出来的形象不仅仅是一身正气，铁面谏诤的“气节之士”，更有他在自己的文章中所体现的哲思和才气。

《四明尊尧集》在南宋至元明清，“多次重刊，备受推崇”⑤。随着《四明尊尧集》的传播，很多读者不断认识陈瓘及其作品，了解其为文和为人。“高宗以其所著《四明尊尧集》明君臣大分，特加褒扬。”⑥ 李焘编撰《续资治通鉴长编》，也多次引用陈瓘说法，以示赞同。陈瓘高尚的人格、正直的作风赢得士大夫认可，陈瓘地位也不断得到提高。事实证明，《四明尊尧集》在当时及后世产生了极大影响。

---

① 岳珂. 程史［M］. 吴敏霞校注. 西安：三秦出版社，2004：340.

② 岳珂. 程史［M］. 吴敏霞校注. 西安：三秦出版社，2004：337.

③ 岳珂. 程史［M］. 吴敏霞校注. 西安：三秦出版社，2004：337.

④ 叶联芳. 重修沙县志［M］. 张卿子点校. 福州：海风出版社，2006：102.

⑤ 《续修四库全书》编纂委员会. 续修四库全书总目提要：史部［M］. 上海：上海古籍出版社，2014：153.

⑥ 《续修四库全书》编纂委员会. 续修四库全书总目提要：史部［M］. 上海：上海古籍出版社，2014：153.

惠栋《周易述》之编辑思想探微①

李昕烨

（华中农业大学文法学院，湖北武汉，430070）

摘要：《周易述》一书，宗汉学，复兴汉《易》，可谓引领了乾嘉时期易学之发展方向。惠氏所创的自注自疏的解《易》方法也颇具新意，其注重考据，言必有征，对于还原《周易》一书之原貌具有重要意义。

关键词：惠栋；《周易述》；编辑思想

自宋以后，易学之研究大体上是在汉、宋两派的基础上加以不断延展，元代易学家大都笃守程朱遗说，至明代，虽然出现了援禅入易的易学思潮，但却仍以宋《易》作为主流。明清之交，一些知识分子从政治、经济、文化等诸多角度出发，总结明亡教训，在易学领域里，批判宋明道学，反对空言义理，倡导经学研究应以经世致用作为目标。及至乾嘉时期，因清廷推行文化高压政策，学术风气遂又转为注重训诂与考证，而为了还原经传本来面貌，时人以"汉犹近古，去圣未远"为由重新推崇汉《易》，汉代易学渐复兴盛。惠栋，便是清代汉学的主要代表性人物。

惠栋，字定宇，号松崖，江苏吴县（今江苏省苏州市）人，著名易学家，吴派经学创始人。其一家四世传经，曾祖父惠有声，祖父惠周惕，父惠士奇也都是著名经学家，皆主张兴复汉《易》。惠栋承继家学传统，亦致力于汉代易学之研究，其广泛搜集孟喜、荀爽、虞翻等汉儒《易》说，融合其义，另立新疏。后有王昶对其评价曰：惠栋"于《易》理尤精……凡郑君之爻辰、虞翻之纳甲、荀谞之升降、京房之世应飞伏，暨六日七分

① 本文为国家社科基金后期资助项目（18FTQ001）阶段性成果。

世轨之说，悉为疏通证明，由李氏之集解以及其余，而汉代易学灿然”①。《周易述》，为惠氏之最具代表性的著作，于乾隆十四年（1749年）开始撰写，然天不假年，终未完成而病逝，阙下经自《鼎》至《未济》十五卦以及《序卦》《杂卦》两传。后由其再传弟子江藩、李林松分别作《周易述补》予以补之。该书凡四十卷，自第一卷至二十一卷，为训释经文之作，此当为《周易述》之主体；第二十二卷、二十三卷为《易微言》，内容为杂抄经典论《易》之语。又根据目录，此书第二十四卷及其以下内容，当分别为《易大义》（或称《易大谊》）三卷、《易例》两卷、《易法》一卷、《易正讹》一卷、《明堂大道录》八卷以及《禘说》两卷，然此六篇却大多单行刊刻，并未被随书附于主体内容之后。

在本书中，惠氏对“《易》本卜筮之书”的观点持否定态度，提出“《易》为赞化育之书”的主张。赞者，助也，所谓赞化育，即为助天地万物之化育。此在其对《说卦传》的疏解中曾有明言：“说卦先说蓍数，卦爻，重卦之义，二篇之次，及消息六子，以明《易》之为逆数。然后叙明堂之法而终之以既济。圣人作《易》，以赞化育，其义已尽。”② 此外，惠栋在分析并整合先秦及两汉文献的基础上，又提出了“《易》尚中和”的观点。比如，在《周易述》第十九卷，也即《文言传》中，其在对“君子行此四德者，故曰乾，元、亨、利、贞”作疏时尝云，“一阴一阳之谓道。元、亨、利、贞皆道也。《中庸》曰：苟不至德，至道不凝焉。故云人行之则为德。中庸即中和也。《易》尚中和，君子之德合于中和。故能行此四者以赞化育，与天地合德也。”③ 此观点在惠氏的整个易学体系中亦占有重要地位。详审此书，《周易述》的编辑思想概括起来，主要有以下三点。

一、标榜汉儒易学

惠栋编辑《周易述》，其基本宗旨即为复兴汉《易》传统。之所以如

① 钱仪吉. 碑传集：卷133［M］. 北京：中华书局，1993：3985.

② 纪昀，等. 景印文渊阁四库全书：卷52［M］. 台北：台湾商务印书馆，1983：245.

③ 纪昀，等. 景印文渊阁四库全书：卷52［M］. 台北：台湾商务印书馆，1983：222.

此，其一是因为表彰汉《易》乃是其家学渊源，其二是因为在其看来，因汉有经师传经，故而经不失读，更合乎原貌。此其在《九经古义·述首》中曾有言："汉人通经有家法，故有五经师。训诂之学，皆师所口授，其后乃著竹帛。所以汉经师之说，立于学官，与经并行。五经出于屋壁，多古字古言，非经师不能辨。经之义存乎训，识字审音，乃知其义。是故古训不可改也。"①

为扬汉《易》，《周易述》在编辑过程中大量援引虞翻、郑玄、马融等汉儒之说，并标明具体出处，其中所引，尤以虞氏易学最为倚重。惠氏在《周易述》卷一中即有明言："唯是易含万象，所托多涂，虞氏说经，独见其大，故兼采之以广其义。"② 此例在本书之中俯拾即是，比如其在对《小畜》卦初九爻爻辞"复自道，何其咎，吉"作注时说："谓从豫四之坤初成复卦，故复自道。出入无疾，朋来无咎，何其咎，吉。乾为道也。"③ 对于因何如此作解，其在随后的疏中解释道："此虞义也。需与豫旁通，豫、复两象易也，故云从豫四之坤初成复卦。两象易者，本诸《系辞下传》大壮、大过、夬三，盖取与无妄、中孚、履。两象易，此汉法也。《复·象》曰：出入无疾，朋来无咎。故云何其咎，吉。乾初体震，震开门为大涂，故为道也。"④ 再如其对《蛊》卦卦辞之"先甲三日，后甲三日"作注时，曰："先甲三日，巽也，在乾之先，故曰先甲。后甲三日，兑也，在乾之后，故曰后甲。虞氏谓初变成乾，乾为甲，至三成离，离为日，谓乾三爻在前，故先甲三日，贲时也。变三至四体离，至五成乾，乾三爻在后，故后甲三日，无妄时也。"⑤

此外，惠氏标榜汉《易》还表现在其以汉儒之象数易学为主要依据来进行解《易》。比如，孟喜主卦气说，擅长阴阳占验之学，京房在对孟喜之学加以继承的基础上，提出了"八宫卦"与纳甲说。《周易述》在解说

---

① 惠栋. 九经古义 [M]. 北京：中华书局，1985：1.

② 纪昀，等. 景印文渊阁四库全书：卷 52 [M]. 台北：台湾商务印书馆，1983：6.

③ 纪昀，等. 景印文渊阁四库全书：卷 52 [M]. 台北：台湾商务印书馆，1983：19.

④ 纪昀，等. 景印文渊阁四库全书：卷 52 [M]. 台北：台湾商务印书馆，1983：20.

⑤ 纪昀，等. 景印文渊阁四库全书：卷 52 [M]. 台北：台湾商务印书馆，1983：35.

六十四卦卦象之时，即以此论为本。在解说《乾》卦时曰“八卦纯，象天。消息四月”①；解说《晋》卦时曰“乾宫游魂卦。消息二月”②；解说《家人》卦时曰“巽宫二世卦，消息五月”③ 等等。再如，其在为《系辞》“天尊地卑，乾坤定矣。卑高以陈，贵贱位矣”作注时，还运用了荀爽的乾升坤降说，具体内容为，“天地既分，乾升坤降，故乾坤定矣。卑，坤。高，乾也。乾二升五。坤五降二，列贵贱者存乎位，故贵贱位矣④”。此即体现了惠氏尊汉法解经，以彰汉《易》之旨。

二、自注自疏

注，为对经书字句的注解；疏，则为对前人注解的注解。疏不破注，自唐以降，一直为历代学人所坚持。然而由于注者与疏者常非一人，其中难免会有些许牵强附会之言，故而此方法存有一定的局限性。惠栋在《周易述》一书的编辑中，打破了传统的“疏不破注”的注疏原则，采用自注自疏的编写方式进行论述，可谓开创了治经方法新风尚。在具体操作中，惠氏用“注”以表达自己对《周易》经传的理解，用“疏”来言明自己所“注”内容的依据和理由，前后相应，有理有据。比如对于《离》卦卦辞“利贞，亨。畜牝牛，吉”，惠氏具体注解内容如下：

注为：坤二、五之乾，与坎旁通。于爻，遯初之五。四、五、上失正，利出离为坎，故利贞，亨。畜，养也。坤为牝牛，乾二、五之坤成坎，体颐养，故畜牝牛，吉⑤。

疏为：此虞、荀义也。离自坤来，坤二、五之乾成离，与坎旁通。若从四阳二阴之例，则遯初爻之五，故云于爻，遯初之五。离外三爻失位，

---

① 纪昀，等. 景印文渊阁四库全书：卷 52 [M]. 台北：台湾商务印书馆，1983：2.

② 纪昀，等. 景印文渊阁四库全书：卷 52 [M]. 台北：台湾商务印书馆，1983：61.

③ 纪昀，等. 景印文渊阁四库全书：卷 52 [M]. 台北：台湾商务印书馆，1983：64.

④ 纪昀，等. 景印文渊阁四库全书：卷 52 [M]. 台北：台湾商务印书馆，1983：155

⑤ 纪昀，等. 景印文渊阁四库全书：卷 52 [M]. 台北：台湾商务印书馆，1983：54.

利变之正，与坎旁通，出离为坎，则成既济，故利贞，亨。坤为牝，《九家说卦》文。又《说卦》坤为子母牛，故为牝牛。与坎旁通，乾二、五之坤成坎，二至上体颐养象，故畜牝牛。出离为坎，重明以丽乎正，乃化成天下，故吉也①。

客观而言，惠氏这种自注自疏的编辑方法，不仅清楚地表明了其自身的易学观点与取义依据，而且还便于后代治易学者对其思想进行理解与研究。

三、注重考据，引众经证《易》

惠栋在编辑《周易述》时还注重考证，认为“事不师古，即为杜撰”，强调解经当为言之有据。又因其承袭家学，自幼博览群书，举凡经史子集均有涉猎，故而其得以在解《易》过程中运用自如，时常引众经以为参证。比如惠氏在对《屯》卦卦辞“勿用有攸往，利建侯”之注作疏时曰：“《晋语》司空季子说此卦云：小事不济，壅也，故曰勿用有攸往，一夫之行也。此注所据矣。震为侯，虞义也。《后汉》司徒丁恭曰：古帝王封诸侯不过百里，故利以建侯，取法于雷。”② 又如其在《象上传一》中对“子克家，刚柔接也”一文所作之注为“刚柔谓二五”，随后在疏中又引《焦氏易林》做进一步解释，曰：“刚柔相呼，二姓为家，变之正，五刚二柔，故云接。接，际也。”③ 再如在释“动过失度”时引《续汉书·律历志》为据，曰：“两仪既定，日月始离。初行生分，积分成度”，“察日月俱发度端，日行十九周，月行二百五十四周，复会于端，无失度之事”④。不可否认，如此证《易》，其中或多或少会含有一定的复古思想，但其所得之结论却依然具相当高的说服力。

---

① 纪昀，等. 景印文渊阁四库全书：卷 52［M］. 台北：台湾商务印书馆，1983：55.

② 纪昀，等. 景印文渊阁四库全书：卷 52［M］. 台北：台湾商务印书馆，1983：8.

③ 纪昀，等. 景印文渊阁四库全书：卷 52［M］. 台北：台湾商务印书馆，1983：120.

④ 纪昀，等. 景印文渊阁四库全书：卷 52［M］. 台北：台湾商务印书馆，1983：98.

值得一提的是，惠氏在援引众经的同时，其中有些内容又暗含了其以训诂方法解《易》的思想。比如他对《泰》卦九二爻爻辞“用冯河，不遐遗”之注作疏时曾曰：“《释训》曰：冯河，徒涉，故云涉河。遐，远，《释诂》文。”① 再如其对《革》卦上六之《象传》“君子豹变，其文蔚也”作疏时说：“《仓颉篇》曰：蔚，草木盛茂。《广雅》曰：茂也。《说文》曰：蔵。草多茂。蔚与蔵皆取茂盛之义，故云蔚，蔵也。”②

惠栋一生著述丰富，对整个清代的学术影响是巨大而深远的。自其之后，清代学者皆强调应由考据以求义理。对于易学而言，其编辑思想主要表现为尊古崇汉的编辑理念，以及注重考据的编辑特色。惠氏对宋儒经学多有不满，他在《九曜斋笔记》中尝言：“宋儒经学，不惟不及汉，且不及唐，以其臆说居多而不好古也。”③ 由此可以看出，其重汉《易》，弃宋《易》的思想倾向非常明显。另外，一些基本的考据方法也被其广泛运用于其治《易》过程当中。对于《周易述》一书的编辑，惠氏一方面以汉学之卦气说和取象说为主要依据，另一方面又引群书予以解《易》。当然，惠氏所提出的训解或观点或许未必完全合理，但抛开具体易学主张暂且不谈，单就其体例上所采用的自注自疏的编辑方法而言，其中所表现出的敢于打破常规而另立新疏的创新精神仍然值得我们学习与借鉴。

---

① 纪昀，等. 景印文渊阁四库全书：卷 52 [M]. 台北：台湾商务印书馆，1983：23.

② 纪昀，等. 景印文渊阁四库全书：卷 52 [M]. 台北：台湾商务印书馆，1983：154.

③ 张舜徽. 清人笔记条辨 [M]. 武汉：华中师范大学出版社，2004：76.

指归转换与范式演进：戊戌六君子著述的出版史考察[①]

张玉亮

（中华书局《中国出版史研究》编辑部，北京，100073）

摘要：不同的时代与文化背景下，出版活动也具有不同的指归；指归与目标的转换，又影响着出版活动的范式演进。梳理这一过程，分析指归转换与范式演进之间的互动关系，对厘清出版史实、总结出版经验或许不无裨益。本文以戊戌六君子著述的出版为考察对象，勾勒百余年来相关出版活动的历程与不同阶段的主要特质，以期为出版史研究和当下出版活动提供参考。

关键词：指归；范式；谭嗣同；刘光第；林旭；版本

出版活动是人类文化活动中层级较高的，撰述之后方有出版。但精心结撰而藏之名山者又所在多有，能刊刻行世，不仅需要满足诸多外部条件，内在的驱动力也是非常重要的因素。前人研究成果中多从传播学理论出发，研究出版作为传播活动的目的。笔者以为，内在驱动力包含两重含义，即最初启动出于何种指向、最终宗旨又归于何处，因此不揣浅陋，本文中将其称为指归。出版活动的指归，可以说既是出发点又是落脚点。在我国文化传统敬惜字纸、述而不作等的影响下，个人著述出版的情况更加复杂，对其出版指归的探究，更能折射出不同文化场域影响下的丰富内涵。

① 本文为四川省社会科学重点研究基地中国近现代西南区域政治与社会研究中心项目“出版史视角下的近代人物地缘因素考察：以杨锐、刘光第为中心”（项目编号：XNZZSH1906）之阶段性成果。

出版活动的指归不同，其操作模式也必然会有所不同并具有不同特点。总结对应不同指归的范式特征，历时性地梳理指归转换中范式的演进，对厘清出版史研究中的一些史实或许不无裨益，对当下出版活动当也有一定的参考意义。

120 年前的戊戌政变时，以慈禧太后为首的封建顽固派大肆捕杀维新党人，维新志士谭嗣同、康广仁、林旭、杨深秀、杨锐、刘光第六人于 1898 年 9 月 28 日在北京惨遭杀害，史称“戊戌六君子”。选取戊戌六君子著述作为考察对象，主要是考虑到以下几个因素：(1) 今年（2018 年）是戊戌变法 120 周年，而迄今未有对其著述进行全面梳理的研究成果与整理本，本文抛砖引玉，以期纪念先贤、号召后来者加强研究与整理；(2) 戊戌六君子虽都以维新先烈的身份为世所重，但实际并不是一个风尚鲜明、相似度极高的知识分子团体，在籍贯分布、成长经历、思想状况等方面有较大差异，也正因如此，他们在当时中下层知识分子中代表性较强；(3) 戊戌六君子著述，其刊行从生前到身后时间跨度较长，且各人著述的存佚状况、版本多寡、呈现方式差异较大，更具研究价值和标本意义。

一、生前刊行自我总结

据目前所见史料，戊戌六君子中，生前即有著作刊行者，有谭嗣同、林旭、杨深秀，杨锐生前著述保存者仅见于其读书之尊经书院的学生习作集《蜀秀集》中，刘光第著述生前即面世者则仅有诗文稿本或抄本。

最早的是杨深秀所著、光绪七年（1881 年）武育元作序的《雪虚声堂诗钞》。该本收录《童心小草》《白云司稿》和《并垣皋比集》三个集子，每集分别由友人作序并题签，可以看出浓重的同人参与痕迹。杨笃虬为《白云司稿》所作序言谓：

> 其中投赠之什半及于余，余性懒，又苦才尽，恒置不报。仪村亦不自顾惜，脱稿后辄弃去。余尝谓之曰：“……君之齿未也，名山箸述固将有待，盍先集所为韵语及时刊布，为注虫鱼非磊落人一解嘲乎?”仪村不谬余言，始稍稍存稿，暇辄疏记旧作，虽遗忘过半，而就所存者论之，已足问世，况为之不已，且有进于此乎?

武育元在诗钞总序中说：“君顾歁然不自憙，随手零落，录存者才寸余，若将终秘诸箧衍不出者。王顾斋师、杨秋湄先生并劝锓木以代钞胥，余亦敦迫再四，乃始付梓……”这里至少透露出两个信息：一是创作者本身对作品的刊行并不在意、至少并不主动；二是尽管对刊行不在意，但抄录以供友朋切磋却是常态。

这还可以从目前传世的刘光第诗集的几个稿本和抄本中得到印证，一些本子里除保留刘光第本人的“自评”外，还有宋芸子（育仁）、杜惺斋等人的评语，可见此本是在友朋中流传、为品评切磋诗艺而产生的。而在另一些本子中，有的作品天头批注“刻”，有的则作有“写在后”或删除的三角标记①。从中可以看出，在以文学创作交流为指归的出版活动中，删是比较主要的特点。作者不愿不成熟的作品传世，故此在刊行之前严于取去，大加删汰，仅保存最能代表水平的作品。若轻易付梓，则有悖“敬惜字纸”“爱惜羽毛”的文化传统，甚至遭到“灾梨祸枣”之讥。如戊戌六君子中的林旭，早年即获交名流，诗名较著，在刊刻诗集时就有这种担忧，其同乡好友陈衍《重刻晚翠轩诗叙》云：“暾谷年方二十有二，有诗一卷，欲刻之，患人议其早计，丐余作叙。”他的担忧并非多虑，同为福建著名诗人的郑孝胥在其日记中就表示：“陈叔伊来信，属为谋出洋，又寄林暾谷《晚翠轩诗》二本。暾谷年幼无知，叔伊张之，可笑。”（光绪二十二年十一月初七）②

最有特点的是谭嗣同。这个在戊戌六君子中性格最为鲜明、也最为后世所熟知的天才，似乎对上述情况并不顾忌，大张旗鼓地对其著述进行整理与刊行。光绪二十三年，谭嗣同在金陵，将自己三十岁以前的著述进行系统整理，编为四种，集中刊刻③。这里固然有他的自恋倾向、强力人格等感性因素，而更重要的是他对自身治学路径的理性思考，在与挚友唐才常的信件中，他说：“三十以后，新学洒然一变，前后判若两人。三十之年，适在甲午，地球全势忽变，嗣同学术更大变，境能生心，心实造境，

① 自贡市档案局，富顺县档案馆．刘光第手稿及研究［M］．成都：四川人民出版社，2015：4-115.

② 中国国家博物馆．郑孝胥日记［M］．北京：中华书局，2013：580.

③ 目前所见成书为“旧学四种”，但谭氏在与友人书信中透露，本来计划出版的是“旧学六种”（见其《致唐才常书》，载《谭嗣同集》，浙江古籍出版社 2018 年，第 203 页），因无其他资料以供考索，暂记于此，留俟高明。

天谋鬼谋，偶而不奇。故旧学之刻，亦三界中一大收束也。”可见，“旧学四种”可视为他对旧我的总结和收束，并从此转而致力于“新学”的宣言。但即便如此，在对旧学的总结中，他也保留了相对严格的遴选标准，诗集《莽苍苍斋诗》中有所删汰，尽管这种删汰在后来的笔记体著作《石菊影庐笔识》中，又部分地被保留下来：“‘奔走风尘意惘然……’此余已删《入关途中》诗也，偶检幼作，喜其尚能流转一气，漫录于此。删余之诗，亦间有可诵者。如……”①从中可见文化传统的强大力量与作者本人的自恋性格之间的交战。

由上述情况可以看出，生前刊行的著述，以创作或思想总结为指归，主要有以下特点：（1）创作者自身并不主动，多由师友建议而启动；（2）在遴选上严加去取，采撷菁华，以删汰为主要范式。这是与当时知识分子所受的文化传统影响密不可分的。

二、身后搜辑纪念缅怀

立言为传统文化影响下知识分子追求人生价值的主要路径之一，个人著述的身后刊行多以纪念缅怀为指归也就不难理解，这在戊戌六君子著述的出版活动中体现更为突出。

戊戌政变、六君子殉难后，清廷对维新志士的思想影响也竭力进行抹除，与维新人士有交往者，因惧罪而将往来信函付之一炬，烈士未及刊行的著述稿本也大多散失，即便已经刊行的著述也因禁毁而难寻踪迹。但在此后不久，情况有所改观。一方面，戊戌政变中烈士的鲜血使一些爱国志士更加坚定，他们不惧清政府淫威，搜集烈士遗著，刊行于世，借此鼓励民气；另一方面，随着官方政策的放宽，也出现了不少由烈士师友及家属组织刊行的著述集。

其中最有代表性的是收录谭嗣同与唐才常著作的《浏阳二杰遗文》。此本的版本著录历来多有不确之处。此本无牌记，国家图书馆馆藏目录著录“民国年间”，中华书局图书馆藏本也著录“民国初年本”。而卷首“浏阳二杰集序”云：“然豪杰之生岂必有种，我中国四百余州奥旷之区，

① 谭嗣同．石菊影庐笔识：思篇［M］//谭嗣同集．杭州：浙江古籍出版社，2018：171-172.

四百余兆神明之胄，岂无英杰奋起，忘身赴义，足以竟二士之志业、争浏阳之光烈者乎？人心不死，士气浸张，若火始然，若泉始达，岂区区缚压凌逼之所能遏阻也。”“我同胞之爱慕英雄者，其亦闻风奋起，勿让二烈之专义也。”尚是激励民气声口，其时当在清末。此序又曾发表于《清议报》（终刊于1901年12月），纵有先刊序言后出全书之可能，当亦不至晚于序言刊发十年之久。该本收谭文十八篇，皆“旧学四种”集外之作。序云：“同人乃将其遗集刊行，复缀其文之散著各报者，排比纂辑，合为一编，颜之曰‘浏阳二杰集’。”据此，《浏阳二杰遗文》当刊于光绪二十八年之后不久，对比张元济《戊戌六君子遗集》序言中“匪直前代之钩党株累、雅正消长，以构一姓之覆亡”等民初口吻，似不至晚于民国。中华书局版《谭嗣同全集》（增订本）注中，也将此本称为“清季刊本”。若这一推断可以成立的话，则谭氏报刊文章之结集，殆自此本发端。

此后刊行的是刘光第的诗文。《介白堂诗集》二卷，据所署“光绪癸卯刊于宜宾”，其时在光绪二十九年（1903年），有爨心鉴识语曰：“右裴邨刘先生诗二卷，吾师杜先生之所次也。诗旧分四体，自题‘衷圣斋’。先生殁后，乡人在京者传迻写之，盖先生所尝用以视人者也。吾师初得写本后，自其家取所有真草诸本以校，大抵同，以为此先生所手定，过去非宜，乃用编年之法比之，而易之曰‘介白堂’云。”杜先生即刘光第著述中提及的好友杜惺斋，爨氏与刘光第的交往也因此人而缔结。此外又有《衷圣斋文集》，光绪三十年（1904年）俪峰书屋刻本，收文二十三篇。可见刘光第著作在此两本之前，尚有不少传抄本①，而这两个刊本，可视作师友出于纪念缅怀先烈的版本代表。

民国元年（1912年），谭嗣同家属于长沙刊行《秋雨年华之馆丛脞书·兴算学议》（合订一册），附于辛亥年重刊之“旧学四种”以行。该书有谭氏胞侄谭传赞跋云：“叔母李夫人因憾版之亡而谋重刊，并出所存《秋雨年华之馆丛脞书》一卷、《浏阳兴算学议》一卷，先付手民，以寿梨

① 国家图书馆古籍馆即藏有刘光第诗文抄本，其中一个抄本末署“清光绪间宜宾刘氏藜光阁传钞本”，收录了刘光第不见于其他刊本、整理本的文稿多篇，笔者将另文撰述。

枣。余稿寻获，再为续刊焉。”①此本系家属刊行先辈遗著之代表，“余稿寻获再为续刊”的声明则透露出，纪念缅怀为指归的出版活动对出版范式提出了新的要求，求全成为迥异于前期的新倾向，辑佚也成为出版范式中的新任务。在此范式下，不仅以“全集”命名的出版物开始出现，补遗工作也取得丰硕成果。林旭诗集《晚翠轩集》，民国二十五年（1936年）由其同乡好友李宣龚刊行的墨巢丛刻本，就比光绪丙申年本多出《补遗》一卷（收诗作十二首四联）、《外集》一卷（收应试文五篇、诗四首）、《遗札》一卷（影印收入林旭致李宣龚书札四通），并有《附录》一卷（亲友题词题诗）和陈衍《闽侯县志列传》、林氏遗孀沈氏《崦楼遗稿》等多种资料。

入民国后，戊戌六君子得到官方的肯定，以纪念和缅怀为指归，其著述的出版也渐渐多起来。其中较早的有民国三年成都昌福公司的铅印本《刘杨合刊》，该本收录刘光第、杨锐两人之著述，卷首有高楷所撰《刘杨合传》与梁启超所撰二人之传。“刊缘”中说：“刘、杨两君，文章风义震迈一时，为中国革新先河。匪惟蜀士之菁英，抑亦国人所矜式。乃今访其学行，言者多不能详，甚或并不之悉。夫乡有贤而不彰，此后起之辱也。余所以有是书之辑也。”此系同乡后学慕乡贤之高风而刊行遗著者。值得关注的是，这个本子对于作者生平，开始结合第一手资料（杨锐本人之书信）对相关记载（梁启超所作之杨锐传记）有所考订（详见“刊缘”），并附列有关的生平资料。这一做法开启了著作集内附载研究考订成果之先河，在范式上为后来的出版活动拓展了思路，后出之附录谭嗣同年谱的《谭浏阳全集》（文明书局本）、首列关于哲学探讨之前言的标点本《谭嗣同集》（群益出版社本）等，就是在这一拓展下出现的版本。

与戊戌六君子同为维新人士的张元济，在其主持商务印书馆工作后，也不忘搜集当年同道之遗文，于是出版史上第一部、也是迄今为止唯一一部六君子著述合集《戊戌六君子遗集》②，它成为之后相当长一段时间内最为通行的版本，多次重印，乃至在近年，仍有出版机构拟予影印。但就是

① 此本今见两个版本，其间差异及相关考辨不在本文讨论范围之内，可参见新编《谭嗣同集》前言，浙江古籍出版社2018年，前言第20—21页。

② 此后的1997年，巴蜀书社出版了《戊戌六君子诗文选译》，作为“近代文史名著选译丛书”之一种，但这已是普及型读物了，且其取材多依靠前人版本，并无新获资料，故此存而不论。

这样一部影响深远的六君子著述合集，其搜集编纂也颇费一番周折。据张元济序言，此选题动议于民国五年（1916 年），但在搜集上已多所缺略，特别是六君子之一的康广仁，张元济“屡求之长素”，得到的答复却是“家稿散漫且无暇最录，以从阙为言”。所幸后来终于从康有为处有所收获：“元济丁巳辑刊六君子遗集，仅得其一诗，阅二年己未，长素以此卷相示，亟补刊之。”目前收入《遗集》的康广仁著述是六君子中最少的，而其搜集也耗费了从丙辰（1916 年）到己未（1919 年）数载光阴。张元济可谓不愧亡友。

纵观以纪念缅怀为指归的出版活动，可以归纳出如下特点：（1）出版活动的主体多为作者家属或志同道合的友人、同志；（2）与前期的被动谨慎、严加删汰不同，初步的求全成为新的范式要求，辑佚工作首次得到重视；（3）对相关资料的搜集附载和考订、研究成果的加入，成为此期出版范式的新特点，这也为此后以学术研究为指归的出版活动奠定了基础。

三、指归多元学术为基

随着时间流逝，当年与作者有过直接接触的师友、亲属、同道渐渐老去，以纪念缅怀为指归的出版活动也渐归平静，但另一方面，中国近代史作为一个学科被建立起来，以学术研究为指归的出版活动蓬勃地开展起来，并在日渐成熟中与其他指归实现融合、更加多元，多元的出版指归使得出版范式也相应出现了明显的演进。

新中国成立后，中国近代史作为一个学科，逐渐成熟起来，在早期革命史观视角下的近代史研究中，无论是“三大高潮”还是“八大事件”，戊戌变法都占有重要的一席。学术研究的开展需要史料的支撑，近代人物著述的整理出版，成为当时出版机构的重要任务。

1954 年，北京三联书店出版了《谭嗣同全集》，该本是新中国成立后较早的近代人物全集，全书以类相从，收录了当时所能搜集的全部谭氏著述，为近代人物著述的整理出版积累了宝贵经验。1958 年，中华书局成为该年成立的古籍出版领导小组的办事机构，在制定古籍整理规划的同时，也开始策划“中国近代人物文集丛书”。《刘光第集》的编纂工作，就是在此时开始的，只是因为众所周知的原因迟至 80 年代才正式出版。该集的编纂特点在相当程度上可视作新中国成立初期近代人物著述出版的范式，其编纂同样是以类相从，且不惜破坏原本编次、将革命史观下最具思想价值的《甲午条陈》置于卷首，带有鲜明的时代印迹。

1981年，中国近代人物丛书所收的第二种戊戌六君子著作集——《谭嗣同全集》增订本问世了。该本的主创人员是北京三联版中的蔡尚思与方行两位先生，他们一方面吸收了三联版面世后新发现的资料，在求全的方面多所收获，篇幅扩充了四分之一，另一方面也是更值得关注的是，在编纂范式上，打破了按文类体裁分卷，更打破了按“思想价值”排序，而是历史地考察了谭氏各种著述的创作或刊行时间，以时为序，可视作思想文化的解放在学术研究和文献整理工作中的反映。这一变革影响至巨，整旧如旧、尊重历史成为此后近代人物著述整理的基本原则。此外，该本还对一些文献的不同异文进行了比勘，很好地体现了同种文献不同版本之间的差异，为学术研究提供了宝贵资料和丰富线索。这些都为此后的同类出版活动提供了典范。尽管因资料、专业等局限性而留有一些遗憾，但此本的功绩是值得铭记的。唯其如此，该本成为此后三十余年谭嗣同文献最为权威和通行的版本。

此后，伴随着各地方政府对文化事业的重视和投入的加大，大型地方文献编纂工程接连上马，由湖南人民出版社和岳麓书社联合出版的“湖湘文库”，就是其中的代表，在这套汇集了众多湖南名家著作的大型文献丛书中，收录了《谭嗣同集》。这可以看作立足于本土的文化总结，又可以看作对乡贤先烈的纪念，同时也在中华版断版多年的情况下满足了学术研究的需求。“湖湘文库”本《谭嗣同集》，在一定程度上反映了出版指归日渐融合的趋势。这种融合趋势，也正是本阶段出版指归的新变化。

学术研究不止对白文整理本有所需求，随着学术进步和需求的多元化，影印本、注释本也逐渐出现，成为这一阶段出版范式的新变。

整理本固然可以为学术研究提供简便易读的文本，而原本的价值也是不容忽视的，随着时间推移，晚清、民国时期的传本已不易得，影印就更显必要。有鉴于此，出版界推出了不少大型文献影印丛书，其中也收录了戊戌六君子的著作，最有代表性的即为上海古籍出版社的《续修四库全书》和《清代诗文集汇编》。这两套大书都收录了戊戌六君子著述的以往版本，为学术研究（特别是在中华书局的《戊戌六君子集》只出版了谭嗣同、刘光第两种整理本的情况下）提供了材料。可惜的是，这两大丛书所收的六君子著述，未能经过较为深入的版本研究，只选取了最为通行和常见的《戊戌六君子遗集》和《刘杨合刊》。其实，杨深秀《雪虚声堂诗钞》的光绪刊本与《遗集》本有异文[①]，谭嗣同《东海褰冥氏三十以前旧学四种》的光绪初刊本与后来各本（包括中华书局整理本）有较大差异[②]，刘光第诗文抄本也多与有通行版本不同的异文乃至从未收录的篇章。上述两种大型文献影印类图书未能选取更具价值的版本，不无遗憾。可喜的是，2015 年由四川人民出版社出版的《刘光第手稿及研究》，影印收录了由家属捐赠档案馆的珍贵手稿，2017 年由国家图书馆出版社出版的《清代诗文集珍本丛刊》，影印收录了国图所藏的刘光第稿本《介白堂诗稿》，为进一步整理《刘光第集》提供了便利。

注释则介于学术研究和普及之间，以笔者目前所见，戊戌六君子著述的注释本，主要集中在谭嗣同的诗歌及其思想代表作《仁学》。这也是社会进步、文化发展在出版范式演进上提出的新要求。值得警醒的是，普及背后的市场诱惑下所产生的出版指归，单纯以利益驱动，会使出版范式发生回退。如某版本的《谭嗣同集》，系简单复制民国期间《谭浏阳全集》，无论收录范围、编纂体例乃至文字错讹，都照抄前人。虽然这类出版物“求仁得仁”，确也获得不俗的销售业绩，但从知识增量与文化积累层面考量，是不进反退的反面典型，不仅不足为训，而且值得反思。

通过这一阶段出版现象的梳理，我们不难发现如下特点：（1）随着社会进步和学术文化发展，出版活动的指归发生了转变，以学术研究为基础，呈现出多元融合的趋势；（2）出版活动的主体，已由家属、师友、同道进一步扩展，具有专业素养的学术研究者参与其中，提高了出版活动的效率和出版物的质量；（3）范式上，对编纂方式的科学化、规范化日益重视，呈现方式也出现了整理本、注释本、影印本等多种样态。

---

① 笔者整理的“新编戊戌六君子集”之《戊戌四子集》即将由浙江古籍出版社出版，该版本对杨深秀此著的两个版本进行了比勘并出异文校勘记，可供参考。

② 参见笔者《谭嗣同“旧学四种”校读记》，见新编《谭嗣同集》，浙江古籍出版社出版 2018 年，第 692—702 页。

四、结语

以戊戌六君子著述的出版为考察对象，通过以上对出版指归在不同时期的转变及出版范式演进的勾勒，我们大致可以看到百余年来社会发展与文化进步为出版带来的深刻影响和变革。时至今日，出版的指归进一步多元化并呈现出相互融合的态势，而相应的出版范式也随之“移步换景”，向着更加科学化、规范化、多样化的趋势发展。其中的成绩值得我们欣喜，其中的不足更需要我们深思。

首先，尊重历史，致敬前辈。出版范式的每一次完善与演进，都是建立在此前成果的基础上的。只有尊重历史，认真学习前辈的经验，才能在前人基础上真正有所创获。笔者本人在参与新编戊戌六君子集的过程中对此深有体会。发现此前各本疏失之时，有时难免沾沾自喜；但随着之后多次校订过程中对自己整理文本的纠错，这种自得便荡然无存。越是深入，越觉得前人成功之难。后继者的点滴进步，都是在诸多前辈成绩的基础上取得的。这种进步还应该也必将会继续。前行者从未离去，后继者永无止境。我们当向前辈致以最诚挚的谢意和最崇高的敬意。

其次，学科融合，勇于创新。目前所见出版成果，虽然已颇为可观，但这并不代表我们就没有百尺竿头更进一步的必要和空间。具体到戊戌六君子著述的出版，已有的成果也存在着不同程度的缺憾。整理本中，由于主创者专业所限，精通近代史者文献功底欠佳，熟知人物生平者疏于古代文体常识，常常留下遗憾。注释本中的问题就更多，例如目前所见三个版本的谭嗣同诗歌注本，对于《哭武陵陈星五焕奎》“江南苏柳动公卿”中的“苏柳”就有三个不同说法而皆未得正解①。笔者以为，前人成说不可

① 前人或释作苏州韦应物与柳州柳宗元（参见李一飞《谭嗣同诗全编》，北京出版社 1998 年 7 月版），或释作苏堤之柳树，谓“美丽的绿柳都为诗人得到知心者而显得更加窈窕可爱”（参见刘玉来《谭嗣同诗选注》，经济日报出版社 1998 年 9 月版），或释作苏轼与柳永（参见娄选法《谭嗣同诗歌编年注析》，黄河出版社 2016 年 5 月版）。以上诸说似于诗义皆不切。苏、柳当指苏昆生、柳敬亭。揆诸谭诗中座上知遇、横笛摘阮，则“苏柳”与苏昆生、柳敬亭身份似更贴合。详见李让眉、张维欣、张玉亮《谭嗣同诗笺注》，未刊稿。

迷信，当勇于求真，勇于创新，进一步打破学科壁垒，以多学科交叉的视角进行融通研究，必将在前人基础上有所推进。

最后，警惕回退，坚守初心。正如前文所述，以利益驱动为指归的出版活动会使得出版范式发生回退，而这种回退却往往因其低成本而在短期内获益颇丰，真正潜心致力于文化积累的出版活动在盈利能力上往往相形见绌，这一风气如不警惕，必将导致出版活动的“劣币驱逐良币”。这不由得让我们对出版的终极指归发出叩问，出版最终是为了什么。笔者仍然固执地认为，出版的本质是文化的积累与传承。坚守初心，或许会使我们走得很难，但可以让我们走得更远。谨与同道共勉。

小品艺术之旧苑　木刻史上之丰碑

——鲁迅、郑振铎和《北平笺谱》

刘　璁

（南开大学文学院，天津，300071）

摘要：1933 年，由鲁迅、郑振铎编印的《北平笺谱》成功出版，是对中国传统笺纸艺术的一次集中展现，堪称中国木刻艺术的一座丰碑。本文从编印缘起、搜集过程、编辑体例、艺术评价等方面对《北平笺谱》的编辑出版过程予以梳理和研究。

关键词：鲁迅；郑振铎；《北平笺谱》

《北平笺谱》是鲁迅和郑振铎合编的一部笺画集，在中国艺术史上居于重要的地位。

一、编印缘起

（一）鲁迅和郑振铎对笺纸的偏爱

鲁迅和郑振铎对于美术都有一种天然的爱好。鲁迅在幼年时期，就喜欢用一种荆川纸描摹书上的绣像。任职教育部期间，鲁迅也曾下了很大的力气搜集汉画像、瓦当拓片等物。在他投身文艺活动之后，对书籍的封面、插图等美术元素也格外留意。这其中，鲁迅对版画尤为钟爱，用功颇深，在向中国介绍引进西方版画的进程中功不可没。1929 年至 1930 年间，在柔石的协助下，鲁迅编印了一部外国版画美术丛书——《艺苑朝华》，由于政治环境的恶化和商人的盘剥，该部丛书最终只印行了五辑，包括《近代木刻选集》（一）、《蕗谷虹儿画选》、《近代木刻选集》（二）、《比亚兹莱画选》及《新俄画选》（初拟名为《新俄艺术图录》），每辑各收 12 幅版画，并先后以朝花社、光华书局的名义出版；1931 年，鲁迅以三闲书屋的名义，编印了《梅斐尔德木刻士敏土之图》；1933 年，应上海良友图书印刷公司赵家璧之约，为麦绥莱勒木刻连环图画《一个人的受难》作序并写了说明文字；1934 年，以三闲书屋的名义，编印了《引玉集》；同年，鲁迅有感于青年木刻艺术家在创作过程中缺乏范本和参考，遂以铁木艺术社的名义，将一工（黄新波）、何白涛、李雾城（陈烟桥）、陈铁耕、（陈）普之、张致平（张望）、刘岘、罗清桢等青年木刻家的 24 幅作品编印为《木刻纪程》（一）；1936 年，以三闲书屋的名义，编印了《凯绥·珂勒惠支版画选集》和《死魂灵百图》。

鲁迅参与的这些美术活动大多与版画特别是外国的版画有关，其主要目的在于引进清新刚健的文艺，为新生的中国木刻运动提供借鉴和参考，并希冀达到改变国民精神的目的。

除此之外，鲁迅对于中国传统的木刻艺术特别是笺纸也非常留意，用去了大量的精力。

自 1926 年决定离开北方后，鲁迅在一年多的时间内辗转于厦门、广州等地，直至 1927 年 9 月鲁迅迁至上海定居，生活才真正安宁下来。随着版税收入的增加和经济状况的好转，鲁迅在日常的往来中也渐渐恢复了旧时的习惯，其中的一个重要表现就是写信时多会使用印制精美的笺纸。

1929 年 5 月，鲁迅在离开北平将近三年之后回到旧家探望母亲。5 月 15 日，他在给许广平的信中选用了一张特殊的花笺，这给许广平带来了意外的惊喜。许广平在 5 月 21 日的复信中说："自然打开纸张第一触到眼帘的是那三个红当当的枇杷，那是我喜欢吃的东西，……所以小白象首先选了那个花样的纸，算是等于送枇杷给我吃的心意一般，其次那两个莲蓬，附着的那几句，甚好，我也读熟了，我定你是小莲蓬，因为你矮些，乖乖莲蓬！你是十分精细的，你这两张纸不是随手检起就用的。"① 对此，鲁迅在 5 月 27 日的复信中说："我十五日信所选的两张笺纸，确也有一点意思

① 鲁迅. 两地书·原信［M］//鲁迅，景宋. 鲁迅与许广平往来书信集. 北京：中国青年出版社，2005：295.

的，大略如你所推测。莲蓬中有莲子，尤是我所以取用的原因。”① （按：当时许广平已经怀孕。）

也许是许广平对笺纸图案的喜爱激发了鲁迅搜集笺纸的热情。在北平期间，鲁迅数次到琉璃厂一带搜集笺纸。如鲁迅在 5 月 23 日晚间给许广平的信中又说道：“其次是走了三家纸铺，搜得中国纸的印笺数十种，化钱约七元，也并无什么妙品，如此信所用这一种，要算是很漂亮的了。还有两三家未去，便中当再去走一趟，大约再用四五元，即将琉璃厂略佳之笺收备矣。”② 鲁迅在同日的日记中也写道：“从静文斋、宝晋斋、淳菁阁蒐罗信笺数十种，共泉七元。”5 月 28 日又记：“往松古斋及清閟阁买信笺五种，共泉四元。”事实上，自 1929 年始，鲁迅使用笺纸的数量和种类都大为增加。

比鲁迅小 17 岁的郑振铎也非常喜爱版画插图和民间的美术作品。正如他在《访笺杂记》的开篇所说：“我搜求明代雕版画已十余年。初仅留意小说戏曲的插图，后更推及于画谱及他书之有插图者，所得未及百种。前年冬，因偶然的机缘，一时获得宋元及明初刊印的出相佛道经二百余种。于是宋元以来的版画史，粗可踪迹。间亦以余力，旁骛清代木刻画籍。”③

起初，郑振铎对于笺纸并没有太多的留意：“至于流行的笺纸，则初未加以注意。为的是十年来，久和毛笔绝缘。虽未尝不欣赏《十竹斋笺谱》，《萝轩变古笺谱》，却视之无殊于诸画谱。”但是，笺纸其精美而独到的艺术风格使得郑振铎逐渐产生了浓厚的兴趣：“约在六年前，偶于上海有正书局得诗笺数十幅，颇为之心动，想不到今日的刻工，尚能有那样精丽细腻的成绩。……这些笺纸，终于舍不得用，都分赠给友人们，当作案头清供了。”④

1931 年 9 月，郑振铎从上海来到北平燕京大学任教，成了琉璃厂的常

① 鲁迅. 290527 致许广平［M］//鲁迅全集：第 12 卷. 北京：人民文学出版社，2005：177.

② 鲁迅. 290523 致许广平［M］//鲁迅全集：第 12 卷. 北京：人民文学出版社，2005：171.

③ 鲁迅. 访笺杂记［M］//郑振铎全集：第 14 卷，石家庄：花山文艺出版社，1998：212.

④ 鲁迅. 访笺杂记［M］//郑振铎全集：第 14 卷，石家庄：花山文艺出版社，1998：212.

客，并发现了北平笺纸的高妙之处：“有一天，偶过清秘阁，选购得笺纸若干种，颇为高兴。觉得较在上海所得的，刻工，色彩都高明得多了。”①可以说，对于笺纸，郑振铎和鲁迅有着共同的志趣和偏好。

（二）时代变迁所带来的危机感

1932年11月13日至28日，鲁迅再度回北平探望生胃病的母亲，并在那里度过了16天，这亦是鲁迅一生中最后一次回到北平。其间，鲁迅在陪伴母亲、会见朋友、发表演讲之余，还有一项活动就是寻访笺纸。据鲁迅日记，23日，鲁迅“往留黎厂买信笺四合”；25日，又“至松古斋买纸三百枚”。虽然收获颇丰，但也使鲁迅产生了一种笺纸艺术渐将寥落之感。因为，随着西方自来水笔的流行，中国传统的毛笔竟与普罗大众乃至文人墨客渐行渐远，传统的宣纸信笺也逐渐失去了应用的舞台，淡出了人们的视野。过去主要靠出售文房笔墨、封函笺纸为营的南纸店，其生意也愈加萧条，即使是那些名店老铺，大多亦只能勉强维持。

这使鲁迅产生了一种危机感。

1933年2月5日，鲁迅致信在北平燕京大学任教授的郑振铎，信中提道：“去年冬季回北平，在留黎厂得了一点笺纸，觉得画家与刻印之法，已比《文美斋笺谱》时代更佳，譬如陈师曾齐白石所作诸笺，其刻印法已在日本木刻专家之上，但此事恐不久也将消沈了。”②

对于传统的制笺艺术，鲁迅有着很高的鉴赏力。鲁迅敏锐地发现，琉璃厂的一些南纸店为了振兴产业，放弃了旧时守旧呆板的笺样图案，开始聘请名家手绘笺样，将文人画作为笺画的来源，遂使得笺纸的面貌为之一新，更加具有文人情怀和时代特色。鲁迅认为，这种文人画入笺的新式笺纸，在审美意趣上已经远超民国初年那部以浓艳著称的文美斋《百花诗笺谱》，也优于日本美术界印制的那类刻板、机械的印刷品。但与此同时，鲁迅也感觉到，笺纸正在受着西方洋纸的冲击，需求的减少也使得制笺艺术不断萎缩趋于消沉。

---

① 鲁迅．访笺杂记［M］//郑振铎全集：第14卷，石家庄：花山文艺出版社，1998：213.

② 鲁迅．330205致郑振铎［M］//鲁迅全集：第12卷．北京：人民文学出版社，2005：366.

在鲁迅看来，北平地区的笺纸的艺术价值不但在历史维度上超越了前人，也较同时代其他地区如上海、广州等地的笺纸更加高明。鲁迅后来曾在 1933 年 10 月 27 日给郑振铎的信中说："上海笺曾自搜数十种，皆不及北平；杭州广州，则曾托友人搜过一通，亦不及北平，且劣于上海，有许多则上海笺也，可笑，但此或因为搜集者外行所致，亦未可定。"①

既是出于个人性情的偏好，也是怀着一种对文化的使命感，鲁迅产生了搜集笺纸样张、自行编印笺谱的念头。他在给郑振铎的信中接着写道："因思倘有人自备佳纸，向各纸铺择尤（对于各派）各印数十至一百幅，纸为书叶形，采色亦需更加浓厚，上加序目，订成一书，或先约同人，或成后售之好事，实不独为文房清玩，亦中国木刻史上之一大纪念耳。"② 大凡到了需要纪念的程度，也就意味着这些东西随时都面临被人遗忘的命运。

搜集、选择笺纸，鲁迅首先想到了郑振铎。这是因为，1933 年 2 月 3 日，郑振铎曾将自己新出版的插图本《中国文学史》一至三册托周建人转交赠予鲁迅。正是在阅读此书的过程中，鲁迅得以了解到郑振铎对中国传统版画研究之深入和细致，并钦佩于郑振铎收罗之宏富。郑振铎既为版画同好，又兼处北平地利之便，使鲁迅萌发出与郑振铎合作的念头。故而鲁迅在信中提出："不知先生有意于此否？因在地域上，实为最便。且孙伯恒先生当能相助也。"③

对于鲁迅的倡议，郑振铎是积极响应的。1933 年 4 月 6 日，郑振铎在上海作短暂停留期间，即由周建人陪同到鲁迅家拜访，并邀请鲁迅到会宾楼出席晚宴。二人在会面时，鲁迅再次向郑振铎表示："北平的笺纸是值得搜访而成为专书的，再过几时，这工作恐怕要不易进行"④。郑振铎欣然应允，答应一回到北平便立刻开展搜集笺纸的工作。起初，鲁迅、郑振铎

① 鲁迅. 331027 致郑振铎［M］//鲁迅全集：第 12 卷. 北京：人民文学出版社，2005：469.

② 鲁迅. 330205 致郑振铎［M］//鲁迅全集：第 12 卷. 北京：人民文学出版社，2005：366-367.

③ 鲁迅. 330205 致郑振铎［M］//鲁迅全集：第 12 卷. 北京：人民文学出版社，2005：367.

④ 鲁迅. 访笺杂记［M］//郑振铎全集：第 14 卷. 石家庄：花山文艺出版社，1998：213.

商定的是这部笺谱只印制50部，主要分赠给朋友、同好。

可以说，出于对传统艺术的共同爱好，使得鲁迅和郑振铎走到了一起；怀抱对传统艺术消亡的危机感，也使得他们决定担当起将笺纸艺术保存下来、传承出去的使命。

二、编印过程

（一）搜集之功

1933年4月间，郑振铎开始了对笺纸图样的搜访工作。按照鲁迅的建议，郑振铎首先来到清秘阁，购买了不少笺纸样张，并同店方商议印制笺谱的事情，但立即遭到拒绝，清秘阁的经理认为印数太少，是绝对无法开印的。实际上，南纸店的拒辞并非虚言，传统的笺纸印制技艺需要采用饾版技术，需要事先根据笺样图案进行分版、勾描，再分别刻出众多大小不一的板片，拼合在一起，然后刷以不同的颜色，有时还需要对颜色的浓淡进行细微的调整。小小一张笺纸往往需要反复试验，才能印出理想的效果。如果印数过少，恐怕连制版刻印的成本都收不回来，必然造成亏本。郑振铎无奈之下只好将印数提高到100部，然而店方的答复依然不很热心，“且等印的时候再商量吧”①。

正当郑振铎四处搜集笺纸的时候，日寇加快了入侵华北的脚步。1933年春，日军占领山海关后进逼长城沿线，中日军队在喜峰口、冷口、古北口等地展开了激烈的战斗，北平的安全受到直接威胁，人们已无心开展文化方面的工作。

1933年5月底，《塘沽停战协定》签署，中日之间的战事暂时告一段落。9月，郑振铎再次来到上海，在4日和鲁迅见面时，二人感到战争的来临，无疑更加有必要从速进行编印笺谱的工作，否则有可能就再也没有机会。同时，鲁迅、郑振铎就笺谱印数提高到100部的事宜也达成了共识。

郑振铎返回北平后，在琉璃厂的淳菁阁又搜集到了陈师曾、吴待秋、

---

① 鲁迅．访笺杂记［M］//郑振铎全集：第14卷．石家庄：花山文艺出版社，1998：213.

金城等人的花卉笺和姚茫父的唐画壁砖笺、西域古迹笺。郑振铎尤为欣赏陈师曾的绘画，并在撰写《访笺杂记》时给予其很高的评价："虽仅寥寥数笔，而笔触却是那样的潇洒不俗。转以十竹斋、萝轩诸笺为烦琐，为做作。"之后，郑振铎又在松华斋、松古斋、懿文斋、荣宝斋、静文斋、荣录堂、成兴斋、彝宝斋等南纸店搜集了各种各样的笺纸。其中的一些笺纸给郑振铎留下了深刻的印象。比如松华斋印制的陈师曾八幅花果笺，郑振铎认为，"说它们'清秀'是不够的，'神来之笔'的话也有些空洞。只是赞赏，无心批判"。再如同为松华斋印制的陈半丁、齐白石所作笺纸，"其笔触和色调，和师曾有些同流，惟较为繁缛燠煖。他们的大胆的涂抹，颇足以代表中国现代文人画的倾向；自吴昌硕以下，无不是这样的粗枝大叶的不屑屑于形似的"①。再如静文斋印制的笺纸，也让郑振铎赏心悦目："齐白石的人物笺四幅，说是仿八大山人的，神情色调都臻上乘。吴待秋、汤定之等二十家合作的梅花笺也富于繁赜的趣味。清道人、姚茫父、王梦白诸人的罗汉笺、古佛笺等，都还不坏，古色斑斓的彝器笺，也静雅足备一格。"②

经过大力的搜集整理，郑振铎共得笺样 500 余种，随后将这些笺纸样张分批寄给鲁迅。由鲁迅负责后续的选定工作。

（二）编选之难

对于编印笺谱，鲁迅始终抱有极大的热情。1933 年 9 月 29 日，鲁迅在尚未收到笺纸样张之前，就兴致勃勃地去信郑振铎处，开始设想这部笺谱的收录内容、编选原则、用纸规格、册数划分、定价标准等诸多问题："笺纸样张尚未到，一到，当加紧选定，寄回。……关于该书：（一）单色笺不知拟加入否？倘有佳作，我以为加入若干亦可。（二）宋元书影笺可不加入，因其与《留真谱》无大差别也。大典笺亦可不要。（三）用纸，我以为不如用宣纸，虽不及夹贡之漂亮，而较耐久，性亦柔软，适于订成较厚之书。（四）每部有四百张，则是八本，我以为豫约十元太廉，定为

① 鲁迅. 访笺杂记［M］//郑振铎全集：第 14 卷. 石家庄：花山文艺出版社，1998：214.

② 鲁迅. 访笺杂记［M］//郑振铎全集：第 14 卷. 石家庄：花山文艺出版社，1998：216.

十二元，尚是很对得起人也。”① 在信中，鲁迅还提到了由自己为笺谱作序，而请郑振铎在北平寻找名家为笺谱题写书名及扉页。同时，鲁迅建议为每部笺谱制作函套，并在笺谱最后单加一页注明编号等细节。至此，鲁迅大为自信地说：“庶几足增声价，至三十世纪，必与唐版媲美矣。”②

然而，笺谱的编选工作远不如想象中那样顺利。1933 年 10 月 1 日，鲁迅终于收到了郑振铎寄来的第一批笺纸样张，当即开始阅看、选择。但鲁迅对这些笺纸的图案质量并不十分满意，只得“看了半夜，标准从宽”，择取共 269 种，与设想中的每部 400 张还有相当的差距。因此，鲁迅在 10 月2 日深夜的复信中说：“大约在小纸店中，或尚可另碎得二三十种，即请先生就近酌补，得三百种，分订四本或六本，亦即成为一书。倘更有佳者，能足四百之数，自属更好，但恐难矣。”鲁迅又提及：“记得清秘阁曾印有模‘梅花喜神谱’笺百种，收为附录，亦不恶，然或该板已烧掉乎。”③ 在信中，鲁迅为这部笺谱拟定了两个书名，一为《北平笺谱》，一为《北平笺图》，同时再次就笺谱的编次、用纸等提出了自己的看法。10 月3 日，鲁迅又致书一封，特意告知郑振铎，已经通过开明书店汇上 400 元作为印制笺谱的费用，并提出郑振铎购入的笺纸样张将来可由内山书店包销买去。

在其后的两三个月内，鲁迅先后致信郑振铎十数封，对笺谱的编印细节进行了充分的设想和建议。如 10 月 11 日，鲁迅在信中谈到了自己对目录的写法、笺页的尺幅、页码的颜色等方面的思考。10 月 19 日的去信，鲁迅谈到了对笺谱装帧形制的考虑：“蝴蝶装虽美观，但不牢，翻阅几回，背即凹进，化为不美观，况且价贵，我以为全部作此装，是不值得的。无已，想了三种办法——一、惟大笺一本，作蝴蝶装，但仍装入一函内。二、惟大笺一本，作蝴蝶装，但略变通，仍用线订，与别数本一律，其法如订地图，于叠处粘纸，又衬狭条，令一样厚而订之，则外表全部一样

① 鲁迅. 330929 致郑振铎［M］//鲁迅全集：第 12 卷. 北京：人民文学出版社，2005：450.

② 鲁迅. 330929 致郑振铎［M］//鲁迅全集：第 12 卷. 北京：人民文学出版社，2005：451.

③ 鲁迅. 331002 致郑振铎［M］//鲁迅全集：第 12 卷. 北京：人民文学出版社，2005：452-453.

了。三、大笺仍别印为大册，但另名之曰《北平巨笺谱》，别作序目。我想，要经久而简便，还不如仍用第三法了。倘欲整齐，则当采第二法，我以为第二法最好。请先生酌之。”① 当晚在第二封信中，鲁迅补充道：“此刻一想，费如许气力，而板式不能如一，殊为憾事。故我想我所担任之四十部，将纸张放大，其价不妨加倍，希先生为我一嘱纸铺，但书有两种，较费事耳。”② 基本上，鲁迅对于印制笺谱的态度可谓不惜工本，鲁迅自信地认为，笺谱一旦面世，则必是要成为“新古董”的。

收到鲁迅的信及选定的笺样后，郑振铎一方面继续留心搜集笺纸样张，一方面将主要精力放在联系铺肆印制笺谱的事情上。因为所选取的笺样图案来源不一，涵盖了十余家南纸店的货品，而笺纸的图版又掌握在各家店面手中，因此印制笺谱必须同诸家南纸店各个谈妥，方可施行，这便极费了一番周折。正如郑振铎在《访笺杂记》中所说：“淳菁、松华、松古三家，一说便无问题。荣宝、宝晋、静文诸家，初亦坚执百部不能动工之说，然终亦答应了下来。独清秘阁最为顽强，交涉了好几家，他们不是说百部太少不能印，便是说人工不够，没有工夫印。再说下去，便给你个不理睬。任你说得舌疲唇焦，他们只是给你个不理睬！颇想抽出他们的一部分不印。终于割舍不下溥心畬、江采诸家的三十余幅作品。再三奉托了刘淑度女士和他们商量，方才肯答应印。而色调较繁的十余幅蔬果笺，却仍因无人担任刷印而被剔出。”“看够了冰冷冷的拒人千里的面孔，玩够了未曾习惯的讨价还价，尽量计较的伎俩，说尽了从来不曾说过的无数恳托敷衍的话，——有时还未免代谢言不由衷的浮夸——一切都只为了这部《北平笺谱》！可算是全部工作里最麻烦、最无味的一个阶段。”③ 对于清秘阁的搪塞，鲁迅曾在10月21日的信中安慰郑振铎说：“清秘阁一向专走官场，官派十足的，既不愿，去之可也，于《笺谱》并无碍。”④

---

① 鲁迅. 331019致郑振铎［M］//鲁迅全集：第12卷. 北京：人民文学出版社，2005：460.

② 鲁迅. 331019致郑振铎［M］//鲁迅全集：第12卷. 北京：人民文学出版社，2005：461.

③ 鲁迅. 访笺杂记［M］//郑振铎全集：第14卷，石家庄：花山文艺出版社，1998：217-218

④ 鲁迅. 331021致郑振铎［M］//鲁迅全集：第12卷. 北京：人民文学出版社，2005：461-462.

终于，郑振铎以极大的耐心和毅力，完成了笺谱的印制任务。1933 年 12 月，全谱告成。在《北平笺谱》第六册末的牌记上，记为：一千九百三十三年九月勾工选材，印造一百部，十二月全书成就。其后为该部笺谱的编号，及荣宝斋、淳菁阁等九家藏版者的名号，最后是鲁迅、郑振铎二人的手书签名。

（三）体例之精

关于笺谱内的编排次序，鲁迅根据寄来笺样的风格分了三大类：“仿古，一也；取古人小画，宜于笺纸者用之，如戴醇士，黄瘿瓢，赵㧑叔，无名氏罗汉，二也；特请人为笺作画，三也。后者先则有光绪间之李毓如，伯禾，锡玲，李伯霖，宣统末之林琴南，但大盛则在民国四五年后之师曾，茫父……时代。编次似可用此法，而以最近之《壬申》，《癸酉》笺殿之。”[①] 在 11 月 11 日的信中，鲁迅对其编排的想法做了解释，补充说：“对于目录，我有一点异议，所以略有小捣乱，寄回希酌。排列的意见，是以无甚意思的‘仿古’开端，渐至兴盛，而末册却又见衰颓之象，并且不至于看到末册，即以索然无味的‘仿古’终，对于读者，亦较有兴趣也。”[②]

最后的成书，基本亦是按照鲁迅最初拟定的次序进行编排的。

第一册收录 48 幅笺画，多为流传较广、较为常见的仿古笺，但这些笺纸大多画面板滞，缺乏个性，可戏称之为“大路货”或“基本款”。包括荣宝斋印制的博古笺 4 幅、花卉山水笺 4 幅、花卉笺 4 幅，松古斋印制的蔬果笺 2 幅，松华斋印制的古钱笺 8 幅，淳菁阁印制的罗汉笺 16 幅，静文斋印制的古彝器笺 4 幅、花卉笺 2 幅，宝晋斋印制的花卉笺 4 幅。

第二册收录 59 幅笺画，主要是清代画家所绘制的笺画。包括淳菁阁印制的南田遗制笺 1 幅、人迹板桥霜笺 1 幅，清秘阁印制的黄慎画人物笺 8 幅，松华斋印制的戴熙画山水笺 4 幅、赵之谦画人物笺 4 幅，懿文斋印制的戴伯和画花果笺 8 幅，鹤笺 4 幅，静文斋印制的戴伯和画花果笺 2 幅，

① 鲁迅. 331002 致郑振铎［M］//鲁迅全集：第 12 卷. 北京：人民文学出版社，2005：453.

② 鲁迅. 331111 致郑振铎［M］//鲁迅全集：第 12 卷. 北京：人民文学出版社，2005：487.

成兴斋印制的王诏画花鸟笺 10 幅，懿文斋印制的李伯霖画花卉笺 9 幅，静文斋印制的李锺豫画花卉笺 4 幅，荣录堂印制的缦卿画花卉笺 4 幅。

第三册收录 61 幅笺画，主要是近代画家绘制的笺画。包括宝晋斋印制的朱良材画人物笺 4 幅，清秘阁印制的王振声画花果笺 4 幅，荣宝斋印制的王振声画动物笺 4 幅、花果笺 10 幅，成兴斋印制的王振声画动物笺 2 幅，清秘阁印制的吴观岱画梅花笺 4 幅，懿文斋印制的刘锡玲画指画笺 4 幅，成兴斋印制的冷香画月令笺 7 幅、缪素筠画花鸟笺 4 幅、尔康画山水笺 4 幅，静文斋印制的李瑞清（清道人）画罗汉笺 4 幅，荣录堂印制的林纾画山水笺 10 幅。

第四册收录 50 幅笺画，主要是民国时期北京画坛领袖人物如陈师曾、金城、姚茫父的笺画作品。包括淳菁阁印制的陈师曾画梅花笺 8 幅、花果笺 8 幅，松华斋印制的陈师曾画花果笺 8 幅，淳菁阁印制的陈师曾画山水笺 8 幅、金城花卉笺 6 幅，静文斋印制的姚茫父画古佛笺 4 幅，淳菁阁印制的姚茫父颖拓西域古迹笺 4 幅、唐画壁砖笺 4 幅。

第五册收录 55 幅笺画，主要是民国时期画坛活跃人物如齐白石、王梦白、陈半丁、溥心畬、萧愻等人的笺画作品。包括荣宝斋印制的齐白石画花果笺 12 幅，松华斋印制的齐白石画花果笺 4 幅，静文斋印制的齐白石画人物笺 4 幅、王梦白画人物笺 4 幅，松古斋印制的王梦白画花卉笺一幅，松华斋印制的陈半丁画花卉笺 16 幅，淳菁阁印制的溥儒画山水笺 4 幅、俞明画人物笺 4 幅，松华斋印制的萧愻画花卉笺 2 幅，静文斋印制的章炳汉画山水笺 4 幅。

第六册收录 59 幅笺画，以梅花笺和生肖笺为主，主要是现代画家江采、吴待秋、马晋等人的笺画作品。包括清秘阁印制的江采画花卉笺 10 幅，荣宝斋印制的吴待秋画梅花笺 8 幅，淳菁阁印制的吴待秋画花卉笺 8 幅，荣宝斋印制的马晋画三阳开泰笺 1 幅，淳菁阁印制的陈福丁画儿童画笺 4 幅，静文斋印制的吴待秋等人画梅花笺 20 幅，荣宝斋印制的王梦白等画壬申笺 4 幅，齐白石等画癸酉笺 4 幅。第六册书后附录了郑振铎的《访笺杂记》。

当然，《北平笺谱》中对笺画的分类只能算是大致的归属，而非科学的划分，其中也存在一些不尽合理之处。如第一册荣宝斋印制的 4 幅花卉山水笺，第一幅为梅花和山茶，本可归入花卉笺；第二幅为葡萄和松鼠，本可归入蔬果笺或动物笺。第二册懿文斋印制的戴伯和画花果笺 8 幅，内中的 6 幅都不宜归入花果笺的范畴，如第二幅所画者为三条鱼和水草，显然并非花果之属，名为鱼藻笺则可；第三幅所画者为佛手和桃子，归入蔬果笺更为合宜；第四幅所画者为酒坛和火腿，题为“不腆之物，聊佐杯盘”，更与花果笺之主题两不相合；第五幅佛手、第六幅南瓜均应归入蔬果笺；第七幅为一枝梅花，题为“寄与陇头人”，更应归入花卉笺或梅花笺。

类似这样粗略的划分还有一些。究其原因，是笺谱体例的编排在很大程度上受到客观因素的制约，如需要将同一作者或源自同一厂家的笺画作集中归类，以便后续刷印工作顺利进行，因此才没有做细致的拆分。

三、艺苑丰碑

《北平笺谱》编辑完成后，即进入了正式的出版阶段。1933 年 12 月，鲁迅、郑振铎委托荣宝斋印刷 100 部。同时，根据鲁迅之前提出的设想，由身在上海的鲁迅亲笔书写这 100 部笺谱的编号并签名，再寄回北平，由郑振铎同署签名后，最后送至荣宝斋一起装订成谱。之所以定名为《北平笺谱》，源自鲁迅于 10 月 11 日致郑振铎信中所解释的：“名目就是《北平笺谱》罢，因为‘北平’两字，可以限定了时代和地方。”① 全谱为宣纸线装，编为六册，外加磁青色蓝布函套，函套上的书名题签由鲁迅好友、学者沈兼士题写，扉页中的书名由沈兼士之兄、同为鲁迅好友的书法家沈尹默题写。笺谱前冠以鲁迅、西谛（郑振铎）所作序言各一篇。鲁迅所作序言及笺谱目录、牌记均由鲁迅在北京大学任教时的学生魏建功书写，郑振铎的序言由学者、书法家郭绍虞书写。可谓珠联璧合、相得益彰。

这部《北平笺谱》堪称 20 世纪 30 年代笺画艺术的集大成者，也可以说是自明代以来笺谱、画谱的后来居上者，论及收罗的丰富、题材的广泛，抑或编辑的完备，色彩的绚烂，《北平笺谱》都在不同程度上超过了前代的笺谱。恰如《北平笺谱》征购广告中所言：“古法就荒，新者代起，然必别有面目，则此为中国木刻史上断代之惟一之丰碑也。”② 鲁迅在 1934

---

① 鲁迅．331011 致郑振铎［M］//鲁迅全集：第 12 卷．北京：人民文学出版社，2005：458.

② 原载 1933 年 12 月《文学》第 1 卷第 6 期。

年 2 月 11 日致姚克的信中也感慨道："我旧习甚多，也爱中国笺纸，当作花纸看，这回辑印了一部《笺谱》，算是旧法木刻的结账。"① 24 日，鲁迅在给郑振铎的信中又欣然写下："日前获惠函并《北平笺谱》提单，已于昨日取得三十八部，重行展阅，觉得实也不恶，此番成绩，颇在豫想之上也。"②

《北平笺谱》一经出版即大受欢迎，成为抢手之物，甚至几乎无法满足鲁迅自己留存的需求。鲁迅订购了 18 部，除自留外，大都用来赠送朋友；内山书店订购了 20 部，3 日之间即售出 11 部，不到一星期即全部售完。1934 年 3 月 3 日，鲁迅还特地写信给郑振铎，告知《北平笺谱》"销路极好"，倘若再版，内山书店仍要二三十部。

根据郑振铎的建议，《北平笺谱》告成后，专门留出几部，分别寄赠苏联、英国、美国、法国等国家的图书馆。起初，鲁迅并不主张将笺谱寄赠给"自以为绅士之英"③，但在之后还是改变了想法："英国亦可送给，以见并无偏心。"对于德国的艺术特别是木刻艺术，鲁迅一向留意且欣赏，故而德国图书馆起初也在考虑赠送之列，但是，鲁迅最终决定暂不赠送，而要待到法西斯政权覆灭之后："至于德国，则且待他们法西斯结束之后可耳。"④

尽管这部《北平笺谱》获得了意外的成功，但是，鲁迅和郑振铎的良苦用心也并非全被人理解。当《北平笺谱》广告刊出之后，杨天南即在邵洵美所编的《十日谈》1934 年新年特刊上发表《二十二年的出版界》一文，其中说："特别可以提起的是《北平笺谱》，此种文雅的事，由鲁迅、西谛二人为之，提倡中国古法木刻，真是大开倒车，老将其实老了。至于全书六册预约价十二元，真吓得煞人也。无论如何，中国尚有如此优游不迫之好奇精神，是十分可贺的，但愿所余四十余部，没有一个闲暇之人敢

---

① 鲁迅. 340211 致姚克［M］//鲁迅全集：第 13 卷. 北京：人民文学出版社，2005：24.

② 鲁迅. 340224 致郑振铎［M］//鲁迅全集：第 13 卷. 北京：人民文学出版社，2005：32.

③ 鲁迅. 340111 致郑振铎［M］//鲁迅全集：第 13 卷. 北京：人民文学出版社，2005：6.

④ 鲁迅. 340209 致郑振铎［M］//鲁迅全集：第 13 卷. 北京：人民文学出版社，2005：20.

去接受。”[①] 对此，鲁迅极为愤慨，他在 1934 年 1 月 11 日致郑振铎的信中说：“上海的邵洵美之徒，在发议论骂我们之印《笺谱》，这些东西，真是‘前不见古人，后不见来者’，吃完许多米肉，搽了许多雪花膏之后，就什么也不留一点给未来的人们的——最末，是‘大出丧’而已。”[②]

由于第一版《北平笺谱》100 部很快脱销，至 1934 年 3 月中旬时，再版本已预约出 70 多部，鲁迅、郑振铎遂决定重印，第二版《北平笺谱》仍委托荣宝斋刷印 100 部，并于当年面世。但是，这一版没有限定编号和两人的签名。

从 1933 年《北平笺谱》面世到今天，已经过去了 85 年。当今天的人们翻开《北平笺谱》的书页时，我们才愈加感到鲁迅、郑振铎两位先生目光的敏锐、思想的博大。正是两位先生的不懈努力，才将民国初年北平主要店铺中出售的笺纸搜罗殆尽。如果没有这一近乎抢救式的工作，这些笺纸极有可能会就此烟消云散，湮没于历史的尘埃中，中国传统的文化艺术特别是木版水印技艺无疑会失掉许多颜色和光辉。从这个意义上说，《北平笺谱》作为中国木刻史、中国艺术史上的丰碑是毫不为过的。

---

① 鲁迅. 340111 致郑振铎：注释 3［M］//鲁迅全集：第 13 卷. 北京：人民文学出版社，2005（11）：8.

② 鲁迅. 340111 致郑振铎［M］//鲁迅全集：第 13 卷. 北京：人民文学出版社，2005（11）：7.

陪都重庆文学期刊研究回顾与前瞻[①]

罗蓉蓉

（重庆科技学院人文艺术学院，重庆，401331；
华中师范大学文学院，湖北武汉，430079）

摘要： 文学期刊研究一直是文学界和出版界关注重点。近年来，区域文学期刊研究也呈现方兴未艾之势。陪都重庆文学期刊也引起史学、文学、传播学领域的学者极大关注，相关研究成果颇为丰富，主要集中在期刊史料钩沉，以文学为本位的期刊文学研究及传播学视阈中的期刊研究。未来的陪都重庆文学期刊研究还可在书籍史学、心态史学、大数据研究方面进一步拓展。

关键词： 抗战时期；重庆；文学期刊；研究范式

改革开放以来，文学期刊渐成学界研究热点，区域性文学期刊研究也呈现方兴未艾的趋势，文学出版的重镇上海成为反复被研究的对象。不可忽视的是，抗战时期重庆因大量出版机构和文化名人内迁，其文学期刊出版呈现空前绝后的繁荣发展态势，也成为学界研究着力点。文学界在还原"文学现场"的研究立场中尤其重视期刊对文学史研究的重要作用，注重对文学史料的发掘、整理与研究，其中不乏关涉期刊本体的文献整理工作。出版史学界非常注重名刊编辑出版思想研究，《七月》《文艺阵地》《抗战文艺》等个案研究成果丰硕。下文梳理陪都重庆文学期刊研究在期刊出版史料整理研究、以文学为本位的期刊文学研究、传播学视角中的期刊研究等方面的研究现状，并探索未来文学期刊研究方向的可能性。

---

① 本文为重庆市社会科学规划博士和培育项目"抗战时期重庆期刊媒介生态研究"（2018PY44）的阶段性成果。

一、多维视野中的重庆文学期刊研究

（一）史料汇编与整理研究

史料发掘与整理是期刊史和文学史研究的重要基础性工作，文学及出版领域的学者们已展开大量卓有成效的文献整理、汇编工作。从区域出版史料成果来看，20 世纪 80 年代，重庆市图书馆编的《抗战期间重庆版文艺期刊篇名索引》（重庆图书馆编印，1984 年）共收录重庆文学期刊 53 种，并编有篇名索引、著译者索引，为后来的相关研究奠定了重要基础。《重庆出版纪实》（第一辑）（重庆出版社，1988 年）刊载了出版界学者、名人对重庆出版的回忆录，存有珍贵的出版记忆史料。20 世纪 90 年代重庆市新闻出版局史志办公室编的《抗战时期重庆出版大事记（1937—1945）》（《重庆出版史志》1992 年第 3 期）及刘承才《重庆现代文化出版活动编年》手稿（重庆图书馆馆藏，1996 年）以编年体的形式对战时重庆文学期刊编辑及相关出版环境有较为详细的记述，为重庆文学期刊研究提供了生动的历史线索。21 世纪以来，重庆修志编史工作日益受到重视。《重庆市志 · 出版志》（1840—1987）（重庆出版社，2007 年）、《重庆市志 · 文学志》（重庆出版社，2013 年）的相继出版有助于了解战时重庆文学期刊在区域文化发展中的地位及贡献。2016 年重庆图书馆整理的《重庆图书馆期刊缩微目录》，收录了一批罕见的文学期刊，进一步充实了重庆文学期刊史料。

全国性文学期刊文献整理成果突出。王大明、文天行、廖全京编的《抗战文艺报刊篇目汇编》（1984 年）、《抗战文艺报刊篇目汇编（续一）》（1986 年）由四川省社会科学院出版社出版，辑录了抗战时期文学期刊目录及部分文学期刊发刊词。唐沅等编的《中国现代文学期刊目录汇编》（天津人民出版社，1988 年）收录抗战重庆文学期刊 23 种，此书 2010 年由知识产权出版社再版。刘增人采用宁滥毋缺、凡见必录的文献采集原则，于《中国现代文学期刊史论》（新华出版社，2005 年）“史料汇编”部分辑录现代文学期刊 3500 多种，其中对重庆文学期刊也有较为详备、全面的收集。吴俊等编的《中国现代文学期刊目录新编》（上海人民出版社，2010 年）收录战时重庆文学期刊 30 多种，将电影期刊、学生社团的期刊纳入其中，较之唐沅等的《汇编》更加完善。邓集田的《中国现代文学出版平台：晚清民国时期文学出版情况统计与分析》（上海文艺出版社，2012 年）采用数据统计法对晚清民国时期文学出版进行整体研究，辑录 1902—1945 年创刊于重庆的文学期刊共计 160 余种。刘增人的《1872—1949 文学期刊信息总汇》（青岛出版社，2015 年）以地理空间为序对期刊进行分类整理，辑有重庆期刊专章，为区域文学期刊研究提供了极大的便利。

此外，张静庐的《中国近现代出版史料（丙编）》（中华书局，1956 年）搜集 1937—1949 年出版史料以“直接有关图书期刊的编译、出版、印刷者为主”，辑录《抗战文艺》《文艺阵地》文学期刊的发刊词，并收录相关出版政策、出版制度、重大文化事件，还从出版技术角度，收录“印刷、装订技术的改进和革新”史料，对战时重庆文学期刊出版生态研究具有重要参考价值。中共重庆市委党史工作委员会编的《南方局领导下的重庆抗战文艺运动》（重庆出版社，1989 年）辑录中共、国民党文艺政策，文协的组织活动、《文哨》的座谈会等相关资料。王大明等编的《中华全国文艺界抗敌协会史料选编》（四川省社会科学院出版社，1983 年）是研究《抗战文艺》的重要史料。周元正编的《台湾出版抗日战争史著作索引：1950—1987》（上海市历史学会，1988 年）辑录台湾学者的研究文献，成为大陆抗战文化与出版文化研究的有益补充。

由此观之，文学期刊史料整理研究成果显著，研究者前期文献整理工作为以后的文学史、期刊史研究提供重要的史料基础。但研究者由于对现代“文学期刊”概念界定不一，各类文献整理收录标准存在差异，使得各类研究中文学期刊样本数量存有较大差异。同时，有些史料细节还存有错讹之处，比如唐沅等编的《中国现代文学期刊目录汇编》（第四卷，2010 年版）第 2658 页《抗战文艺》“六卷四期以后归华中图书公司发行”实为“六卷第三期”；邓集田的《中国现代文学出版平台》第 327 页《春云》创刊时间实为 1937 年，《春云》创刊时间实为 1936 年 12 月 20 日。学术界需要对此进一步进行辨析、整理，以期提供更为精准的文献信息。

（二）以文学为本位的期刊研究

在现代文学研究领域，文学期刊被视为文学史研究重要的第一现场，诸多文学学者致力于发掘期刊中的文学文本，以此为史料阐释文学发展特点，丰富抗战文学研究。黄群英的《现代四川期刊文学研究》中设置“战争时代的重庆期刊文学”一章（四川大学出版社，2010年）辑录17种相关期刊并对其特点、传播及成就进行研究，认为重庆期刊文学体现出“抗战文学的丰富性、高品质、独特性”；语言具有“通俗化、大众化”特点；作家“具有强烈的责任意识”，文学期刊在“参与构建并推动了抗战文学的发展”中发挥重要作用。重庆文学期刊传播内容“承载社会使命感”，宣传效能“凭文学的感染力”得以提升，运用“多种文学形式载体扩大了对社会的影响”①。

诸多学位论文以文学期刊为史料展开文学研究。王奎军的《〈文艺阵地〉抗战诗歌研究》（西南大学，2013年），冯奕的《抗战烽火中的文艺轻骑兵——〈抗战文艺〉中的散文研究》（重庆师范大学，2011年）、林虹霓的《〈抗战文艺〉中的诗歌研究》（重庆师范大学，2011年）、刘燕萍的《陪都重庆文学期刊〈时与潮文艺〉研究》（重庆师范大学，2007年）均侧重于文学文本内容解读。以期刊为蓝本的文学研究，突破以往研究中对抗战文学概念化、单一性的界定，凸显抗战文学的多元性、生动性与丰富性。有些学者的研究侧重于文学外部研究，汪翠华的《战时国民党文艺政策的晴雨表——〈文艺先锋〉研究》（西南大学，2007年）通过刊物内容与形式变化来考察国民党文艺政策的变迁。张志云的《文艺先锋（1942—1948）与国统区文艺运动》梳理期刊内容中有关“民族文艺”运动的论述，对战后文艺建设、战后戏剧运动等问题展开探讨，以此窥见文艺运动的发展特点②。

文学期刊中的译作也是文学期刊研究的重点，徐惊奇的系列研究论文从文学翻译角度研究《文艺阵地》《时与潮文艺》《抗战文艺》等期刊对外国文学的译介状况和特点③。陈菊的《〈时与潮文艺〉与抗战时期的文学翻

① 黄群英. 现代四川期刊文学研究［M］. 成都：四川大学出版社，2010：74-127.

② 张志云.《文艺先锋》（1942—1948）与国统区文艺运动［D］. 成都：四川大学，2007.

③ 参见：徐惊奇. 战时重庆《时与潮文艺》对英国文学的译介［J］. 宜宾学院学报，2008（5）；战时重庆《时与潮文艺》对英国文学的译介［J］. 重庆工学院学报，2006（7）；抗战时期重庆《文艺阵地》对外国文学的译介［J］. 外国语文，2009（6）等论文。

译》（西南大学，2006 年）探析期刊在文学翻译上的特点，认为《时与潮文艺》在引介外来作品时有着主题和艺术形式多方面的考量。

日本学者岩佐昌暲著、刘静译的《记抗战时期的旧体诗杂志〈民族诗坛〉》（《重庆师范大学学报（哲学社会科学版）》2006 年第 6 期）、赵普光的《文学与历史的纠缠——〈民族诗坛〉刍议》（《中国现代文学研究丛刊》2017 年第 11 期）、夏菁的《〈民族诗坛〉研究》（南京师范大学硕士论文，2017 年）将研究视角指向以发表旧体诗词为主的文学期刊，探究文学与历史的关联，刊物内容的特点。黄菊的《从〈春云〉看地方文艺在抗战语境下的期待和困惑》（《现代中国文化与文学》2017 年第 3 期）宕开一笔，探讨重庆地方文化面对外来文化的困惑与诉求。

（三）传播学视野中的文学期刊研究

基于文学期刊是文学生产和传播重要媒介的认识，众多研究者借鉴传播学视角，关注期文学期刊的媒介属性，着重考察文学期刊的出版传播内容、文学与传播的互动。美国学者洪长泰（Chang-Tai Hong）在《战争与大众文化——现代中国的抵抗》（War and Popular Culture：Resistance in Modern China，1937-1945）（1994 年）一书中认为抗战时期中国抵抗者建立全国性的传播网络，创造新的信息扩散渠道，话剧、漫画、报纸等成为主要的大众文化传播媒介，论及《抗到底》《抗战文艺》《抗战文艺研究》等期刊对战时中国大众文化传播发挥的重要作用①。赵凌河的《国统区文学传播形态》（辽宁人民出版社，2006 年）从文学与传播学跨学科的视角出发，探析文学生产与现代传播媒介的互动，对抗战时期文学期刊的文化增殖传播、《七月》与《希望》的群体传播做出相关阐释。陈程、石崇的《重庆抗战诗歌在期刊媒介场域中的版面争夺》（《中州大学学报》2012 年第 1 期 ）分析了期刊媒介对诗歌创作、传播的重要媒介作用及诗歌在出版场域的权力斗争。

在出版史研究领域，熊复、张定华等著的《中国抗日战争时期大后方出版史》（重庆出版社，1999 年）、叶再生的《中国近现代出版史・抗日战争时期》（华文出版社，2006 年）对抗战时期重庆期刊出版状况予以全景

① Chang-Tai Hong. War and Popular Culture：Resistance in Modern China (1937-1945) [M]. Berkeley：University of California Press，1994：3.

扫描。周勇主编的《中国抗战大后方出版史》（重庆出版社，2015年）论及战时重庆主要期刊多达200多种，反映了“中华民族不屈的战斗精神和奋进向上的社会风气”①。该论著辑录战时重庆文学期刊20种，并对相关编、印、发机构予以梳理，对书刊审查制度予以论述。在期刊史研究领域，周葱秀等撰写的《中国近现代文化期刊史》（山西教育出版社，1999年）、宋应离的《中国期刊发展史》（河南大学出版社，2006年）对重庆文学期刊亦有专题论述。宋应离撰写的期刊史将《文艺先锋》《民族文学》视为“反动刊物”，具有较为浓厚的革命史研究范式特征②。吴永贵的《中国期刊史　第二卷（1911—1949）》的历史叙事注重期刊媒介与社会互动，对《七月》《抗战文艺》有精要的论述③。

丁捷的《抗战时期文学期刊研究》（《社会科学家》2012年第10期）对抗战时期沦陷区、国统区和根据地文学期刊分别进行研究，从宏观视角分析了政治力量与经济因素对三地文学期刊的影响。刘增人的《四十年代文学期刊扫描》（《中国现代文学研究丛刊》2003年第3期》）将文学期刊视为现代文学原生态的重要载体，总结出期刊出版的整体特征：“创刊时间的阶段性、创刊空间的流动性、办刊模式的多样性、刊物内涵的复杂性。”④ 何宝民在《纸业上的文学记忆——民国文学短刊经眼录》（海燕出版社，2017年）中强调民国文学期刊短刊价值不可忽视，对重庆出版的《希望》《微波》《艺文志》从出版背景、内容特色等方面予以钩沉。邓集田的《中国现代文学出版平台（1902—1949）——晚清民国时期文学出版情况统计与分析》（上海文艺出版社，2012年）通过翔实的数据统计分析得出“1938年后重庆文学期刊出版才活跃起来，1946年创刊达到最高值。抗战胜利，迅速猛跌”⑤ 的结论，为重庆抗战文学期刊出版规律研究提供参考。该统计数据仅统计创刊于重庆的期刊，未将迁渝文学期刊纳入考察

---

① 周勇. 中国抗战大后方出版史［M］. 重庆：重庆出版社，2015：303-319.

② 宋应离. 中国期刊发展史［M］. 开封：河南大学出版社，1999：212.

③ 吴永贵. 中国期刊史：第二卷：1911—1949［M］. 北京：人民出版社，2018：232-244.

④ 刘增人. 四十年代文学期刊扫描［J］. 中国现代文学研究丛刊，2003（2）.

⑤ 邓集田. 中国现代文学出版平台：晚清民国时期文学出版情况统计与分析［M］. 上海：上海文艺出版社，2012：134.

范围，还不足以反映战时重庆文坛的真实全貌。靳明全的《重庆抗战文学与外来文化》（重庆出版社，2006 年）中设置“重庆抗战文学中传播外国文化的主要报刊”一章，梳理《世界文学》《世界文学季刊》《抗战文艺》《七月》《希望》《文学月报》《中原》等文学期刊，从文化角度研究文学期刊的功能与作用，认为“报刊中的文化内容丰富，开拓国人视野，增进中外人民友谊，繁荣抗战文化。从文学角度而言，译介作品为文学建设提供借鉴，成为抗战文学的有机组成部分”①。郝明工的《试析陪都重庆的文学期刊》（《重庆师范大学学报》2009 年第 4 期）对重庆文学期刊有着较为深刻的体察，阐明重庆文学期刊研究的重要意义与价值在于“体现出中国文学战时发展的主流方向”，认为对陪都重庆的文学期刊进行全面的整理研究，有助于对抗战时期的中国文学进行价值重估②。作者还查阅大量报纸杂志、历史档案等一手资料，探讨了战时大众传播形成体系、出版现代化的过程。王晶的《〈文艺月刊〉(1930—1941）研究》（暨南大学出版社，2018 年）第一章“《文艺月刊》创刊发行的背景”、第二章“中国文艺社的《文艺月刊》”对刊物的创立、编者、作者群、资金来源、出版发行史实进行研究，探寻知识分子文化心态与刊物的关联。

还有大量个案研究主要集中于阐释名编名刊的编辑出版思想，《七月》《文艺阵地》《抗战文艺》为研究焦点。彭玉斌的博士学位论文《战火硝烟中国的文学生态——〈抗战文艺〉研究》（中国社会科学院，2006 年）论及刊物的出版困境、编辑艺术。张玲丽的《在文学与抗战之间——〈七月〉〈希望〉研究》（武汉大学出版社，2016 年）以《七月》和《希望》为研究对象，探析刊物的“文学生态环境、运作模态、编辑策略、作者构成”③ 等，同时还关注主编和刊物的双向互动影响。与以往研究者对期刊文学作品的关注不同，汪帅的《〈文艺阵地〉的书广告研究》（渤海大学学位论文，2015 年）研究视角新颖，将基础史料定位于期刊副文本中的图书广告，以此考察期刊编辑思想及社会文化思潮。范军的《中国现代书业广

① 靳明全. 重庆抗战文学与外国文化［M］. 重庆：重庆出版社，2006：48-68.

② 郝明工. 试析陪都重庆的文学期刊［J］. 重庆师范大学学报（哲学社会科学版），2009 (4).

③ 张玲丽. 在文学与抗战之间：《七月》《希望》研究［M］. 武汉：武汉大学出版社，2016：212-231.

告二十家》（华中师范大学出版社，2015 年）对现代书业广告进行系统阐述，对胡风、茅盾等人的书刊广告艺术进行深入探讨。此外，还有关于《弹花》《戏剧岗位》《戏剧月报》《抗到底》等的零散研究。

二、未来研究路径的可能性

从上述已有的研究成果来看，无论是期刊史还是文学史领域中的重庆文学期刊的研究成果都很丰厚，但其研究还可在以下几方面进一步拓展。

（一）整体性、系统化研究亟须展开

从总体来看，战时重庆文学期刊个案研究较为丰富，尤其是重庆师范大学、西南大学的硕士、博士因其具有资料查找的优势，逐个攻破，对文学期刊个案进行了文学史资料的发掘、整理、研究工作，这些可以成为出版学者研究可资利用的有效资源。前述个案研究多集中在少数知名杂志上，对不同党派杂志研究着力不均，还不足以展现抗战文学期刊整体性、多元化生存的真实样态。而从全国的现代文学期刊研究成果来看，抗战时期文学期刊区域研究是学者们的研究重点。上海、东北、延安等地文学期刊都有较为系统的整体研究，如王鹏飞的《“孤岛”时期文学期刊研究》（社会科学文献出版社，2013 年）、李相银的《上海沦陷时期文学期刊研究》（上海三联书店，2009 年）、朱秀清的《期刊——延安文学的重要传播方式》（《中国出版》2009 年第 3 期）、杨琳的《容纳与建构：1935—1948 延安报刊与文学传播》（《西安交通大学学报（社会科学版）》2007 年第 5 期）、刘晓丽的《1939—1945 年东北地区文学期刊研究》（华东师范大学，2005 年）等。抗战时期的重庆既是战时首都，也是世界反法西斯战争东方战场的重要所在地，集聚丰厚的出版资源，目前的重庆文学期刊研究体量与其战时地位还不够相称。因此，战时重庆文学期刊研究有待进一步系统、深入展开。

（二）研究范式的进一步更新

近些年来，规避“学术内卷化”现象，学界在报刊研究范式上一直在进行新的思考。吴廷俊（2007）探索以媒介为本体，“基于媒介生态视野”

的新闻史研究范式①。黄旦（2015）提倡“以媒介为重点，以媒介实践为叙述进路”的叙述范式②。基于此，作为大众传播媒介的文学期刊的媒介生态、媒介与城市、文学的互动研究也是可行进的路线。陪都重庆文学期刊研究还可在书籍史学、心态史学、大数据挖掘等领域展开。

书籍史学家达恩顿认为“行诸文字的文学作品”只是“书籍制作和发行系统中的一部分”，在书籍传播系统中的“中间人”如“印刷商、书商、推销员”常被传统的文学史排除在外，但他们在书籍的生产、传播中发挥重要作用③。以往的期刊出版研究着重于对传播者中主编编辑思想研究，对期刊生产、传播过程中的印刷者、发行者的研究重视程度不够。抗战时期国统区的出版受到大轰炸、纸荒、通货膨胀等因素影响，编辑好的稿件常在印刷环节受阻。历史场景中的印刷商、书商的文化心理及出版行为对期刊的形成极为重要，是不忽视的研究视角。

心态史研究是法国年鉴学派开创的一种研究方法，与观念史、思想史有所不同，它强调的是“集体的态度”而不是“个人的态度”，关注的对象既包括精英阶层也囊括普通民众，集中于“未表达出来的或无意识的主张”，集中于“感知”“日常的想法”或者“实际理由”④。出版人的客观实践与主观心理有着密切关联。根据日记、书信、档案、口述实录等资料分析出版人在动荡社会中的“集体心态”，可形成对以往出版行动研究的补充。

未来的研究还可打破学科知识壁垒，在大数据背景下展开跨学科的合作研究。利用数学模型对已有的各大数据库如“晚清民国期刊全文数据库”、“大成老旧刊全文数据库”、重庆图书馆自建的民国文献数据库以及在建的“抗战大后方文学史料数据库”（2016 年重庆师大周晓风教授领衔的国家社科基金重大招标项目）进行数据挖掘，实现数据可视化，实现更为科学、精准的量化研究。

---

① 吴廷俊，阳海洪．新闻史研究者要加强史学修养：论中国新闻史研究如何走出“学术内卷化”状态［J］．新闻大学，2007（3）．

② 黄旦．新报刊（媒介）史书写：范式的变更［J］．新闻与传播研究，2015（12）．

③ 罗伯特·达恩顿．文学史上被遗忘了的中间人［M］//拉莫莱特之吻：有关文化史的思考．萧知纬，译，上海：华东师范大学出版社，2011：113．

④ 彼得·伯克．文化史的风景［M］．丰华琴，等译．北京：北京大学出版社，2013：184．

新媒体视域下出版编辑角色的转变

张　玥

（华中师范大学新闻与传播学院，湖北武汉，430079）

摘要： 借助技术与科技，新媒体在客观条件上加速了出版生态的转变，编辑在内容出版、策划的工作中亦会面临很多新难题和挑战，编辑身份定位模糊，编辑角色也面临消解与重构的风险。本文通过梳理发现编辑角色的内涵随着媒介物质载体的流变而不断更新，在新媒体引导的“数字化出版”转型期，编辑角色亟须从“编辑经验”“互动结构”和“媒介化”三个维度出发，在新的出版生态下，重新定位编辑角色以避免身份的模糊性。

关键词： 编辑角色；经验；互动化；媒介化

在出版活动中，编辑以生产精神文化内容为主要目的，在出版物的策划、组织、审读、选择及加工过程中扮演着重要角色。美国资深编辑威廉斯曾说，编辑要扮演三种角色，第一是“狩猎者”，即善于发现作者和可以出版的好书；第二是“治疗师”，即具备对书稿进行批判性分析的能力；第三是“双面人”，就是指编辑在面对出版社时代表作者而在面对作者时代表出版社①。

随着技术的不断发展，网络媒体、移动智能设备、人工智能与报纸、杂志、书籍等传统出版物互融共生出新的出版业态，传统出版界的文化发展、角色分工、生产、经营模式等皆受到冲击。面对技术的革新与数字化挑战，出版活动中不可或缺的编辑角色也被置于转型的风口浪尖之中，本文在新媒体视域下探讨编辑角色之内涵及外延变迁，从社会传播学的角度

① 吴耀华．今天，我们怎样当编辑？[N]．光明日报，2009-06-20.

切入为编辑角色的转型寻求新思路。

一、"从甲骨文到互联网"——物质载体流变下对编辑角色的不同认识

在人类历史长河中，用以留存信息的物质载体随着人类活动不断变更，出版活动中编辑之角色也随着不断流变的物质载体而发生改变。

在我国古汉语中，"编辑"一词原本有多种含义，它包含了"编纂""编著"等著作方式的社会活动①。目前学界主流认为我国古代编辑方式为"收集材料，整理成书"，即一个人可以是作者，将他/她收集/创作的内容撰写在物质载体上，又可以是编辑，创作者撰写文本内容过程同时又可在载体上对文本进行编辑，"编著合一"是我国古代编辑的重要特点②。形成此编辑模式的成因有很多，从物质载体的角度来看，古时候人类使用甲骨、玉石、青铜、缣帛、竹木等介质来记录和保存信息，而这些媒介本身具有不易更改、笨重、信息容量小等缺点，一般来说，想要对文本进行大量的复制、传播相对困难，物质载体的局限性是导致早期著作、编辑、出版、发行活动未有明确分类和界线的原因之一，因此古代作者与编辑的角色是不可分割的。比如司马迁编著《史记》，司马迁以本纪、书、表、世家、列传统筹、分类历史人物和事件，提要钩玄，条理清晰地展现出秦汉以前三千余年的浩轶书卷。《史记》的编著证明司马迁不仅仅是一位优秀的史学家、文学家，也是一位优秀的编辑家。

印刷术的发明和普及提高了印刷速度，纸张被广泛应用。交通的便捷、技术的提升、介质的轻便化促进了出版业的发展。出版技术的革新、出版机构的改革及新的传播方式兴起，同时推动了编辑角色朝着专业化的趋势发展。作为编辑所需具备的要素的不断拓展，出版流程中人员分工亦日益严密③。编辑角色从"编著合一"走向"编著分离"，完成了职业化的

① 蔡克难. 编辑概念、编辑活动基本规律和编辑学研究的意义［J］. 中国编辑，2003（5）：24-27.

② 刘辰. 从编著合一到编著分离：上［J］. 出版发行研究，1995（2）：45-48.

③ 施威，刘青，曹成铭. 近代编辑技术的形成、演进及其历史价值［J］. 编辑之友，2015（11）：92-96.

进程，亦开始有明确的定位和精细的分工。物质载体的易得性（因成本降低，生产规模扩大）成为“学生日多，报馆日多，书局日多”的主要成因之一，出版书籍不再是精英化的活动，编辑角色开始和作者、读者紧密联系起来，编辑角色作为构建作者和读者之间的桥梁，将原本属于作者私人属性的作品推向社会，成为广泛被人接受的社会化和公开化作品。

在互联网技术的普及下，出版进入数字化的转型，互联网技术具有信息储备量大、查询方便、传输速度快等优势。移动智能设备如电子书、手机打破了纸质书垄断的格局，出版载体从纸媒转向电子载体，例如亚马逊电子书 Kindle 打造的电子墨水屏使读者在阅读电子书的同时能收获与读纸书类似的阅读体验。电子出版载体形式上精细化与出版形式的多样化互为补充，多样的出版形式又对编辑角色提出新的要求，编辑需适应“数字化出版”新的角色需求，具备以下能力素质：（1）掌握综合的知识体系，编辑角色应从过去的“刺猬型”人才向“狐狸型”人才转变，对各种知识都有所涉猎，用敏锐的眼光捕捉值得出版的优质内容；（2）在网络平台中，编辑、读者和作者之间形成了一种强烈互动三角模式，三者之间在网络为基底的平台上即时交互，编辑不断调整其角色以适应新模式；（3）媒介的普及要求编辑角色理解媒介逻辑，在媒介构建的知识传播链条中协同新的局面，促进编辑生态新的发展。

二、“身份模糊与角色挑战”
——新媒体视域下编辑角色的再定位

从社会传播学的角度考察出版，传统的点对面的出版模式转变为以交互为主的点对点、点对多点的形式[①]。信息沟通渠道与交互模式的转变重塑了出版业的生态，传统编辑角色的社会身份与价值认同受到严重的挑战。

（一）编辑、作者、读者三种角色的模糊性

多渠道的传播模式冲击与消解了作者—编辑—读者三者间固化线性模

① 郭永新. 新媒介环境下的“创作出版论”与编辑角色重构［J］. 出版发行研究，2011（8）：32-34.

式。技术的革新带来互联网的普及，而互联网并非匀质媒介，数据服务器的组合为大众提供强大的搜索引擎，社交软件提供人际传播基础工具，亦是大众探讨与辩论的公共空间。原本独立分散的个人与信息联结起来，作为信息接收端的读者对信息获取方式由被动接收转向主动搜索，人人都是受众，亦都是信息内容的生产者与传播者。对作品的话语权不再被编辑、作者与出版商所垄断，读者充分享受信息获取与话语权的自由。此外，互联网提供的平台还改变了编辑、读者、作者三者交互的方式，三者可以随时在互联网平台上展开平等、即时性的对话，读者和作者可以直接进行沟通，在这种情况下，读者、作者可以“越界”参与编辑的工作范畴，传统编辑身份定位模糊，编辑工作内容边界不明朗。

以众筹出版为例，众筹出版利用网络技术平台向社会公众筹集资金，公众作为投资人可参与出版作品的内容生产，出版商亦可通过众筹筹措的资金、公众对众筹项目的关注度等多维度考察作品是否具有出版价值与市场。在众筹出版中，公众具有投资者、内容把关者（编辑）、产品消费者（读者）三重身份，编辑、读者角色不再泾渭分明。传统编辑角色在变动不居的出版新模式中隐匿消解。

（二）新媒介对编辑角色提出新要求

多媒体的加入使信息传播渠道增加，出版形式多样，这一变化对编辑提出技术、内容与产品三方面的新需求。

从技术的层面讲，编辑出版的流程已实现了技术化转型，出版内容通过计算机处理之后，不仅内容格式上要与纸质书的出版相吻合，亦需适应各种电子移动阅读产品。多媒体阅读设备正广泛被读者接纳认可，编辑角色应综合运用整合多媒体技术，适应新时代读者需求。

从出版内容的层面上看，数字时代出版内容应与“超文本结构”相对应[①]。所谓超文本结构即编辑内容涉及图案、有声音频、文字、超链接、视频等内容。编辑除了要娴熟掌握各种新媒体编辑技术以外，还要对新型内容的综合设计与宏观把握，确保内容的趣味性、审美性和学理性。

从产品的层面来看，出版模式的改变对编辑的经营能力亦提出新的要

① 毛润政. 新媒体时代编辑角色转型探析 [J]. 编辑之友，2013 (8)：92-94.

求，传统的出版思维已然不适应数字出版的经营模式与理念。新媒体时代更多的公众参与到出版流程中，“读者本位”“需求中心”的口号被反复提出，新的出版经营模式要求编辑适应以数字出版、读者需求、市场导向为主流的出版模式，转变传统出版的思维定式，重新思考新媒体时代，编辑角色的工作内涵及角色定义。

新媒体联动产生了一系列新的出版模式，每一种编辑模式中，参与者、出版形式、出版内容都具有显著差异。无论是哪一种模式之中的编辑，都要对基础的信息进行二次分类加工，传播给更为广泛的受众。新技术带来了新机遇，亦带来新挑战，传统编辑角色身份的模糊性以及新型出版模式下对编辑角色技术、内容和产品层面的需求都要求编辑角色的再定位。

三、“经验、反思和媒介化”——知识新媒体视阈下编辑角色的再定义

（一）知识杂家：编辑经验从单一走向复合

新的出版模式要求编辑不再囿于自己的一亩三分地，跳脱出专业知识的局限，从深度和宽度两个维度拓展自身的知识系统。首先，面对海量的互联网信息，编辑要有敏锐的目光和知识鉴别能力对优质的内容进行编辑，并有效地传播给受众。这考验编辑自身对各类学科知识的综合掌握能力以及对市场的敏锐度。其次，编辑需要熟练操作计算机，熟识各类电子阅读产品及其形式，利用技术润色、编辑内容文本，并结合市面上主流的阅读形式，在多媒体多渠道推广出版作品，这对编辑自身的技术能力也有一定要求。最后，在综合条贯整合各方资源的前提下，编辑还要具备创新力：在内容上以读者定位和市场导向为本位，结合原有的编辑经验，推陈出新，使编辑角色走在出版前沿；在形式上以技术为风向，结合多媒体技术创新出版形式，使出版形式多样，充满活力；创造新的营销模式，如利用微博“粉丝”“大 V”的影响力或者微信朋友圈的公众号转载，编辑不仅要处理文字内容，还要利用新媒体平台，扮演好出版物宣传员的角色。

（二）互动化：编辑角色的反思与调整

出版从人员、资金、内容到流程具备开放性和流动性，传统的“信息传递观”不适用新的出版模式，詹姆斯·凯瑞提出的传播“仪式观”① 更符合如今出版新格局。所谓出版业仪式化，就是在以技术为促动力的出版流程中纳入了作者、读者与编辑的角色，三者在网络平台中展开类似圆桌会议形式的平等对话。编辑角色作为个体卷入结构化的互动之中，不仅要敏锐地感知在新媒体推动下出版生态由封闭结构向开放结构转变，亦要妥善调整、反思自我表现，以在新模式下维持互动的和谐。编辑角色努力适应“开放式的集体行为框架”，找到自己的身份归属，保持个体身份的持久性。该模式符合早期现代性学者戈夫曼提出的框架理论，从宏观层面上看，如何解决“平民化民主社会的互动”是人文社科亟须解决的难题，从微观层面来看，出版业也是一个社会生态的微缩形式，出版生态也向“公民化”与“互动化”的趋势发展，编辑角色应融入汉斯·约阿斯提出的反思行为或者创造性行为的理论，编辑不是刻板的一成不变的存在，开放的互动结构对其身份有多重期待，例如通过反思，编辑意识到在擅长文字编辑之余，还要掌握计算机技术，擅长社交活动，懂得商业经营，方可适应新的工作环境。多重期待加之于一个角色，角色通过反思不断调整自己的能力素养，编辑与读者、作者在出版新模式中一起重构，使角色免于被消解的风险，重新构建稳定的地位和身份。

（三）媒介化：编辑角色的消解与重构

媒介化的过程致使信息的传播链条中没有孤立的个体，新媒体将不同主体以节点的形式联结成网状。由于新媒体渠道、媒介形式及内容的多样性，在编辑文本内容时，就不能忽略承载文本的媒介之逻辑。

由于电子移动阅读设备普及，读者的阅读方式媒介化，具体体现为读者阅读时间趋于碎片化，阅读空间趋于私人化，阅读内容趋于个性化。文本形式上要适应电子屏幕的大小和阅读体验，文本内容上鼓励运用各种超链接形式增添内容的趣味性。新媒体技术需要编辑的角色成为集文本专

---

① 詹姆斯·W. 凯瑞. 作为文化的传播观［M］. 北京：华夏出版社，2005.

家、技术专家以及美学专家的综合体。

出版流程也超媒介化发展，在传统出版中，作者和读者是被割裂的两个主体，编辑角色是连接不同主体之间的桥梁，而在媒介化中，分割的状态被打破，没有孤立的主体和行动者，任何节点之间都可以建立关联，从这个角度可以理解为何媒介化具有强大的效果，媒介将一切“他者”纳入系统中。有了媒介的联结功能，传统编辑里“构建关系”的角色功能被淡化，但这不代表编辑角色已无足轻重。在媒介重塑的出版共同体中，大大小小的主体被涵盖，由此也产生了新的冲突、对立和不连续。新的问题需要具备专业素质的编辑重新组织多方对话和谈判以寻求共识，构建和谐的共同体。

四、结语

总而言之，转型期即是风险，又是挑战。要避免被消解的风险，编辑就要抓住机遇做好以下三点角色转型：第一，摒弃传统编辑知识系统过于单一片面，逃脱传统经验桎梏，由业内专家向知识杂家发展；第二，避免在结构互动中过于僵硬死板，缺乏创新、做一个互动体系中的反思者；第三，摸清媒介化线索，主动适应媒介逻辑，做好“主持人”的中间角色。从这几个方面重新定位编辑角色，做复合型人才，方可适应新形势的需求与挑战。

本文从传播学的视角切入，在新的传播框架中探讨编辑如何成功转变角色适应新的工作场域，但转型成功与否除了与编辑自身的能力、素质相关外，还不能忽视社会大环境框架中的政治、经济、文化等因素。比如编辑的收入是否能够支持其完成综合能力的配备，政治环境是否对编辑的工作内容有所限制等，这些问题都对转型期的编辑角色定位有至关重要的影响。目前编辑角色如何转型，转型的结果如何，前景尚不明确。

【第三篇】

出版机构与出版活动研究

40 年来我国图书版权贸易的阶段性及基本规律探析[①]

洪九来

（华东师范大学传播学院，上海，200241）

摘要：从影响图书版权贸易生态环境的整合视角看，40 年来我国图书版权贸易可以划分为自发自为的探索期、快速发展的上升期、理性趋稳的成熟期等三个接续而又跃升的不同时期。从中可见图书版权贸易具有集经济、法律与文化等多向度跨国（地区）交流活动的本质特征，与我国社会经济制度尤其是出版体制的改革、国内立法保护以及参与国际共同保护的法制化进程、国家文化“走出去”战略等产业环境变迁同步而协调地加以推进。我国图书版权贸易的历史进程与实践规律对今后在强化版权贸易主体的专业化水平、应对新技术条件下版权贸易的复杂化状况、注重“走进去”的传播效果等方面提供了有益的启迪。

关键词：改革开放；图书；版权贸易；“走出去”

版权产业本质上是一种基于知识文本的创意、加工、传播而形成的文化产业，版权是承载其价值形态的基本货币，也是驱动其实际运转的通行证，从这个意义上而言，版权产业等同于出版业，是知识产权业最原生态也是最重要的组成部分。图书版权贸易（下文简称“版贸”）[②] 是通过版权

---

① 本文系国家社科基金一般项目“改革开放以来我国图书对外版权贸易活动的整合研究”（12BXW022）的阶段性成果。本文主体内容曾题为《改革开放以来我国图书版权贸易保护总体进程及基本规律的整合研究》，收入论文集《中国特色社会主义：实践探索与理论创新》，上海人民出版社 2018 年 11 月版。

② 从版权贸易主体关系而言，广义的图书版权贸易概念涵盖同一国家或地域内版权人与出版者之间的出版行为，狭义上仅指跨国或跨地域间的版权人与出版者就无形的版权作品进行转移使用的行为，习惯上称为图书对外版权贸易。本篇研究的对象取狭义的概念含义。

许可或版权转让两种基本方式使图书作品的专有使用权或所有权发生转移的贸易行为，它不仅是日益壮大的国际知识产权贸易的一种重要类型与呈现方式，同时，还是集经济、法律与文化等多向度意义的混合行为。因此，对图书版权贸易活动的历史审视不仅具有版权贸易单一产业属性的研究意义，更具有全方位观照国家相应的政治经济、社会文化等整体产业生态环境变迁的镜像意义。

改革开放40年来我国图书版权贸易发生了巨大的变革，也取得了长足的进步，某种程度上就是我国出版业发展进程的一个缩影。按照产业生态学的解释框架，图书版权贸易是由影响其市场行为及目标实现的各种环境因素共同促成的，这些环境因素既包括贸易活动外部客观存在的各种宏观条件，更涉及内部产业价值链中许多必备的微观要素；既依赖大量现实存在的影响条件，也涵盖许多潜在的发展动向。图书版权贸易活动依存于这个环境背景中，同时在产业实践中它自身又构成一个有机的环境系统，是出版业整体“生态环境”的核心组成部分。因此，对40年来较长时段内我国图书版权贸易的流变性与趋向性无法用单一的视角静态地进行把握，需要提摄版权贸易环境空间的多重要素动态地进行整合研究。具体考量是：以我国图书版权贸易生态环境综合因素的生成与交互作用为横向维度，既着眼于产业外部各种宏观环境的复合型驱动作用，又体察产业内部各种微观要素的构成变化与联结方式，立体而动态地观照改革开放以来我国图书版权贸易的演进过程与基本规律，并对今后的发展趋向提供前瞻性的启示。

一、40年来我国图书版权贸易的演进历程

依照上述整合研究的分析路径，以重要的时间节点与重大环境因子出现为划分标志，40年来我国图书版权贸易的全程可以划分为以下三个在接续中又明显跃升的不同发展时期。

（一）从改革开放之初到1990年《中华人民共和国著作权法》（以下简称《著作权法》）颁布，是我国图书版权贸易自发自为、大胆摸索的起步期

党的十一届三中全会开启了我国以经济建设为中心、改革开放的重大

历史转折期，作为时代喉舌的新闻出版业当时不仅以积极的舆论导向为改革开放鼓与呼，而且自身也进入了破除禁锢、拨乱反正的发展轨道。1983 年 6 月中共中央发出《关于加强出版工作的决定》，明确废除“以阶级斗争为纲”的极左指导思想，确立“为人民服务，为社会主义服务”的出版方针，要求“出版工作要在统一领导下，发挥中央和地方出版部门的积极性”。当时全社会思想启蒙勃发、求知欲望高涨，形成了全民“阅读热”，而图书产品严重供应不足形成“书荒”，针对这种现实中的矛盾问题，党和政府给予了许多突破性的政策支持。如 1984 年邓小平就指示，要花几十年的时间翻译出版世界学术名著。政治与思想文化领域的活跃氛围为 20 世纪 80 年代我国出版界大量翻译西学原著的热潮提供了环境契机。

在党的出版方针与政策发生重大改革的背景下，出版行政管理部门对图书版权贸易活动的管理方式也发生了较大的变化。一是颁布了若干与版权贸易相关的规章制度，使该领域的规制方式有了框架雏形。从 1981 年起，有关部门先后出台了《加强对外合作出版管理的暂行规定》《书籍稿酬施行规定》《图书期刊版权保护施行条例》等法规，1985 年 7 月还成立了专门指导全国版权管理工作的国家版权局，这些专门的规章制度与组织机构不仅为当时方兴未艾的版权贸易活动提供了规范机制，而且为我国制定正式的著作权法积累了基础。二是组织大量的出版对外交流活动，开阔封闭已久的国内出版业的眼界，为对外版权贸易活动搭建初步的服务平台。从 1978 年起，中国出版界先后派出多批次代表团访问欧美发达国家，了解国际出版业的信息与动向，同时，还选派一大批出版各环节的人员出国进行培训，提升包括版权贸易在内的各种业务能力。充分利用会展了解版权信息就是这一时期出版管理部门引导版权贸易工作的一大亮点，除了开始直接组织出版社参加知名的德国法兰克福、新加坡等国际书展外，还主动克服困难、创造条件在国内承办各类书展，如 1985 年在上海举办的改革开放后的第一次国际书展、1986 年在北京举办的第一届大型国际图书博览会等均取得了很好的成果，为图书版权“引进来”发挥了积极作用。

合作出版是 20 世纪 80 年代我国图书对外版权贸易的主流形式，它起自中美之间的贸易交流。在中美两国正式建交不久的 1979 年 5 月，双方正式签订了“贸易关系协定”，其中就有涉及双方对版权相互保护问题的专门条款。1980 年 8 月，中国大百科全书出版社与美国不列颠百科全书出版公司合作编译大型工具书《简明不列颠百科全书》，这是中方首次以支付咨询费的方式承认外方的版权，也是新时期我国对外合作出版的开启标志①。合作出版就是中外双方共商选题、共同编辑发行、共担成本、共享利益，主要发生在一些需要各方共同参与的特定图书选题上，以对外输出的品种为多。据统计，"从 1978 年到 1988 年，10 年里全国 100 多家出版社同世界 20 多个国家和地区的出版社，签订合作出版协议达 500 多个，而到 1995 年合作项目已达 1000 多项"②。合作出版形式是我国出版业在开放初期时能够借取的一种有效的贸易加文化的交流形式，为后续图书版权贸易的正式开展提供了丰富的经验，在我国版权贸易发展史上有初探者的角色意义。

当然，20 世纪 80 年代是我国出版业整体上恢复、重建的时期，计划经济的管理色彩浓厚，再加上还缺少进行版权贸易所需要的基础性立法，与海外市场的沟通也处于信息不对称状态，使得当时以版权许可形式实现的图书版权贸易活动并不普遍，绝大多数出版社的翻译出版活动均是在摸索过程中自发进行的，或者没有获得直接授权，或者以变相的"编译""内部发行"等不规范的规避形式出版，这在当时西学翻译出版热中表现得最为明显，构成萌芽成长期的基本表征。

（二）从 1990 年颁布《著作权法》到 2001 年加入 WTO，是我国图书版权贸易环境渐次规范、规模快速上升的发展期

进入 20 世纪 90 年代，我国图书版权贸易的生态环境有了质的提升，最突出的表现就是法律规范不断健全，为版贸活动提供了有法可依的制度性保障。1990 年颁布的《著作权法》是新中国成立以后我国第一次针对版权作品保护的专门立法，随后出台的《中华人民共和国著作权法实施条例》《中华人民共和国出版管理条例》《中华人民共和国计算机软件保护条例》等共同构成了我国版权保护的国内法体系。同时，我国还积极与国际规则接轨，于 1992 年分别加入《伯尔尼公约》和《世界版权公约》，为版权贸易的跨国性保护问题铺平了道路。另外，我国还与一些重要国家与地

① 李怀亮. 当代国际文化贸易与文化竞争［M］. 广州：广东人民出版社，2005：197.

② 郝振省. 中国新闻出版业改革开放 30 年［M］. 北京：人民出版社，2008：41.

区落实了具有法律效力的双边协议，如 1992 年与美国签署了《关于保护知识产权的谅解备忘录》，1987 年海峡两岸颁布相互保护著作权的政策等等，从而在法律层面解决了与这些版权贸易比较密集区域的历史遗留问题。到 2001 年底我国正式加入 WTO，无过渡期实施 TRIPS 协定，使版权贸易立法活动向国际化、现代化的要求又迈出了重要一步。经过 10 年多的努力，中国特色的现代版权贸易法律体系已经完整建立起来。

伴随着法律制度的健全，版权贸易的其他社会制度环境也在不断优化之中。此间我国出版主体的所有制形式开始多元化，国家对民营与外资企业初步开放与版权贸易相关的市场，许多国有类型的代理公司与国家级的版权集体管理组织、版权保护协会等也纷纷成立，为版权贸易实务提供了必备的服务体系。尤其是 1997 年党的十五大之后，出版业按照“建立统一开放、竞争有序的图书大市场”的体制构想，开始进行转企改制与集团化的试点工作，更是从经济体制与政府政策层面驱动出版企业面向国内、国外两个市场，在挖掘两个市场资源中发展转型。因此，在当时出版业分工比较固化、同质化竞争加剧，而市场有效供给不足、阅读状况下行的处境下，图书版权贸易活动成为出版企业谋求发展壮大的内生需求与有效途径。无论从参与的企业数量，还是从引进或输出的增长率、版贸涉及的品种类型看，图书版权贸易均进入一个快速增长期。据统计，我国图书版权贸易总量从 1990 年的 716 种增长到 2006 年的 105446 种，年均增长速度为 19.7%。2006 年，版权引进量是 1990 年的 30.8 倍，引进的年均增长速度为 23.9%；版权输出量是 1990 年的 5.7 倍，输出的年均增长速度为 11.5%①。这表明国家出版改革政策的效果开始显露，一批出版企业通过版权贸易崭露头角，在文学、经管、计算机科学、外语教育等细分市场开始拥有较高的份额，迅速树立了品牌形象。版权贸易不仅造就了大量的图书品牌，而且把众多出版社也推向行业的前列②。

在版权贸易快速发展的过程中，我国出版市场的一些普遍性弊端也在这一领域不可避免地暴露出来，如抬高版税、跟风引进、畅销书导向与过度营销、侵权盗版等等，这些无序状况本质上是由我国出版产业在市场化转型的调整周期规制与责任缺位或不到位所引起的。其中，严重的逆差现

① 包韫慧，王秋月．我国图书版权贸易 30 年回顾 [J]．出版广角，2008 (10)：19.

② 齐峰．我国版权贸易的发展轨迹及发展取向 [J]．编辑之友，2008 (6)：130.

象是这一时期版贸活动中较为突出的问题，暴露了我国出版业发展中一些需要深层次解决的危机。20 世纪 90 年代初，由于刚刚颁布《著作权法》与加入世界版权公约，法律的刚性制约效果发生作用，国内的版权引进出现了一定程度的萎缩，逆差也相对较小。经过大约五年的调整与适应，从 1994 年开始版贸逆差开始直线上扬，1996 年的逆差比为 10∶1，2003 年达到 16∶1 的高峰，此 8 年间一直徘徊在 10∶1 的平均线上下。如果从 1990 年起算，总体逆差平均值也近 7.2∶1。版贸逆差的原因是复杂多样的，直接表现为版权作品类型引进众多而输出单一、版权来源地集中强势而输出地分散弱势、版权企业地域分布与能力表现不均衡等等。进而表现为我国出版企业存在重引进轻输出、国际选题与全球出版的理念欠缺、对版权贸易的操作规则还不太娴熟等等观念与实务上的滞后现象。深层的原因是，版权贸易是国际区域间综合实力流动的风向标，“文化逆差”现象“不仅深刻地刻画了中国在当今世界的文化态势，也尖锐地反映了中国在世界舞台的真实地位”①。

（三）20 世纪以来，尤其是“走出去”战略实施以后，是我国图书版权贸易理性增长、发展趋稳向好的成熟期

中国加入 WTO 之后，为了应对“狼来了”的现实危机与长远挑战，同时也为了做大做强我国出版业，从出版大国向出版强国迈进，国家从文化战略层面作出了重大部署，为包括版权贸易在内的出版活动提供了难得的发展机遇。一是在转企改制推动下的集团化发展战略。从 1999 年起，新闻出版总署率先在上海世纪出版集团等四家单位进行转企改制的试点工作。2003 年 6 月，中共中央、国务院启动全面的文化体制改革试点。2009 年 3 月，新闻出版总署印发《关于进一步推进新闻出版体制改革的指导意见》，对我国新闻出版业的转企改制明确了“时间表”和“路线图”。到 2010 年底，全国 581 家出版社中的 528 家各类经营性出版社的转企改制任务已基本完成。与此同时，在政府主导下各类出版企业通过兼并重组进行了集团化的规模扩展活动。到 2011 年底，全国已组建了 120 家出版传媒集团，其中有 29 家出版集团公司。集团化从组织结构与规模能力上为企业大力从事

① 肖东发，张文彦. 出版创新与中国文化软实力［M］. 北京：中国社会科学出版社，2011：22-23.

版权贸易提供了更扎实的基础。二是与上述战略基本同步的出版“走出去”战略，为企业进行版权贸易提出了更直接的导向要求。2004 年，出版业首先启动以资助版权输出图书翻译费为重点的“中国图书对外推广计划”。此后新闻出版总署陆续出台了扶持新闻出版“走出去”的八项政策，启动“中国文化著作翻译出版工程”和“经典中国国际出版工程”等升级版资助项目，目前共实施了中国图书对外推广计划、中外图书互译计划、丝路书香工程等在内的八大工程。截至 2016 年，“推广计划”工作小组成员单位版权输出总量从 2007 年的 1132 项，增长到 2015 年的 4375 项；通过“对外推广计划”和“翻译出版工程”两个资助工程，国内出版机构与世界 70 多个国家的 500 多家出版机构建立合作关系。应该说，出版“走出去”战略对图书版权贸易的催化、优化作用已经见效，我国图书版权贸易的整体水平飞跃到一个新的层次，这主要显现在以下几个方面：

首先，版贸企业的专业化能力与品牌意识明显提升。在全国绝大多数出版企业纷纷参与版贸业务、涉足企业不均衡状况得以改变的前提下，一批基础良好与资源优越的企业更是紧紧基于外向型的发展定位，以版贸为抓手深耕国内细分市场，成为具有明显产品优势与经营特色的品牌企业，诸如外语教育市场上的“南北二强”、经管类引进图书的“四强”等等。当然，版贸中的品牌意识更多显现在众多精品加长销品的产品线或产品项目上，如江苏人民出版社坚持耕耘数十年的“海外中国研究丛书”、人民文学出版社的超级畅销书《哈利·波特》系列丛书等等，举不胜举。总之，通过版权贸易丰富了我国出版业品牌经营的内涵。

其次，版权贸易的理性实践能力得以提升，逆差现象有较大的好转。版权企业的理性行为主要体现在两个方面：一是利用优秀的传统资源或当代生活推出类型化的原创作品，用本土化的精品力作引导读者的阅读习惯，一定程度上改变了引进类热门图书长期占据某一细分市场的被动局面；二是加大对外输出的力度，积极参与全球的各类书展、国际选题等版权交流活动，基于一些有国际市场潜力的品牌作家作品精心打造，用输出实效部分纠正了盲目引进的不健康状态。“重原创”与“重输出”两点在实践中又是关联一体的，好的本土作品往往也是成功的输出对象，像这些年来莫言、曹文轩的获奖作品和《狼图腾》《解密》等“类型小说”在国际市场上获得认可的成功例子无不说明这一版贸规律。理性务实的版贸活动使得一直高起不下的逆差状况大有好转，从2003年最高峰值的1∶16一路下行，至2016年降为1∶1.99。而且在局部市场趋势更好，如现在与港澳台地区的版贸已基本平衡，儿童图书领域也有望达到平衡等等。

最后，版权贸易的经营模式有所创新，灵活多样的实践方式提升了企业的运营效率。目前我国不少出版企业尤其是集团层面在版权贸易的战略规划上大致以对内、对外两种资源合作模式进行，对内就是打破体制的束缚，与有品质的民营出版或代理中介进行深度嫁接，合作共赢，如人民文学出版社与上海九久、人大出版社与“梁晶工作室”等等，形式不一，但效果显著。对外就是基于自己的发展定位与产品特点与国外知名的出版企业进行对接，开展长期而稳固的版权项目合作，如外教社与牛津社、世纪出版集团与麦格劳·希尔、地图出版社与Lonely Planet等等的战略合作都卓有成效。在版权项目的具体运作上更是新意迭起、各显神通，除了常规的版贸方式外，参与国际出版计划、中外双方共同策划选题、中外作者资源合作等等合作出版类型不断涌现。

二、40年来我国图书版权贸易进程显现的基本规律

通过以上对近40年来我国图书版权贸易阶段性的简要回顾，从中可以发现其发生发展有一些基本的规律性特征，极大地丰富了改革开放以来我国出版业不断探索的理论价值与实践内涵。

（一）图书版权贸易本质上是一种市场化导向的文化产业活动，伴随着我国社会经济制度尤其是出版体制的改革进程而一步步得以成长壮大

改革开放以来，我国出版业在经济体制从计划经济向社会主义市场经济转变的大背景下，自身也历经了一个从完全计划性的事业性质向以市场化为主的企业性质的巨大变革。从20世纪80年代初以发行业的改革为突破口，到新世纪国家吹响全面转企改制的号角，沿着集团化、股份上市化、国际拓展化等具体步骤一步步深入，“统一开放、竞争有序的图书大市场”的出版格局可以说是水到渠成、蓄势而发。通过改革举措，确定了我国出版企业自主经营、自负盈亏的市场主体地位，同时也倒逼它们从一

味依赖政府到依赖市场的观念更新。版权贸易作为出版业的一项既常规又重要的经营业务，某种程度上是验证出版企业市场主体意识与能力的一块试金石。许多勇于“吃螃蟹”的企业用成功的实践证明了版权贸易的产业价值，渐渐引领我国出版企业整体经营理念的更新，使版权贸易活动成为出版主体的一种内在化需求，这在本质上是市场化体制下的一种自觉的行为反应，对健全我国整体出版生态不无裨益。例如，我国版贸逆差的成因虽然众多，但主要症结还是存在于市场主体行为之中，盲目引进与输出意识缺失的现象本身就是市场观念不成熟的表现，也只能依靠出版企业自身的纠偏活动来加以解决。2003 年以后我国出版企业的版贸活动开始呈现理性与冷静的趋向，版贸逆差的状况已大为改观，“这说明版权贸易中市场机制开始发挥越来越大的作用”①。

版权贸易的市场化机制还集中体现在民营书业的参与度上。各类非公有文化企业在当下我国图书版权贸易中的角色地位是显而易见的，从选题策划、代理合同、组织翻译、编辑加工到印制发行，几乎全流程可见其活跃的身影，而且产品的规模与市场实际覆盖率越来越大，品牌效应也开始凸显，这种现象本身足以说明驱动版贸经营的活力之所在。我国民营书业从改革开放之初的匿名化甚至污名化到现在的正名化，也是在出版体制的市场化改革中得以实现的，同样得益于国家鼓励政策释放的红利。尤其是国家为落实“十二五”时期新闻出版业发展规划，及时推出了力度巨大的加快行业发展的指导意见，鼓励国有出版传媒集团与非公有文化企业开展产品、项目、资本等全方位的合作，“允许国有出版传媒集团引进具备资质的非公有文化企业作为国有出版传媒集团的一个部门参与出版活动；允许出版传媒集团控股或参股成长性较好的非公有文化企业，实现跨所有制发展”②。在政策导向推动下，各地积极探索跨所有制合作的新体制与模式，更加释放了民营书业在版权贸易中的潜能。例如，2015 年北京地区对民营企业的对外专项出版权进行业务试点，给予作为混合所有制的北京华语联合出版对外出版的专项权，这是国内非公有制文化企业首次获得对外出版资质的重大举措，

① 肖东发，万荣水，白贵. 华文出版与软实力［M］. 北京：中国书籍出版社，2010：169.

② 关于加快出版传媒集团改革发展的指导意见［N］. 中国新闻出版报，2012-02-27.

为民营企业的图书产品直接进入欧美主流销售渠道提供了制度支持。

（二）图书版权贸易是依循知识产权贸易规则的法律活动，在我国国内立法保护以及参与国际共同保护的法制化进程中同步协调地获得健康成长

跨国间的图书版权贸易既是微观产业链上主体之间利益的博弈与共享，同时又关涉不同国家与地区宏观利益的占有与分配，因而其法律规范化的刚性色彩特别明显，内在地演绎了市场经济就是法制经济的产业逻辑。以1990年《著作权法》颁布为界线，我国版权贸易的法律环境发生了明显的改观。此前是一个从无到有的量变过程，尽管适应当时的出版需要陆续制定了一些零散的规章制度，但由于统领性的专门法律的缺席，使我国版权贸易的整体活动还处于无章可依的不规范状态，侵权出版的现象比较严重，时时面临以美国为代表的版权强国的质疑与压力，因此版权贸易的质与量均是有限度的。此后是一个从有到优的质变过程，不仅通过制订一系列具体实施条例完善了我国著作权法的体系，而且先后加入多种国际条约主动与世界接轨，使我国版权贸易的立法进程完全融入现代化的行列。目前，我国正在积极推进《著作权法》的第三次重大修改活动，同时还积极介入国际框架下的新型知识产权的立法议程，2012年成功推动WIPO主导下的《视听表演北京条约》的缔结。以上种种表明，“中国政府实际上将知识产权保护领域的国际压力变为了国际推动力”，为现代版权经济的健康发展提供了必备的制度安排①。可以说，“中国版权的立法保护水平在整个知识产权制度体系中是最与国际接轨的一个，而在整个法律体系中，知识产权制度作为一个大类也是站在了与国际接轨的最前沿”②。当然，积极的立法只是提高版权保护强度的一个方面，有效的行政执法能力与司法服务水平也是重要的构成指标。我国多年来一直坚持开展“扫黄打非”“剑网行动”等版权专项治理活动，已建立了专门的知识产权法庭提高审判效率，开始重视版权作品登记与产业分类统计等基础性的建设事

① 朱鸿军. 新媒体时代我国版权保护制度的优化研究［M］. 苏州：苏州大学出版社，2012：24.

② 彭辉. 版权保护制度理论与实证研究［M］. 上海：上海社会科学院出版社，2012：27.

项，为我国图书版权贸易的飞跃式发展切实承担了保驾护航的责任。总之，经过40多年坚持不懈的法制化建设，使版权企业牢固树立了“不侵权”与“要维权”的双重法律意识，逐步形成了以图书版权贸易为抓手的版权战略管理思维。

（三）图书版权贸易是显现国家文化软实力的一个重要载体，随国家对外文化战略的推进而同步获得发展

图书版权贸易本体上是一种对外贸易的经济行为，但由于其产品天然地带有意识形态与外部性的价值，嵌入其经济功能之中的文化流动与思想交融功能也与生俱来，商品流通与文化传播集于一体的双效属性十分强烈。因此，版权贸易的状况往往是衡量一个国家或地区经济文化综合实力的一个尺度，也是观测国际版图上文化软实力变动趋势的一个晴雨表。例如，我国版贸逆差问题尽管自20世纪以来已大有好转，但与欧美版权强国间的逆差情况还是十分严重，尤其是美国一直是我们逆差的最大来源国，近年来中美图书版权引进、输出比还高居5∶1左右，不平衡的状况短期内难以解决。如果从美方市场一面考察这种成因，其“重输出、轻引进”现象背后其实是霸权文化逻辑的必然推演，它利用居于高势位的版权资源优势对外强力传播自己的文化价值，而对外来文化尤其广大发展中国家的文化成果则显示出某种排拒与傲慢，这是我们在应对中美版权贸易不平衡状况时必须超越狭隘的产业维度而要深度关注的视域。因此，图书版权贸易是一种围绕无形的知识劳动而展开的多层面的“讨价还价”，在其产业性之上具有更加广泛的国际政治与文化意义。无论对传统出版还是数字出版而言，版权文本均是本源性、战略性的资源，“版权的控制权实际上就是文化的控制权，控制了版权就控制了文化，……脱离了对各类作品版权的拥有和控制，就谈不上出版产业”①。

我国图书版权贸易活动无疑也肩负着践行国家意识形态与文化政策的使命，其发展历程与中国文化对外传播能力的不断进步是相合拍的。20世纪八九十年代，由于国门初开，我们综合国力的底子非常薄弱，所以，“让世界了解中国”的对外文化努力是较为被动的，“让中国了解世界”是

① 阎晓宏．控制了版权就控制了文化［N］．中国新闻出版报，2013-02-21（4）．

我们主动、主导的文化政策，这从我国当时创造条件甚至作出一些让步积极加入国际版权贸易的行列、版权引进蔚然成风的状况中就可以得到印证。20世纪以来，由于我国经济持续多年的高速增长创造了世界奇迹，再加上我国几乎所有领域在对外开放中已融入全球一体化的格局，“中国模式”“中国道路”等文化成果已到了蓄势待发、自然外溢的时刻。因为“人类文明的发展历史一再证明，主流经济决定了主流文化，一国经济发展的程度与水平决定了其文化在世界范围的传播和流布的广度与深度”①。20世纪初我国开始实施“文化强国”、出版“走出去”重大战略，2008年颁布《国家知识产权战略纲要》，2012年发布《关于加快出版传媒集团改革发展的指导意见》，这一系列的重大文化政策举措可以说是顺势而为、主动发力。在国家文化软实力大为提升的背景下，我国图书版权贸易活动既是客观的受益者，更是主体的实践者。版贸企业在获得国家各项政策扶持的同时，自身也在积极开拓出版对外传播的新空间，在目前的实践中先后探索出“借船出海”“造船出海”“买船出海”等各具特色但又层次递进的“走出去”模式。截止到2016年底，我国新闻出版企业已在50多个国家和地区以资产或品牌形式投资或设立各类分支机构450多家，初步完成了在海外的本土化布局，有力提升了我国图书版权“走出去”的步伐。

三、40年来我国图书版权贸易的进程及特征对今后发展的启示

改革开放以来我国图书版权贸易发生发展的轨迹显著地表明它是一个产业环境各因素发生整合效应下的产物，在变动、开放中求得相对平衡与协调的发展，成绩获益于对环境的正确应对，问题也来自对环境的不当反应。同时，版权贸易活动自我构成的产业生态圈又反作用于整体出版业的生态系统，倒逼各种宏观环境和微观因素的改善与优化。这种产业生态系统内外互动、整合建构的基本规律，对今后我国图书版权贸易的发展趋势提供了一些展望性的启示。

首先，图书版权贸易是一项专属性很强的产业活动，在出版对标国际

① 陈昕. 数字网络环境下传统出版社的转型发展［M］. 上海：格致出版社，2015：197.

的过程中，这种专业性、规范化的产业特性会越来越强烈地显示出来，对我国各类版贸主体的实践能力将会提出更高的要求。

相较于国内一般出版而言，对外版权贸易涉及的主体利益链更长、流程更复杂，需要统筹兼顾的产业性、法律性、文化性等内外综合因素更多。尤其是当下全球出版中出现产品专深化、市场细分化、竞争垄断化等新的趋向，必然对从事版权贸易企业的专业化与品牌化水准提出了更迫切的要求。因此，对我国图书版贸的经营主体尤其是传统出版企业而言，在树立企业版权战略管理的前提下，重点在版权贸易的发展定位与责任机制上要下力气“练内功”，在版权信息渠道建设、国际选题意识、谈判与履行能力、国际宣传推广等方面形成一体化的优势特色，真正使自己能够以版贸立身强体，在优胜劣汰的竞争机制中诞生一批真正与国际化接轨、有特色的专业型版贸企业。对我国出版管理职能部门而言，进一步为版权贸易的转型升级提供制度安排与产业服务是当务之急。诸如版权代理组织的不足、版权集体管理的效率偏低、版权行业协会的功能有限等等，这些我国版贸中介性环节一直存在的弱项根源于我国版贸市场的社会化分工还不太合理有效，需要政府管理部门在简政放权、理顺市场关系上进一步努力。

其次，数字技术背景下版权的新颖性与融合性特征越来越凸显，传统的版权理论与交易制度正在颠覆中被重新建构，这种转型中的复杂化状态必然也会深刻影响版权贸易的具体活动。

数字传播技术对传统版权贸易活动的冲击力是广泛而深度的，仅以授权方式的复杂化而言，传统图书版权贸易的授权方式单一且明确，一般以纸质图书的区域性翻译出版专有权的形式来实行，但新技术背景下版权内容的扩大化以及使用方式的多样化使版贸得以进行的关键环节成为问题，挑战与机遇并存。一是出现许多新的出版形态，如纸电同步出版、自出版、按需印刷等等使图书专有出版权的含义发生变形，引起许多还没有法律统一性的争议问题。如近年来出现的美国版权经纪人安德鲁·怀利从传统出版商手中抢占作家电子版权现象，以及“百度文库”出版风波等中外典型事例，无一不表明数字版权在丰富了作品版权内容的同时极大地改变了作品的传播方式，使版权贸易原来的授权形式与获益方式均面临挑战。二是在媒介融合的趋势下版权营销的模式发生改变，“版权交易已不再是

《哈利·波特》时代了，就是单纯地购买书籍的版权，如今都是 IP 的‘打包式’销售”①。国内近年来在影视业兴起的 IP 热也大致能印证这种版权售卖的新动向。这就提醒国内传统出版业也要更新版权经营理念，既要谨慎授权、严格维权，又要大胆用权、勇于开权，让有限的版权资源在市场中生发出越来越大的价值效应。

最后，图书版权贸易是一种文化传播方式，传播的手段与过程固然重要，但传播的效果才是根本性的验证指标，如何从数量的增加到质量的提升、从“走出去”到“走进去”，这是今后我国图书版权贸易活动中最需要加以突破的难题。

20 世纪以来，在政府对外文化鼓励政策的强力推动下，版权企业“走出去”的热情高涨，图书版权对外输出取得一定的实效，在国际主流出版市场，中国图书的身影随处可见，这当然是值得肯定的。但其中有一个症结性的困境没有根本好转，就是我们输出的图书印数有限、实际销售状况堪忧、对海外受众发生真正影响的选题不足，真正的文化逆差还比较严重。如果按照让国际社会了解甚至一定程度上认同“真实的中国”这个高标准来衡量，中国图书“走出去”还处于不成熟的探索期，任重而道远。这其中有进一步加大扶持力度、发挥精准传播效力等政府宏观引导层面的问题，但主要的责任还应落在我国从事版权贸易的一线主体身上，因为大量事实已经表明：我们图书产品对外传播效果不好、在世界舞台上话语权不力，主要不是意识形态问题，也不是语言障碍问题，而是“我们传递的信息量不够，传递的信息不够准确，传递信息的方法不够聪明”②。因此，如何在竞争加合作的对外关系中提升自己的国际化意识与本土化技巧是出版企业的当务之急，只有在遵循国际文化交流一般规则的前提下，结合中国国情与企业优势创造出有自己特色的版权输出新产品、新市场、新模式，使“中国故事”既叫好又叫座，我们的出版企业才能真正做大做强，最终实现以有形的图书产品向世界弘扬中华思想文化的企业使命。

---

① 童薇菁. 马丁把版权卖给电视网 HBO，因为他有剑指罗马的野心［N］. 文汇报，2016-06-15（10）.

② 肖东发，万荣水，白贵. 华文出版与软实力［M］. 北京：中国书籍出版社，2010：10.

清前期的江南书市与长崎贸易

章宏伟

（故宫博物院故宫学研究所，北京，100009）

摘要：通过从《唐船输出入品数量一览1637—1833年》中提取载运汉籍唐船的出帆地，发现在顺治年间福建出帆的唐船运载书籍多，是出口汉籍的主力，建阳的衰落导致福建无书可供出口，1724年后唐船出帆地大部转移到了乍浦，在五六十年时间里，出口书籍规模大、数量多，反映了江南书籍市场的一个样态。湖州书船成就了乍浦在汉籍外销中的特殊地位。

关键词：长崎贸易；书籍之路；唐船出帆地；建阳；乍浦；湖州书船

日本永积洋子教授将荷兰商馆日记及报告书中，每一年度末所附载有关中国船进出口商品数量资料，汇集翻译成《唐船输出入品数量一览1637—1833年》一书，该资料虽然是荷兰通词提供的二手资料，有贸易品并未细加分类记载，对个别贸易船之记录有缺漏或错误，但其记录完整而连续，对整体及长期贸易状况的分析大有帮助。以往的研究主要是分析不同年代渡日书籍的数量变化，本文拟从《唐船输出入品数量一览1637—1833年》中提取载运汉籍唐船的出帆地，与当时的书籍市场结合，来分析各时期出帆地不同、特别是后期出帆地集中在江南的原因。荷兰档案1785年11月21日以后入港的唐船均无出帆地记录，对于本课题来说就没有统计意义了。而实际上，汉籍大规模从中国输往日本的行为到1785年已经告一段落。本来还应该再补上《华夷变态》等文献中记载的唐船出帆地，只是限于时间，只能留待他日了。

一、清代前期运载书籍进入日本唐船的出帆地

《唐船输出入品数量一览1637—1833年》中对唐船的记录有一段时间

空档，即没有 1683—1724 年的记录，所以本文对于运载书籍进入日本唐船的出帆地的统计，也分为两个阶段。

（一）1683 年前运载书籍进入日本唐船的出帆地

清代前期运载书籍进入日本唐船的出帆地，最早见于顺治三年（日本正保三年，1646 年），1646 年 4 月 15 日到长崎港的福州船运载了汉籍，1646 年 9 月 5 日到长崎港的漳州船运载了书籍。南京船最早运载书籍进入日本是在 1650 年 3 月 23 日，运载汉籍 2 箱。

下面我就按照运载书籍进入日本唐船的出帆地列出统计表（年、月、日采用简写形式）：

福州船：（顺治三年，正保三年）1646.4.15 汉籍；（顺治七年，庆安三年）1650.2.26 汉籍 1 包，1650.4.27 书籍 32 箱，1650.8.24 汉籍 4 箱，1650.9.19 汉籍 5 箱；（顺治八年，庆安四年）1651.6.8 汉籍 1 包，1651.8.25 汉籍 10 箱；（顺治九年，承应元年）1652.3.13 汉籍 3 箱，1652.3.16 汉籍 3 箱；（顺治十一年，承应三年）1654.5.30 书籍 2 箱，1655.1.23 中国历史书 12 箱，1655.2.1 中国历史书 5 包；（顺治十三年，明历二年）1656.4.27 中国书籍 3 箱，1656.4.29 汉籍 8 箱；（顺治十六年，万治二年）1660.1.20 书籍 20 箱；（康熙二十一年，天和二年）1682.6.4 历史书 1 箱。

漳州船：（顺治三年，正保三年）1646.9.5 书籍；（顺治七年，庆安三年）1650.9.2 汉籍 6 箱。

安海船：（顺治七年，庆安三年）1650.3.7 汉籍 1 包；（顺治八年，庆安四年）1651.8.7 汉籍 1 箱；（顺治十一年，承应三年）1654.11.5 汉籍 27 箱，1655.2.4 中国历史书 5 包；（顺治十二年，明历元年）1655.7.17 书籍 4 箱，1655.8.21 书籍 4 箱，1655.9.1 书籍 3 箱；（顺治十四年，明历三年）1657.3.28 汉籍 12 箱，1657.3.30 汉籍 6 包，1657.7.8 汉籍 4 包，1657.7.20 汉籍 3 箱；（顺治十五年，万治元年）1658.8.10 汉籍 1 箱；（顺治十六年，万治二年）1659.12.25 书籍 5 箱，1660.1.1 汉籍 1 箱，1660.1.2 汉籍 21 箱；（顺治十七年，万治三年）1660.2.23 书籍 27 箱（漂着萨摩），1660.3.27 书籍 3 箱，1660.4.3 书籍 14 箱，1660.7.6 书籍 5 箱，1660.7.15 书籍 3 箱，1660.8.20 书籍 2 箱，1660.8.24 书籍 2 箱（大

泥船，经由安海）。

南京船：（顺治七年，庆安三年）1650.3.23 汉籍 2 箱；（顺治八年，庆安四年）1651.8.2 汉籍 12 箱；（顺治十年，承应二年）1653.4.6 书籍 35 箱，1653.8.26 书籍 40 箱，1653.9.16 书籍 12 箱；（顺治十四年，明历三年）1658.1.3 汉籍 3 箱；（顺治十七年，万治三年）1660.3.12 书籍 27 箱，1660.4.22 书籍 3 箱；（康熙二年，宽文三年）1663.4.22 书籍 2 箱；（康熙二十一年，天和二年）1682.5.16 汉籍 2 箱。

舟山船：（顺治七年，庆安三年）1650.5.29 书籍 3 箱，1650.11.23 汉籍若干，又一艘汉籍 1 箱；（顺治八年，庆安四年）1651.9.3 汉籍 3 箱；（顺治十五年，万治元年）1658.7.31 汉籍 30 箱。

安南船：（顺治七年，庆安三年）1650.8.20 书籍、纸 10 包。

国姓爷（一官）：（顺治十二年，明历元年）1655.7.9 书籍 2 箱；（顺治十八年，宽文元年）1661.5.17 汉籍 31 箱。

东京船：（顺治十四年，明历三年）1657.8.20 汉籍 2 箱。

暹罗船：（顺治十五年，万治元年）1658.8.1 汉籍 12 箱；（康熙二十一年，天和二年）1682.6.30 中国历史书 19 箱，1682.7.20 历史书 2 箱。

沙埕船：（顺治十六年，万治二年）1660.1.22 书籍 26 箱。

广东船：（康熙二十一年，天和二年）1682.7.？历史书 7 箱，1682.8.17 中国历史书 1 箱。

台湾船：（康熙二十一年，天和二年）1682.8.28 中国历史书 1 箱。

（二）1724 年后运载书籍进入日本唐船的出帆地

出帆地不明：（享保十九年）1734 汉籍 2 组；（宝历六年）四番船 1756.4.27 汉籍 6 组；（明和八年）五番船 1771.4.18 汉籍 2 组；（安永二年）船 1 只 1774.2.2 汉籍 600 册；（安永三年）一番船 1774.7.22 书籍 8 箱，二番船 1775.1.7 书籍 1 箱；（安永四年）八番船 1775.7.3 书籍 8 组；（安永六年）六番船 1777.4.30 汉籍 21 箱，十一番船 1777.12.24 书籍 4 箱，十二番船 1777.12.24 书籍 5 箱，十三番船 1778.1.11 书籍 13 箱书 1 对，（前年度）一番船 1778.1.11 书籍 15 箱；（安永七年）十一番船 1778.8.25 书籍 17 箱，十二番船 1778.8.25 书籍 5 箱，十三番船 1778.8.25 书 1260 箱，船 1 只 1779.1.27 书 15 箱；（安永八年）船 1 只

1779.11.4 汉籍 19 箱；（天明五年）四番船 1785.8.2 几何学书 1 组。

南京船：（宝历四年）八番南京船（南 8 宁 2 乍 10 厦 2）1754.2.2 汉籍 20 箱；（宝历七年）？1 宁 1 乍 6 厦 2，1757.3.17 汉籍 13 册；（宝历八年）南京船（73 人乘），1758.5.19，汉籍若干，南京船（66 人乘）1758.5.19 汉籍 11 箱；（宝历十年）八番南京船（南 1 宁 2 乍 6 厦 2）1760.3.30 各种书籍 16 箱；（宝历十三年）五番南京船（宁 2 乍 8 广东 1 疑广东 1 东京 2）1763.6.9 各种书籍。

广东船：（宝历三年）六番广东船 1754.1.10 各种书籍。

宁波船：（宝历五年）四番宁波船（南 2 宁 3 乍 5 定 2 厦 1 广东 1）1755.10.15 汉籍若干；（明和二年）十二番宁波船 1765.9.21（将军用）书籍 2 组。

定海船：（宝历五年）五番定海船，汉籍 856 册。

乍浦船：（宽延二年）二番乍浦船（南 3 宁 1 乍 5 厦 4 广东 2）1749.12.26 中国历史书 15066 册；（宝历七年）六番乍浦船 1757.9.12 各种书籍 7 箱；（宝历九年）乍浦船（66 人乘）1759.4.3 书籍 6 箱，乍浦船（？2 南 1 宁 3 乍 6 厦 1）1759.5.16 书籍 5 箱，乍浦船 1759.5.16 汉籍 3 箱，乍浦船（57 人乘）1759.5.16 书籍 26 箱；（宝历十年）乍浦船 1761.1.20 汉籍 2 组，乍浦船 1761.1.20 汉籍 1 箱；（宝历十三年）十四番乍浦船（64 人乘）1763.8.25 书籍 55 册；（明和元年）四番乍浦船（南 2 乍 13）1764.5.14 书籍 4 箱，九番乍浦船 1764.8.9 中国书籍 12 组，十一番乍浦船 1764.8.17 书籍 63 组；（明和二年）九番乍浦船（宁 3 乍 9）1765.8.12 各种书籍 33 箱；（明和三年）八番乍浦船（乍 9 宁 1epha1）1766.7.31 汉籍 24 册，九番乍浦船 1766.7.31 汉籍 70 册，十番乍浦船 1766.8.8 汉籍 13 组，十二番乍浦船 1766.8.24 汉籍 2 箱/汉籍 4 组；（明和四年）一番乍浦船（217 人乘）（乍 6 定 1 交 2 广南 1zoezio1）1767.5.11 书籍 6 箱、中国汉字书 13 组，一番乍浦船 1768.1.9 本七组；（明和五年）五番乍浦船（乍 8 南 2）1768.3.29 书籍 78 箱；（明和六年）九番乍浦船（乍 14 广南 1 广东 1）1769.7.27 汉籍 2 箱，十番乍浦船 1769.7.27 书籍 3 组，十三番乍浦船 1769.8.10 书籍 5 组；（明和七年）乍浦船（乍 11 船 4 厦 1）1770.2.3 书籍 1 箱，三番乍浦船 1770.3.25 汉籍 15 组，四番乍浦船 1770.3.25 汉籍 3 组，十番乍浦船 1770.8.31 汉籍 4 组；（明和八年）四番船（乍9船3）1771.4.18各种汉籍55组，九番乍浦船1771.7.31汉籍61箱/汉籍3组，十番乍浦船1771.8.9汉籍1组；（安永元年）乍浦船（乍6船4）1773.1.18汉籍1箱；（安永二年）一番乍浦船（乍15船1）1773.2.15汉籍21箱，二番乍浦船1773.4.12汉籍40册，五番乍浦船1773.4.12汉籍10册，六番乍浦船1773.8.16汉籍23箱，七番乍浦船1773.8.27汉籍2册，八番乍浦船1773.9.4汉籍30箱，乍浦船1774.2.2汉籍6册，乍浦船1774.2.2汉籍30册，乍浦船1774.2.2汉籍10000册，乍浦船1774.2.2汉籍100册；（安永三年）四番船（乍4船8）1774.4.9书籍11册，六番乍浦船1774.7.22丛书25组；（安永四年）六番船（乍7船4）1775.5.3书籍7箱，七番乍浦船1775.6.25汉籍46组，九番乍浦船1775.7.23书籍2箱，十番乍浦船1775.7.23书籍34组，十一番乍浦船1775.7.30书籍13箱，十二番乍浦船1775.8.31书籍14组；（安永五年）一番乍浦船（日本人10人）（乍9定1）1776.2.23书籍3箱书籍1组，四番乍浦船1776.4.8汉籍24箱，五番乍浦船1776.4.8汉籍3箱，七番乍浦船1776.5.9书籍68组，六番乍浦船1776.5.19书籍27箱，乍浦船1777.1.11书籍7箱，乍浦船1777.1.11书籍4箱，乍浦船1777.1.11书籍4箱；（安永六年）四番乍浦船（乍5船5）1777.4.11中国历史书1组，五番乍浦船1777.4.11书籍12册，八番乍浦船1777.12.1书籍36箱；（安永七年）四番乍浦船（乍7船6）1778.3.22各种汉籍11箱，五番乍浦船1778.7.13汉籍19箱，七番乍浦船1778.7.28汉籍44册，九番乍浦船1778.8.25书籍9箱；（安永八年）四番乍浦船（乍6船3）1779.7.24汉籍32组，五番乍浦船1779.7.24汉籍4箱，八番乍浦船1780.1.14汉籍2组，九番乍浦船（65人乘）肥后漂着1780.1.14汉籍4箱，十番乍浦船1780.1.14汉籍6箱；（安永九年）十一番船（乍10船1）1780.2.23各种书籍54箱各种书籍7组，十二番乍浦船1780.4.25各种书籍4种，一番乍浦船1780.9.6汉籍8箱，二番乍浦船1780.9.6汉籍12箱，三番乍浦船1780.12.27书籍14箱，四番乍浦船1780.12.27书籍17箱书籍1册，五番乍浦船1780.12.27书籍43箱，七番乍浦船1780.12.27书籍15箱，八番乍浦船1780.12.27书籍17箱；（天明元年）九番乍浦船（乍15）1781.2.10汉籍4箱、汉籍4包，十一番乍浦船1781.2.25书籍3箱，十二番乍浦船1781.2.25书22箱，二番乍浦船1781.7.21书5种，三番乍浦船 1781.7.21 书 14 包，四番乍浦船 1781.7.24 书籍 15 箱；（天明三年）四番乍浦船（乍 15）1783.6.13 汉籍12 册，六番乍浦船 1783.6.13 汉籍 4 箱，七番乍浦船 1783.7.26 各种书籍 16 箱，八番乍浦船 1783.7.26 书籍 12 箱，十番乍浦船 1783.7.30 汉籍 9 箱，十三番乍浦船 1783.11.24 汉籍1组；（天明四年）四番乍浦船 1784.1.29 汉籍 12 箱，五番乍浦船 1784.1.29 汉籍 10 箱，九番乍浦船（乍 18 萨漂 2）1784.7.17 汉籍 30 组（将军用）汉籍 5 箱，十一番乍浦船 1784.7.17 汉籍 11 箱和（将军用）汉籍 9 组，二番乍浦船 1784.7.17 汉籍 6 册，三番乍浦船 1784.7.17 汉籍 2 箱（将军用）汉籍 320 册，七番乍浦船 1785.1.1 汉籍 1 组；（天明五年）十一番乍浦船（乍 4 船 6）1785.3.15 汉籍 2 箱。

厦门船：（宝历八年）厦门船（39 人乘）1758.5.19 汉籍若干。

东京船：（宝历十三年）十三番东京船（67 人乘）1763.8.18 兔皮书籍 4 册。

本文将上面统计的这段时间统称为清前期。

在进入讨论之前，先将出帆地为安南［（顺治七年，庆安三年）1650.8.20 书籍、纸 10 包］、东京［（顺治十四年，明历三年）1657.8.20 汉籍 2 箱；（宝历十三年）十三番东京船（67 人乘）1763.8.18 兔皮书籍 4 册］、暹罗［（顺治十五年，万治元年）1658.8.1 汉籍 12 箱；（康熙二十一年，天和二年）1682.6.30 中国历史书 19 箱，1682.7.20 历史书 2 箱］的 6 条船摘除。这 6 条从东南亚出帆的奥船，从哪里进的书籍，现在情况不明，是否是经停中国港口时买入，有待继续研究。

其他出帆地可以分为两类：

1. 福州船、漳州船、安海船、国姓爷（一官）、沙埕船、广东船、台湾船、厦门船。广东船 3 艘［（康熙二十一年，天和二年）1682.7.? 历史书 7 箱，1682.8.17 中国历史书 1 箱；（宝历三年）六番广东船 1754.1.10 各种书籍］或许出帆地是广州。国姓爷（一官）［（顺治十二年，明历元年）1655.7.9 书籍 2 箱；（顺治十八年，宽文元年）1661.5.17 汉籍 31 箱］与台湾船［（康熙二十一年，天和二年）1682.8.28 中国历史书 1 箱］都是郑成功及其台湾郑氏，顺治年间的 2 艘或许出帆地在福建，这里暂不讨论。厦门船为（宝历八年）1758.5.19 汉籍若干。其他出帆地都是顺治年间从福建各地出帆的。这将是本文要讨论的第一个问题，为什么在顺治年间福建出帆的唐船运载书籍多，是出口汉籍的主力，而后又戛然而止了？

据平泽元恺所著《琼浦偶笔》记载：日本安永四年（清乾隆四十年，1775 年）六月，由厦门起航的清商船，所载货物除丝一千斤和各种丝织品计九千八百多匹及各种红毡二千六百二十条、一元色氆氇（一件）等商品外，便是《十三经》《二十四史》《渊鉴类函》等书籍。

2. 南京船、舟山船、宁波船、定海船、乍浦船。周振鹤教授已经指出，因为南京或曰南直隶在明朝是一个高层政区，延续到清朝依然如此称呼，“所有号称南京船的其实绝大部分都是上海出发的船，只有极少数是由苏州等地出发的，与今天的南京毫无关系”。这些出帆地可以归为一个区域——江南。而且，虽然南京船［（顺治七年，庆安三年）1650.3.23 汉籍 2 箱；（顺治八年，庆安四年）1651.8.2 汉籍 12 箱；（顺治十年，承应二年）1653.4.6 书籍 35 箱，1653.8.26 书籍 40 箱，1653.9.16 书籍 12 箱；（顺治十四年，明历三年）1658.1.3 汉籍 3 箱；（顺治十七年，万治三年）1660.3.12 书籍 27 箱，1660.4.22 书籍 3 箱；（康熙二年，宽文三年）1663.4.22 书籍 2 箱；（康熙二十一年，天和二年）1682.5.16 汉籍 2 箱］、舟山船［（顺治七年，庆安三年）1650.5.29 书籍 3 箱，1650.11.23 汉籍若干，又一艘汉籍 1 箱；（顺治八年，庆安四年）1651.9.3 汉籍 3 箱；（顺治十五年，万治元年）1658.7.31 汉籍 30 箱］在上面统计的第一个时期有书籍出口，但明显数量并不是很多。但到了第二个时期，在五六十年时间里，江南出口书籍规模大、数量多，而且集中到乍浦出口，乍浦船在渡日唐船中不但数量多，而且载运的书籍也最多，在 35 年时间里就运载了 762 箱/407 组/25843 册/18 包/9 种书到达日本。为什么唐船出帆地大部转移到了乍浦？这反映了当时江南书籍市场是一个怎样的状态？这是本文要讨论的第二个问题。当然，本文的讨论仅仅局限于书籍市场，而不是刊刻地，文中有关书籍刊刻的讨论也是为市场服务的。大庭脩推断，清康熙三十八年实行内务府商人办铜制，将采买铜的中心移至距日本较近的江苏和浙江后，载有书籍的船只多集中于南京船和宁波船，与中国的出版业中心之所在地有相关。

当时日本长崎港登记的“宁波船”，基本上都是“乍浦港起航的船”，故正确的称呼应为“乍浦船”。如享保十一年（雍正四年）第 41 号厦门船和第 42 号广东船，都不是从厦门或广东起航的，而是在乍浦港分别装了厦门和广东出产的贸易品后才直驶长崎港的（据日本岛原本《唐人风说书》）。

二、建阳的衰落导致福建无书可供出口

福建建阳地处八闽山中，一直以来很少受到战乱的波及，有“潭阳自古好避兵”之说，社会秩序安定；建阳又是福建古代重要粮仓，这就为书坊的长期生存和发展打下了必要的基础。建阳是自宋代以来的三大刻书中心之一，刻书业非常发达。“自宋至明六百年间，建阳书林擅天下之富。”① 建阳刻书之地主要集中在永忠里（今麻沙镇）和崇化里（今书坊乡），因地而称刊印之书为“麻沙本”。景泰《建阳县志》宣称“天下书籍备于建阳之书坊”②。嘉靖《建阳县志》载：“书籍出麻沙、崇化两坊，昔号图书之府，麻沙书坊毁于元季，惟崇化存焉。”“建邑两坊，昔称图书之府，今麻沙虽毁，崇化愈蕃。”③ 弘治《八闽通志》记载：“建阳县麻沙、崇化二坊，旧俱产书，号为图书之府。麻沙书坊元季毁，今书籍之行四方者，皆崇化书坊所刻者也。”④ 崇化里还有专门进行书籍交易的集市：“书市在崇化里，比屋皆鬻书籍。天下客商贩者如织，每月以一、六日集。”建阳雕版极盛时期，永忠里和崇化里的书坊多达 220 多家，有名号可考的书坊主要集中在宋元以来累世传承的几家大姓，如余氏、刘氏、虞氏、叶氏、郑氏。明周弘祖《古今书刻》载建宁府书坊书目 265 种⑤，嘉靖《建阳县志》卷五载，嘉靖二十四年建阳书坊书目的统计数是 451 种⑥。这两个数据反映的只是明中叶建阳书坊书目的情况。嘉靖、万历时期建阳书坊的刻书进入了历史上的鼎盛时期，书铺林立，百肆争刻，刻本内容经、史、子、

---

① 叶德辉．书林清话：卷五［M］．北京：中华书局，1957：142.

② 赵文，黄璿．（景泰）建阳县志：续集：典籍［M］．济南：齐鲁书社，1986.

③ 冯继科．（嘉靖）建阳县志［M］．上海：上海古籍出版社，1962.

④ 黄仲昭．（弘治）八闽通志［M］．福州：福建人民出版社，1990.

⑤ 周弘祖．古今书刻［M］//冯惠民，李万健．明代书目题跋丛刊．北京：书目文献出版社，1994.

⑥ 冯继科．（嘉靖）建阳县志：卷五［M］．上海：上海古籍出版社，1962.

集、丛五部俱备，小说杂书大量行世，其数量虽无确凿记载，应当在千种左右，许多有名书坊集编校、刻印、销售于一体，书价低廉，行销四方。建阳书坊发展的规模和盛况，刻印书籍的数量，当居全国之冠，建阳因而有“图书之府”的美名。

明胡应麟《少室山房笔丛·甲部·经籍会通四》分析明中叶以来各地的出版业概况曰：“凡刻之地有三：吴也，越也，闽也。蜀本宋最称善，近世甚希。燕、粤、秦、楚，今皆有刻，类自可观，而不若三方之盛。其精，吴为最；其多，闽为最；越皆次之。其直重，吴为最；其直轻，闽为最；越皆次之。”①

建阳刻书如此盛况，出口书多是有道理的。但为什么戛然而止了呢？

（一）清初闽北长期战乱导致建阳刻书的急剧衰落

明末清初因战火波及，建安、建阳几乎成为废墟，建阳的刻工纷纷外逃，书坊的书版损失殆尽，刻书事业从此一蹶不振。

1644 年（顺治元年）清军入关，开始武力统一中国。

1645 年，南明弘光政权始建即灭。闰六月，唐王朱聿键的南明隆武政权建都福州。顺治三年（1646 年）七月，清军进逼仙霞关。郑成功率领的明军因粮断被清军击溃。八月，清军攻克建宁府，连下建阳。闽北人民由此开始了长达数年的抵抗清军压迫的军事对抗，位于“闽北走廊”上的建阳成了清军入闽征服福建的大道。

顺治四年（1647 年）七月，明宗室郧西王朱常湖以王祁为将军，一度攻下清军占领的建宁府。顺治五年（1648 年）三月，清军攻击建宁，南明名将王祁率建宁府军民奋起抵抗，城破之日，建宁府万户居室，纵火自焚，誓死不降。

顺治九年（1652 年），农民军陈得容率部围攻建阳城，杀死清军将领高虎，焚朝天、童游二桥，连续三日，清军方解围。

康熙十三年（1674 年）三月，靖南王耿精忠与平西王吴三桂、平南王尚可喜联合叛乱，又把刚刚摆脱战乱的闽北人民拖入残酷的战争之中，建阳又一次经历了前所未有的浩劫。康熙十五年（1676 年）九月，清军攻克

① 胡应麟. 少室山房笔丛 [M]. 北京：中华书局，1958：56.

被叛军占领了2年多的建阳，书府建阳县城被“夷为废墟”，当时驻防建阳的清中军守备田朝弼记述道：“城中虚若谷焉，茸若薮焉。比屋洞开，阒无人也；道路崎岖，败瓦积也；深夜无闻，鸡犬尽也。……盖烟销于甲寅之烽火者，不知凡几！”① 清初福建遭受的长期战乱，居民四处逃亡，清康熙三十二年（1693年）纂修的《建宁府志》记载这一时期的建阳人口仅为35651人，而万历时期的建宁人口为83371人，人口减少了57%。而且战乱还使桥梁被焚，道路阻塞，历史上有“闽北走廊”之称的崇安分水关长期以来杳无人烟，“不来盗寇才经月，断绝人烟已五年”②。清初闽北的长期战乱给建阳书林带来了空前的灾难，书坊麻沙、崇化百孔千疮，急遽衰落，下滑至低谷，书业奄奄一息。

（二）清前期的禁书政策、海禁政策使建阳刻书奄奄一息

清前期推行文化专制，大兴文字狱，禁毁书籍。许多明末清初建阳刻印的书籍被列入禁书目录③。康熙三十四年（1695年）建阳县丞募工刊刻的《日知录》也遭禁毁。禁书使人心理产生畏惧，刻书对于刻书家来说，不过是谋生的一个行当而已。为了躲避这种无妄之灾，也促使一些刻书家的后裔，告别了祖祖辈辈经营的书版，导致了建阳刻书业的衰落。

顺治十三年（1656年），清政府为了断绝郑成功、张煌言等沿海抗清部队的粮食供应，防止外商与沿海人民的来往，下令实行海禁，并令闽、浙、粤沿海居民向内地“迁界”。宋元以来建本由建溪而下，入闽江，由福州、泉州等港口的出海航运与对外贸易由此中绝。陆路、海路的梗阻，等于切断了建本图书向外发行的所有通道，建阳刻书业奄奄一息。待康熙收复台湾，开放海禁，建阳刻书业已经没有恢复之力。

（三）文化低落、竞争处于劣势，建阳刻书业衰败势所必然

建阳在历史上是一座文化名城，是程朱理学发祥地。宋元时期以来人才荟萃，文化学术气息浓厚，从游酢到朱熹，以及朱熹的弟子蔡元定

---

① 梁舆，李再灏.（道光）建阳县志［M］. 北京：北京图书馆出版社，2008.

② 翁白. 梅庄遗草：卷四［M］. 台北：新文丰出版公司，1989.

③ 见：陈乃乾. 索引式的禁书总目［M］. 上海：上海国光社，1932；孙殿起. 清代禁书知见录［M］. 北京：商务印书馆，1957.

等，在这里创立了“考亭学派”，建阳被誉为“南闽阙里”。良好的文化环境是刻书事业的基础，宋代建阳有进士 107 多名。但到了清代，建阳的文化事业陷落了低谷，整个清代 260 多年，建阳只出了 2 名进士。考亭学派遗留下来的几个书院都成为遗址，更没有像朱熹、蔡元定这样的鸿儒大家。教育与文化的衰落，给刻书业带来了不良的影响。明末清初建阳的刻书家中不再有熊大木、余象斗这样的学者兼刻书家式的人物，也没有再出现既会编著又参加校刊的学者或书坊业主。刻书人才的匮乏，又缺乏直接、间接支持出版事业的推动者，建阳刻书业的衰败就势所必然了。

乾隆四十年乙未正月丙寅，乾隆帝曾派人对建阳余氏勤有堂刻书的兴衰做过专门调查。余氏后人对建安余氏刻书已语焉不详，已不知余仁仲、余志安等为何人，而将一个并未从事刻书业的余文兴作为书林之祖①。

康熙年间的《建阳县志·艺文志》中有二部书目，其中“著书书目”载书 200 余种，存版仅 10 余种，“梓书书目”载书近 150 种，存版不过 100 种②。康熙末年，朱彝尊、查慎行均到过福建，朱彝尊诗云：“得观云谷山头水，恣读麻沙坊里书。”③ 查慎行《建阳棹歌》云：“西江估客建阳来，不载兰花与药材。妆点溪山真不俗，麻沙坊里贩书回。”④ 可见，此时麻沙一带仍有刻书活动，不过规模已十分有限。王士祯在《居易录》中说：“今则金陵、苏杭书坊刻版流行，建本已不复过岭。”⑤ 建阳刻书业已日趋衰落，只是百足之虫，死而不僵。

而且明代建阳的刻书家已不如以前，竞争意识已很薄弱，大多墨守成规、极少积极进取，对印刷新技术反应很是迟钝，饾版、拱花套印工艺一概拒之门外，却热衷于仿冒盗版、伪托名人、改窜删并等投机取巧的行径。余象斗在万历二十八年至三十八年（1600—1610 年）三次刻印《古本

---

① 清高宗实录：卷九七五［M］//清实录：第 21 册. 北京：中华书局，1986：3-5.

② 柳正芳，蓝陈略.（康熙）建阳县志［M］. 北京：北京图书馆出版社，2008.

③ 朱彝尊. 曝书亭集［M］. 上海：上海书店出版社，1989.

④ 查慎行. 敬业堂集［M］. 上海：上海书店出版社，1989.

⑤ 王士祯. 居易录：卷十四［M］. 北京：中华书局，1985.

历史大方鉴补》一书，三次变换作者之名①。随意改窜删节作品、以缩减篇幅等不正当经营手段，在建阳刻书中经常出现，加上不加校对、错讹多有，书籍质量低下，在当时就受到学者的严厉批评。如谢肇淛在《五杂俎》中说："今杭刻不足称矣，金陵、新安、吴兴三地，剞劂之精者，不下宋版，楚、蜀之刻，皆寻常耳。闽建阳有书坊，出书最多，而版纸俱最滥恶，盖徒为射利计，非以传世也。"又："近来闽中稍有学吴刻者，然止于吾郡而已。能书不过三五人，能梓者亦不过十数人。而版苦薄脆，久而裂缩。字渐失真。此闽书受病之源也。"② 郎瑛在《七修类稿》卷四十五"书册"中批评："我朝太平日久，旧书多出，此大幸也，亦惜为福建书坊所坏。盖闽专以货利为计，但遇各省所刻好书，闻价高即便翻刊，卷数目录相同，而于篇中多所减去，使人不知，故一部止货半部之价，人争购之。呜呼。秦火燔而六经不全，势也；今为利而使古书不全，为斯文者宁不奏立一职以主其事?"③ 建阳刻书已然如此，自然在竞争中处于劣势。

所以当中日两国政府应对各自的国内政治经济变化而采取不同的海上贸易政策，清日贸易格局发生了由闽粤向江浙地区的转移，进而引起江浙地区几个主要港口的商业地位发生变化。至乾隆年间，乍浦在对日贸易中迅速崛起，从濒海小镇发展成近世中国东南沿海首要的中日贸易港口。对日出口书籍的任务，福建的出帆地既然已无法完成，而江南繁盛的书籍市场又非常适合，这就使得这个转变能够自然地完成。

三、唐船出帆地大部转移到乍浦的原因④

康熙二十三年（1684 年）清廷发布"开海令"，允许商民出洋贸易，中日贸易格局开始转变，来自闽粤地区的商船频繁到江浙港口采购货物，引致当时对日贸易的船只出发地点开始从闽粤地区北移到江浙地区。

---

① 王重民. 中国善本书提要［M］. 上海：上海古籍出版社，1983：102.

② 谢肇淛. 五杂俎［M］. 上海：上海古籍出版社，2002：608.

③ 郎瑛. 七修类稿［M］. 上海：上海书店出版社，2001：478.

④ 本节的写作采纳了焦鹏的观点，请参阅：焦鹏. 清初中日贸易格局演变与乍浦港之兴起［M］. 中国社会历史评论，2013（14）：374-389.

（一）清朝海外贸易政策、办铜政策、商船管理政策的变化对沿海贸易格局的影响

清廷入关后，由于国内铜材缺乏，在顺治二年（1645年）就鼓励商民赴日购铜。采办洋铜可以赚取差价，从中渔利，不少内务府商人纷纷主动呈请采办，康熙三十八年（1699年），内务府呈请让内务府商人王纲明等接办六关所办之铜，康熙三十九年（1700年），内务府商人张鼎臣等又接办了其余八关的采办活动。康熙四十年（1701年），江宁织造曹寅呈请加入。因此，内务府呈请康熙皇帝，把全部十四关所办之铜分成三份分别交给内务府商人和曹寅兄弟，得到康熙帝同意。内务府商人买铜资本来自各个税关，他们到各地税关领取购铜银两，通过长江水运过来，由于运送路途险恶，他们向康熙皇帝上奏提出不再到各地税关领取买铜银两，在“附近江苏藩库”支取办铜之银。奏折中提到“附近江苏藩库”表明他们是在江浙一带购买洋铜。

内务府商人与曹寅在江浙地区买铜对中日贸易路线产生了深远的影响。康熙三十六年（1697年），赴日商船106艘，其中30艘自江浙几个港口上海、宁波、普陀山出发；康熙三十七年（1698年）赴日商船71艘，其中35艘自江浙地区出发；康熙三十八年（1699年）赴日商船73艘，自江浙地区出发52艘；康熙三十九年（1700年）赴日商船53艘，其中41艘自江浙地区出发；康熙四十年（1701年）赴日商船66艘，其中52艘自江浙地区出发。由此看出，赴日商船由江浙的宁波、上海等地出海的数量在增加。

随着海上贸易的发展，东南沿海海盗频发。为了加强控制出海船只，康熙四十二年（1703年）闽浙总督金士荣建议实施严格的挂号制度，是年朝廷覆准：“各处商船出东洋者”，必须到浙江的定海镇所辖要汛挂号后方准出海。康熙四十六年（1707年），清廷对洋船管理政策更加严格，商船到海外贸易之后，回来必须在挂号的地方入口。出入口地点统一起来的规定，使得从江浙地区出发往贩日本的商船回国时不得不回到江浙地区。挂号制度一直在施行，日本保存的康熙五十九年（1720年）赴日商船在定海镇挂号的记录就是一个例证。挂号制度影响到商船的行进路线，从福建、广东到日本长崎的商船必须先到江浙地区挂号，才能出发到日本；从长崎

回来之后，商船必须先回到江浙地区入口比对号单之后，才能再回福建、广东。这样，商船的行走路线就变成福建、广东—江浙—长崎。

康熙五十四年（1715 年）采办洋铜政策的改变加速了商人向江浙地区集中的趋势。到康熙五十四年（1715 年），内务府商人办铜积欠达两百多万斤，无法满足朝廷的铸币需要，清廷只好中止商人办铜，改归八省巡抚办铜。八省巡抚也是派遣下属到苏州等地采办洋铜。巡抚办铜是“动支正项”，官员在各省藩库支取银两之后，到苏州采买洋铜，把银两交给持有日本通商照票（即清代文献中的倭照）的商人，由他们采办货物到日本买铜。官员这样做，等于给了商人赴日贸易的本钱。八省巡抚派官员办铜动用银两数目庞大，吸引持有倭照的商人到江浙地区。

（二）日本海外贸易管理政策对中国商船行进路线的影响以及清廷的应对

清廷发布开海令之后，中国商船大量赴日。康熙二十四年（1685 年）赴日中国商船有 85 艘，到康熙二十七年（1688 年）达到顶峰时则有 194 艘。不断涌入的中国商船势必进一步加剧日本银铜外流，为了限制银铜的大量外流，日本德川幕府遂于贞享二年（康熙二十四年，1685 年）发布贸易限制令，规定中国商船贸易数额。贞享五年（康熙二十七年，1688 年），幕府再次发布限令，明确规定中国商船（包括从东南亚起航的中国商人的商船）每年限额 70 艘。正德五年（康熙五十四年，1715 年）发布长崎贸易新令，即正德新令。规定中国到日本贸易商船限制在每年 30 艘：“南京、福州、宁波共二十一艘；厦门二艘；台湾二艘；广东二艘；交趾、暹罗、咬留吧各一艘。”贸易银限额为六千贯。除此之外，值得注意的是其中两条。第一条是关于执照（按，即中国文献中的倭照）转与其他商伙使用的问题，要求商船上的货物与执照注明的港口相符，而且货物总值也必须符合规定，不能超过规定的数目，才允许交易，并给予下一年的执照。第二条是如果所带的货物与执照上标明的出发地不同，不许交易，并且以后“通船人众永革来贩”。日本方面出于对中国各地物产的需求，要求商人运送各地货物到长崎，因此，会在发给商人的执照上注明，此照是属于哪个港口出发的。但是，这个规定有些想当然，日本方面以为只有到产地才能获得他们规定的货物，而在其他地方不能获得这些货物。他们没有考虑风信以及商人的成本问题。从江浙地区出发到日本长崎，一年之中可以往返两次，即所谓冬船与春船。在中国沿海各港口航行，需要季风的帮助。自福建、广东北上到江浙、山东地区须在每年的四五月，夏季南风起来之后，才能顺风到达。而从山东、江浙地区南下到福建、广东，则须等到冬季北风起来之后。而商船在江浙各港口一年之中可以往返日本两次。按照这样的季风风向，从日本回来的商船如果要采购福建、广东地区出产的货物只能在冬季才能回到信牌上规定的广东、福建。而夏季从日本返航的商船由于没有北风，无法回到福建、广东，只能等到冬季北风。这样，对商人的贸易成本影响非常大。

对于日本的种种限令，中国商人往往会选择不回到倭照上规定的港口采购商品，直接在江浙各港口采购日本规定的货物运往日本。但是，为了不抵触日方规定，商人们通常会谎称他们从日本归国时到宁波修理船只。事实上，因为四月东南季风盛行，风向往北，这些帆船几乎不可能从宁波逆风返回福建，它们只能是就地采购福建货物。

由于中国商船在江浙地区采购赴日货物，而不再到福建、广东原产地采购，这样一来就导致了中国沿海贸易格局发生变化。中国商人从事的长崎—东南亚的贸易改变成为长崎—江浙—东南亚；长崎—广东、福建的贸易线路也改变成长崎—江浙—福建、广东，江浙地区各港口变成中转地。这会影响到中国沿海贸易的发展，促进了沿海贸易的发展。以往商船为了获得到日本的货物，会从江浙的港口出发，到其他港口装载货物之后，再从那里回到江浙地区，再从江浙地区出发到日本去。例如，康熙二十八年(1689年)，苏州南濠大火，所有的货物被火烧尽。商船不得不在当年冬天前往山东港口，在当地装载日本需要的药材，而后在下年四月回到上海，再在上海装载丝货等前往日本。日本正德新令的发布，使得商人为了减少成本，能够在一年之中两次往来于江南—长崎间，他们不愿再到山东去装载药材。这些商船赴山东港口主要目的是装载中药材，因此，他们考虑减少成本，就地在江浙采购。有了这样的市场需求，山东商人或是其他地方的商人会把药材从山东运往江浙地区，这无形中促进了中国沿海各港口之间的贸易。

清初中日两国贸易政策和出海路线的调整，直接影响到江浙地区几个沿海商业港口——刘河、上海、乍浦、宁波，它们的地位也随之发生变化。

随着对日贸易商船基地北移至江浙地区，宁波逐渐成为重要的对日贸易港口。相对而言，上海还是一个比较隐僻的港口。有学者做过研究，认为在开海初期到乾隆中期，由于“沙鸟分档”的政策，使得往来北洋贸易的沙船收口进入刘河，往来闽广贸易的鸟船进入上海，上海与刘河的地位处于平分秋色的局面。

乍浦港在康熙时期还是比较僻静，商船往来比较少。在《华夷变态》中出现最早的乍浦船是康熙三十一年（1692 年）的申四十九番宁波船是从乍浦出发的。作为康熙五十四年（1715 年，日本正德五年）的日本正德新令的应对，清廷把倭照收存于江海关，赴日商人不得不在江浙地区停留，到江海关领取倭照。鉴于内务府商人办铜的亏赔，清廷在康熙五十五年（1716 年）改为八省巡抚办铜。巡抚选派官员到苏州寻找持有倭照的商人赴日办铜，官员预先提供资金给商人，使得商人用预付的银两购买赴日贸易的货物，自日本购买洋铜回来之后再交给官员。这种政策更是对中国沿海的贸易产生比较大的影响，由于早期商人的小本经营，有倭照的商人纷纷来到苏州，寻找能够以官本赴日经商贸易资金的机会。这种情况使得商人可能就近选择港口出发，距离苏州较近的乍浦、上海成为首选，而距离苏州较远的宁波则处于劣势，这也就使得商船向上海与乍浦集中。从岛原本《唐人风说书》中也可以看到，从乍浦出发的宁波船的数目在不断增加。

税则高低也是影响到港口发展的一个重要原因。康熙二十三年发布开海令时，“将各关征税则例，给发监督酌量增减定例”。各个海关的税收则例是由各个海关监督根据实际情况，酌情增删而形成的。浙海关是四个海关中税则分口征收的唯一海关，每个税口相同的物品，征收的税额不同。乍浦距离上海非常近，背靠经济发达的长江三角洲地区，两地的税收存在竞争关系。清代规定海关税额都是有定额的，乍浦税则低于江海关更可能是官员为了保证税收数额而采取的办法。这种情况的出现会直接对两地的税收产生大的影响，才会出现乍浦的税则低于上海的情况。不仅是乍浦的一些税则低于上海，还低于大关口宁波。

面对商人办铜积欠日重的局面，朝廷于乾隆二年（1737 年）改变了办铜政策，不再给予办铜商人资本，而是另外招募自携资本的商人赴日办铜。乾隆九年（1744 年），内务府商人范毓馪因为贩卖人参积欠银两，被命令赴日办铜贴补。朝廷给予他办铜资本，是为官商之始。乾隆十九年

(1754年)，宝苏局开铸铜钱。江苏另外招请自携资本商人给予倭照赴日贸易。乍浦木材商人杨裕和等人自携资本垄断了对日贸易。自此，赴日商船主要从乍浦出发，偶有从上海出发。宁波则自乾隆二十年（1755年）之后没有赴日商船。日本史料中的宁波船其实是从乍浦出发的。

乍浦的税则低于上海和宁波，就会吸引商人逐渐转移到乍浦经商；而中日双方的贸易政策使得沿海贸易格局向江浙转变，乍浦成为对日贸易的一个港口，吸引商人运输各地货物过来，以利于赴日商人采购。

四、湖州书船成就了乍浦在汉籍外销中的特殊地位

（一）贩书船与流动图书市场的形成

康熙年间，郑元庆（1660—？年）《湖录》曰："书船出乌程织里及郑港、谈港诸村落。吾湖藏书之富，起于宋南渡后，直斋陈氏著《书录解题》，所蓄书至五万二千余卷；弁阳周氏书种、志雅二堂藏书，亦称极富。明中叶如花林茅氏，晟舍凌氏、闵氏，汇沮潘氏，雉城臧氏，皆广储签帙。旧家子弟好事者，往往以秘册镂刻流传。于是织里诸村民以此网利，购书于船，南至钱塘，东抵松江，北达京口，走士大夫之门，出书目袖中，低昂其价。所至每以礼接之，客之末座，号为书客。二十年来，间有奇僻之书，收藏家往往资其搜访，今则旧本日希，书目所列，但有传奇演义、制举时文而已。"① 这是湖州地方志记载当地书船起源、发展、活动范围、经营方式的文献，自然真实可信。

书船又称湖州书船、织里书船，是湖州独有的一种贩卖书籍的形式，以船为载体，借助四通八达的水路交通，贩书以谋取商业利润，被称为"流动的书肆"，书船贩书商则被称为"书客"。

关于书船兴起的时间，《湖录》明确记载是明中叶"织里诸村民以此网利，购书于船"。这也可从归有光（1506—1571年）《送童子鸣序》中得

① （同治）湖州府志：卷三十三［M］. 上海：上海书店出版社，1993：628；王振忠的《燕行录所见18世纪的盛清社会——以李德懋〈入燕记〉为例》误以为是描述的19世纪湖州书船的情形，见：王振忠. 袖中东海一编开：域外文献与清代社会史研究论稿［M］. 上海：复旦大学出版社，2005：169.

到印证："越中人多往来吾吴中，以鬻书为业。异时童子鸣从其先人游昆山，尚少也。数年前，舣舟娄江，余过之。……子鸣鬻古之书，然且几于不自振。今欲求古书之义，吾惧其愈穷也。"① 童珮字子鸣，又字少瑜，性喜读书作诗，从其父为书贾，侨寓无锡，买一舫在苏南做书客。王世祯（1526—1590 年）《童子鸣传》以及王伯穀（1535—1612 年）所撰传记，均已收入《藏书纪事诗附补正》可参阅②。归有光与童子鸣之父童彦清开始交往大概是在嘉靖初年，那时书船已经是日常事物了。常熟藏书家孙楼在《博雅堂藏书目录序》中说："吴号文薮，学士大夫聚书，少亦不减邺架，复富而喜事，诸帐中异帙、向秘不传者，日托诸枣。……家自先考功，高曾而下，故多藏书，会中落，靡有孑遗。余生益三不遭矣，而厥嗜弥坚，谓癖也。宜间米家船来，余先众以往，推蓬恣搜，贾亦苦之。"③ 乌程藏书家沈节甫（嘉靖三十八年进士）说："余性迂拙，无他嗜好，独甚爱书。每遇货书者，惟恐不余售。既售且去，惟恐其不复来也。顾力不足，不能多致，又不能得善本，往往取其直之廉者而已。"④ 这"卖书者"肯定是书船。这是嘉靖年间关于书船的记载，也是迄今笔者所见最早的记载。郭孟良引唐诗说"书船之名在唐代已经出现"，并推断"书船活动追溯至南宋"，认为"书船活动前后持续七八百年，兴盛近四百年"⑤，郑颖认为，"湖州书船始于明初，拟或更早，兴于明代中叶"⑥，观点的歧异说明对于书船的起始时间还需要讨论。但可以肯定的是，明嘉靖初年书船应该已经成为日常事物。

书船已基本消失。它的形制文献没有记载，今人考证其内外部形制，

---

① 归有光. 送童子鸣序［M］// 震川先生集. 上海：上海古籍出版社，1981：208-209.

② 叶昌炽. 藏书纪事诗：卷七［M］. 王欣夫补正. 上海：上海古籍出版社，1989：737-739.

③ 孙楼. 博雅堂藏书目录序［M］//刻孙百川先生文集. 济南：齐鲁书社，1997：614.

④ 郑元庆. 沈节甫玩易楼藏书目录［M］//吴兴藏书录. 上海：古典文学出版社，1957：12.

⑤ 郭孟良. 书船略说：明清江南图书贸易的个案分析［J］. 中国出版，2009（9/10）.

⑥ 郑颖. 一棹烟波贩图史：谈湖州书船［J］. 图书馆杂志，2009（3）.

“织里书船都为当地农船改装而成，仅三五吨。置船棚，棚下两侧置书架，陈设各种书籍，中间设书桌和木椅，供选书者翻阅时享用”[①]。湖州人陈忠烈创作 2 只织里书船船模作品，分别收藏在织里中国童装博物馆与湖州船模博物馆[②]，其创作依据或许就是上面的考证，陈忠烈应该没有见过书船实物。在既往的图像资料中，笔者也没有找到书船的形象。乾隆时宫廷画家徐扬绘画的《姑苏繁华图》描绘了各种船舶的类型、数量及航、泊的环境，所绘船舶有远船、画舫、官船、客船、货船、渔船、舢板、篷船、渡船、筏，还有一些船舶功能不明或只见桅帆不见船体的船舶，共 432 艘，应该基本囊括了那时在内河湖泊航行的各类船型。我们从这些船的类型来分析，有几类船型特点或许与书船相类：

客船及客货船：船型及特点基本相同。客货船是以客为主，常常在顶篷或其他空间处捎带一部分货物的船舶。客船及客货船在《姑苏繁华图》中绘有 89 艘。

画舫：常采用纵流平头船型，长度多在 10 米左右。船舶瘦小，用橹推进和转向。实际上就是小型游船，造型华丽。船内活动多种多样，可以写诗作画，演戏唱曲，茶艺船菜，富有特色。

篷船：小型乌篷船，船中部有一顶用竹篾编织的弧形风雨篷，长5～6米，大者也不会超过 10 米。船体量不大，船型瘦小，机动灵活，既能载客，也可运货，尤其适合于狭窄水道。它是《姑苏繁华图》描绘最多的船型。

货船：分长途货运和短途货运 2 种。长途货船船体宽大，干舷较高，首尾舷弧很大，稳性和适航性都很好。船舱内和顶篷都用来装货[③]。

当然，书船因为要在江南的河汊中航行，河道有宽窄、河槽有曲直、河沟有深浅，加上内河水道上方常有桥梁，船舶通过其下时要有净空高度，书船不可能很宽大，童子鸣“买一舫不能直项……其书帆樯上下皆罗

① 叶银梅，嵇发根．人文织里［M］．北京：方志出版社，2004：98.

② 湖州织里书船-江南特色古木船手工船模工艺品收藏品［EB/OL］．（2015-04-01）［2017-01-01］．http://blog.sina.com.cn/s/blog_8384cf350102viah.html.

③ 龚昌奇．百舸竞流，盛世繁华：从《姑苏繁华图》看清中叶船舶［M］//王思明，张柏春．技术：历史与遗产．北京：中国农业科学技术出版社，2010：234-245；席龙飞．中国古代造船史［M］．武汉：武汉大学出版社，2015.

列……”①。书船应该是上述某种船型船舶的改进。

书船最初的书客为湖州织里诸村民，称湖贾；因为湖州是三吴中的西吴，故有《西吴书贾》之称；因境内有苕溪，又被称为苕贾；因古有吴兴郡，苕溪下有吴兴县，又有吴兴书贾之名；苕溪水系基本在湖州、杭州二府，是书船的中心区域，故书贾世称苕贾、苕估、苕客、苕郎。张鉴《眠琴山馆藏书目序》云：“吾湖固多贾客，织里一乡，居者皆以佣书为业。上至都门，下逮海舶，苟得一善本，蛛丝马迹，缘沿而购取之。出则扁舟孤棹，举凡平江远近数百里之间，简籍不胫而走。”② 湖州织里镇成为书船贸易的集散地，是基于当地的自然和交通环境。湖州地处江南的中心地带，北临太湖，连通运河，河港四通八达，水路交通极为便利，造船之业，舟楫之利，夙所发达，“湖州至各处俱是夜航船”，便利的水运交通，使书船贸易成为江南图书传播的主要渠道，“扁舟孤棹”活跃于大江南北，“不胫而走”“无足而前”，支撑了商业出版的发展，完善了书籍生产传播的链条，推助形成一个以江浙为中心区域的书籍交流网络，是中国传统出版业大众化的重要标志，也是中国商业出版成熟的重要标志。

江南地区在地理上属于太湖水系，太湖上纳二溪（荆溪、苕溪），下通三江（扬子江、吴淞江、钱塘江，说法不同），另有江南运河纵贯南北，联结成水乡泽国的交通网络，湖荡星罗棋布，河汊纵横交错，水道四通八达，根据当时商书的记载，重要的水运线路多达50余条。明隆庆四年徽商黄汴编纂《一统路程图记》（又名《图注水陆路程图》《天下水陆路程》）卷七记“湖州府至四门庭船至各处”：“东门夜船七十里至震泽，一百三十里至苏州灭渡桥。至南浔六十里。南去嘉兴府。至乌镇九十里，至练市七十里。至新市八十里。至双林五十里。西门夜船至浩溪、梅滨，并九十里。梅岭通竹牌，水陆是三十里至安吉州。至四安一百二十里。至长兴县六十里。至和平五十里。南门夜船至瓶窑一百四十里。至武康县一百七十里。至山桥埠、德清县，并九十里。北门夜船九十里至夹浦，过太湖，广四十里。入港，九十里至宜兴县。南门夜船三十六里至菱湖，又三十六里至敢山，又二十里至雷店，又二十里至武林港，

① 叶昌炽．藏书纪事诗：卷七［M］．王欣夫补正．上海：上海古籍出版社，1989：738.

② 张鉴．冬青馆甲集［M］．上海：上海古籍出版社，2002：51.

北五里至唐栖。面五十里至北新关，二十里至杭州府。湖州至各处，俱是夜船，惟震泽、乌镇二处，亦有日船可搭。”① 所记只是其中的一条航线。走出苕溪，遍历江南，汇入长江，通向运河，上至都门，下逮海舶。苕溪，有东西之分，西苕溪出天目山，经长兴、乌程由长洲入太湖，东苕溪中途分为南中北三支，横穿余杭，最后也由长洲入太湖；《湖录》所谓“南至钱塘（今杭州），东抵松江（今上海），北达京口（今镇江）”，织里书船经营的范围遍历江南，大抵相当于今天的“长三角”。湖州优越的地理位置得益于太湖和苕溪，环太湖地区是湖州书贾活动的中心地区，书客可通过交织的水路经太湖在更大的范围交易图籍。江南水路的便利形成了流动的书籍市场。杭州、湖州、苏州、无锡、镇江、南京之间水路相通，书船常常装满新刻的书籍，沿苕溪、太湖、运河在各处销售。朱文藻《知不足斋丛书序》说：“三十年来，近自嘉禾、吴兴，远而大江南北，客有旧藏钞刻异本来售武林者，必先过君之门。或远不可致，则邮书求之。”书船书客以其不凡的商业头脑与眼光，因势利导，扬长补短，改变传统书肆的经营模式，突破空间限制，结成销售网络，将流动性的优势发挥得淋漓尽致，树立了自己在贩书业中不可动摇的地位，极大地促进了江南藏书事业的繁荣。

“书客”（又称书贾、书估、苕贾、苕估、书船友）以船装载书籍，利用便利的水网交通，自由往来于刻家与藏家之间，他们罗致新刻旧藏，舟行各地，转手贩于好书之人，发挥着图书传播的中介和桥梁作用，“书贾麇集，有力之家可以不烦走访而书自聚”，成为各地藏书家藏品的主要来源。“阿侬家近状元台，小阁疏窗面面开。昨夜河头新水长，书船多是苕溪来。”② 后来知书的业书者渐渐增多，书船也在文人学者的诗文中留下了不少印迹③，书客钱听默、陶正祥、陶蕴辉等且在书林有大名。清代吴县藏书家黄丕烈（1763—1825 年）在《士礼居藏书题跋记》中，有不少与书船主交往买书的笔墨，如《普济方》跋云：“初，书坊某云书船有残宋本《普济本事方》……昨，书船之友携来各书，俱无惬意者。因询前书，云尚在某坊”；

---

① 黄汴．一统路程图记：卷七［M］．济南：齐鲁书社，1996.

② 陈鳣．新坂土风［M］．转引自：陈学文．论明清江南流动图书市场［J］．浙江学刊，1998（6）.

③ 徐雁平．清代环太湖地区的书估、书船与书籍的流动［J］．学术研究，2013（10）.

又《曹子建集》跋云："此系活字板，当属明本。余向亦有之，不知何时散逸，后为书船友收得……""此家豫章《外集》六卷，得诸书船友邵姓，云自江阴杨文定公家收来，卷端有杨敦厚图章，即文定孙也。装潢精雅，亦以其为宋刻，故珍之"等等①。在黄丕烈的题跋中，能整理出的书坊有37家，标明书贾姓氏或姓名的有25则，在钱听默、陶蕴辉之外，记录与他有交往的书船友曹锦荣、吴步云、郑辅义、邵宝镛等②，黄丕烈能成为十分出色的藏书家，书客有助推之功。

湖州书船声名远播，享誉江南，无论是客居者还是本地人，都对"卖书船"留有深刻印象。"吴江四子"之一的张隽（字非仲、文通，约1590—1663年）有《寓浔口号》云："自于香火有深缘，旧管新收几缺编。旅食数年无可似，最难忘是卖书船。"③ 而乌程人汪尚仁《吴兴竹枝词》将卖书船视为一地的风尚："制笔闻名出善琏，咿哑织里卖书船。莫嫌人物非风雅，也近斯文一脉传。"④ 连吴敬梓（1701—1754年）的小说《儒林外史》第一回都写到了"闯学堂的书客"。乾隆帝对苏湖间的书贾书船耳熟能详，四库全书馆初设之时，乾隆三十八年（1765年）三月二十八日乾隆谕内阁传令各督抚予限半年迅速购访遗书："且江浙诸大省，著名藏书之家指不胜屈，即或其家散佚，仍不过转落人手。闻之苏湖间书贾书船，皆能知其底里，更无难于物色。"⑤ 次日又寄谕两江总督高晋、江苏巡抚萨载、浙江巡抚三宝，教其搜书之法：

> 遗籍珍藏，固随地俱有，而江浙人文渊薮，其流传较别省更多，果能切实搜寻，自无不渐臻美备。闻东南从前藏书最富之家，如昆山

① 黄丕烈. 荛圃藏书题识［M］. 上海：上海远东出版社，1999：272、498-499、613.

② 见于《黄丕烈书目题跋》中《咸淳重修毘陵县志》《草莽私乘》《新定续志》《得月楼书目》《何博士备论》《刑统赋解》《齐民要术》《普济方》《书苑菁华》《西溪丛语》《陆延枝说听》《江淮异人录》《碧云集》《类编增广黄先生大全文集》《豫章黄先生外集》《侍郎葛公归愚集》《湖山类稿》《知非堂稿》《张光弼诗集》《韩山人诗集》《美合集》《优古堂诗话》诸书题跋。黄丕烈. 黄丕烈书目题跋［M］. 上海：上海古籍出版社，2013.

③ 周庆云. 南浔志［M］. 上海：上海书店出版社，1992：603、231.

④ 阮元. 两浙輶轩录补遗［M］. 上海：上海古籍出版社，2002：673.

⑤ 中国第一历史档案馆. 谕内阁传令各督抚予限半年迅速购访遗书（乾隆三十八年三月二十八日）［M］// 纂修四库全书档案. 上海：上海古籍出版社，1997：68.

徐氏之传是楼……又闻苏州有一种贾客，惟事收卖旧书，如山塘开铺之金姓者，乃专门世业，于古书存佚原委，颇能谙悉。又湖州向多贾客书船，平时在各处州县兑卖书籍，与藏书家往来最熟。其于某氏旧有某书，曾购某本，问之无不深知。如能向此等人善为咨询，详加物色，因而四处借抄，仍将原书迅速发还，谅无不踊跃从事。①

乾隆谕旨里特别提到苏州贾客与湖州书船，而且说得这么详细，并且概括湖州书船的经营状况完全符合实际情况，对于其与苏州贾客的不同之处分析也十分到位，作为一国之君如何可能如此了解下情？一方面说明皇帝关心此事，另一方面也是肯定有着他的消息渠道。在四库全书馆开馆以后，朱筠曾推荐五柳居书商陶庭学为四库馆鉴别并蒐访异本，但陶庭学的职位太低，不可能直接与乾隆帝对话。所以，乾隆帝的这一谕旨值得我们好好探究湖州书船与传统书肆二分天下，以及在中国贩书业中独树一帜的原因以及基础。高晋、三宝等多次上疏禀报，已派人往苏州山塘书店及湖州书船细心探访、委托湖州知府办理以及续得各家书籍并进呈书目等事②。

（二）湖州书船成就了乍浦在汉籍外销中的特殊地位

活跃在环太湖地区的书客不仅促使东南地区的书籍充分流动，而且江南水网密布可以通船，如从杭州坐船，经由运河水道，北可以直通到嘉兴地区，南可以到绍兴、宁波地区；经由苕溪可以到达湖州；经由钱塘江、富春江可以到达浙西和浙南。而运河水道又是一条基干航线，北上可以至北京、天津；长江及其支流，使南京经由长江沿岸可以达到安徽、两湖、江右、四川等长江沿岸各省。书船就以大运河为基干航线，再通过长江及其支流，形成了中国的流动书籍市场网络。

① 中国第一历史档案馆. 寄谕两江总督高晋等于江浙迅速购访遗书（乾隆三十八年三月二十九日）［M］// 纂修四库全书档案. 上海：上海古籍出版社，1997：70. 王振忠《燕行录所见18世纪的盛清社会——以李德懋〈入燕记〉为例》也引述了这段文字，却引自《纂修四库全书档案》之《两江总督高晋等奏续得各家书籍并进呈书目折》（乾隆三十八年闰三月二十日），并将奏文中复述的乾隆谕旨误以为是高晋文字，见王振忠. 袖中东海一编开：域外文献与清代社会史研究论稿［M］. 上海：复旦大学出版社，2005：169-170.

② 中国第一历史档案馆. 纂修四库全书档案［M］. 上海：上海古籍出版社，1997.

至迟在乾隆时代，湖州的书船坊贾将江南的书籍，通过镇江，沿大运河运至通州张家湾，再经过琉璃厂销售，从而在京城形成一个书籍交流中心，为政治中心与文化中心的形成注入丰富的内涵。而琉璃厂也是在乾隆年间才逐渐发展成为文化街市的。

琉璃厂在明代是皇家烧造琉璃瓦件之处。清康熙三十三年（1694 年），琉璃厂奉旨交窑户自办。康熙三十九年（1700 年），汪文柏（号柯庭）在此监造房屋册肆①，之后形成小街市。随着当地年初集市搬至琉璃厂厂甸，这里逐渐发展起来。“清乾隆后渐成喧市，特商贾所经营者，以书铺为最多，古玩、字画、文具、笺纸等次之，他类商品则甚少。旧时图书馆之制未行，文人有所需，无不求之厂肆。外省士子，入都应试，亦皆趋之若骛。盖所谓琉璃厂者，已隐然为文化之中心，其地不特著闻于首都，亦且驰誉于全国也。”②

18 世纪中后期朝鲜燕行使到北京，琉璃厂是他们常去之地，在书肆访书、求书，在那里与清朝文人交往，是他们所著的燕行录中经常记述的内容，从洪大容的《湛轩燕记》到徐长辅的《蓟山纪程》都有记载。李德懋还多次与五柳居打交道，搜集购买“南船奇书”③。五柳居书商陶庭学，原籍乌程，占籍苏州，开五柳书居，乾隆三十八年（1765 年）开四库馆，朱筠推荐为四库馆鉴别并蒐访异本，其子蕴辉随之进京，在琉璃厂开设五柳居书肆④。据《入燕记》记载，“陶氏所藏，尤为大家，揭额曰‘五柳居’。自言书船从江南来，泊于通州张家湾，再明日，当输来凡四千余卷云。因

---

① 汪文柏曾写《庚辰秋琉璃厂监造屋宇册肆随笔书怀》一诗替小房主及平民自盖棚房而需按间架抽税之事鸣不平。参见：孙殿起. 琉璃厂小志［M］. 北京：北京古籍出版社，1982：73.

② 孙殿起. 琉璃厂小志［M］. 北京：北京古籍出版社，1982：1.

③ 李德懋. 入燕记［M］//林基中主编. 燕行录全集. 首尔：韩国东国大学校出版部，2001：189-343；王振忠. 燕行录所见 18 世纪的盛清社会：以李德懋《入燕记》为例［M］// 王振忠. 袖中东海一编开：域外文献与清代社会史研究论稿. 上海：复旦大学出版社，2005；序班、书商与知识交流：朝鲜燕行使者与 18 世纪北京的琉璃厂［M］// 王振忠. 袖中东海一编开：域外文献与清代社会史研究论稿. 上海：复旦大学出版社，2005.

④ 瞿冕良. 试论陶庭学父子及其与黄丕烈的关系［J］. 苏州大学学报（哲学社会科学版），1995（1）.

借其书目而来，不惟吾之一生所求者尽在此，凡天下奇异之籍甚多，始知江浙为书籍之渊教”。

书船贸易是书籍流通的重要渠道。清前期的交通条件，在江南水乡地区，书船的运载功能无疑是十分强大的，前引《入燕记》，书船从江南一次性运载书籍到京师凡 4000 余卷。书船备书的数量大概是多少？胡应麟（1551—1602 年）曾觅得童珮家书目，多至 25000 卷，“颇多秘帙，而猥杂亦十三四，至诸大类书则尽缺焉。盖当时未有雕本，而钞帙故非韦布所办，且亦不易遇也。”① 25000 卷是一个书客备书的数量。浙江海宁藏书家陈鳣（1753—1817 年）《赠苕上书估》诗云“万卷图书一叶舟，相逢小市且邀留”② 也可互为印证。赵翼《赠贩书施汉英》诗：“我昔初归有余俸，欲消永日借吟诵。汝从何处闻信来，满载古书压船重。我时有钱欲得书，汝时有书欲得钱。一见那愁两乖角，乘我所急高价悬。虽然宧橐为汝罄，插架亦满一万编。孜今老懒罢书课，囊中钱亦无几个。愧汝犹认收藏家，捆载来时但空坐。”③“满载古书压船重”虽然未免夸张，亦是对书船载书量的描述。陆心源在太平天国战乱之后购得大量珍籍善本，“陆存斋观察方里居，毅然愿任其事，曰：湖有书船，夙善聚书。兵后吾得于书船者，尚不下数万卷，可尽出以供搜讨”④。正是书船对书籍聚集、运载的力度如此之大，才为长崎贸易准备了充足的货源，成就了乍浦在汉籍外销中的特殊地位。

湖州书船在图书的聚散中支撑起了江南图书出版业的繁荣，并且将这种功能延伸到了海外，推进了国际特别是中国与日本的文化交流。对日本的书籍贸易规模可观。清张鉴《眠琴山馆藏书目序》云：“吾湖固多贾客，织里一乡，居者皆以佣书为业。上至都门，下逮海舶，苟得一善本，蛛丝马迹，缘沿而购取之。出则偏舟孤棹，举凡平江远近数百里之间，简籍不胫而走。”⑤ 现在确知江户时代经长崎输往日本的汉籍 8000 余种，其中多

---

① 胡应麟. 少室山房笔丛［M］. 北京：中华书局，1958：49.

② 陈鳣. 河庄诗钞［M］. 上海：上海古籍出版社，2002：303.

③ 赵翼. 瓯北集［M］. 上海：上海古籍出版社，2002：582.

④ 宗源瀚. 重修湖州府志序［M］//（同治）湖州府志. 台北：成文出版社有限公司，1970：6.

⑤ 张鉴. 冬青馆甲集［M］. 上海：上海古籍出版社，2002：51.

是通过乍浦出航的商船。程洞南和沈敬胆携来禁书时，程洞南申辩说：“此书为唐国书肆现有之物，购得后连同目录一并装船，混杂于其他普通书籍内，未加核对而就此载来。”沈敬胆文书里也记有与此完全相同的言词①。这说明书籍舶入长崎与出版业发达的江浙地区联系紧密。大庭脩由此推论是因为“从江浙地区传入书籍较中国西部地区更为便利”，当是不了解中国明清时期出版业发展的地域分布得出的错误结论。出版业在中国各地并不是均衡发展的，某一地区（江南）出版业的发达处于遥遥领先的位置，乍浦就处于这个地区之中。又兼有“上至都门，下逮海舶”的书船，才使汉籍大量输入日本，进一步拓展了“书籍之路”，为汉籍在亚洲的传播、为中外文化的交流作出了贡献。

① 大庭脩. 江户时代日中秘话［M］. 徐世虹，译. 北京：中华书局，1997：48.

开明书店图书高质量原因浅探

章雪峰

（湖北科技出版社，湖北武汉，430070）

摘要：民国出版史上，开明书店创造了图书高质量的奇迹。本文认为，“有所为有所不为”的出版方针，是开明书店图书高质量的前提条件；“不重数量重质量”的竞争策略，是开明书店图书高质量的关键所在；“俊彦云集大家辈出”的编辑队伍，是开明书店图书高质量的根本保障。

关键词：开明书店；图书；高质量；原因

作为民国时期最重要的出版机构之一，开明书店一共存在了 27 年之久。27 年中，这家出版机构所出版的图书一直以高质量著称，“开明书店出版书刊 1500 种，几乎找不到一本不够格的书来”①，“人们至今还在赞美开明出版的书，很难从中找到一个错别字”②。这个记录，无论是当时还是现在，都可以称得上是一个奇迹，以至于高质量的图书，已成为我们今天怀念开明书店的理由之一。

面对开明书店创造的这个奇迹，身为今天的出版人，身处“无错不成书”的时代，虽不能至，心向往之。因此，我们不免要试着探究开明书店能够产生这个奇迹的原因。本文试就其原因作一浅探，以求教于各位方家。

一、“有所为有所不为”的出版方针，是开明书店图书高质量的前提条件

开明书店的出版方针，是开明书店的灵魂人物之一、第二任总编辑夏

① 黄大岗. 我国第一个音乐出版社：下：钱君匋和万叶书店［J］. 中央音乐学院学报，2007（3）：41-46+55.

② 王久安. 开明书店的成功之路［J］. 出版发行研究，1994（2）：46-49.

丏尊在1928年年初确定的。他第一个明确提出了开明书店的出版方针：以青少年学生读物为出版重点。这，就是开明书店自我设定的“有所为”。

这个“有所为”在开明书店，是一脉相承的。夏丏尊的继任者，后来也成为开明书店灵魂人物之一的叶圣陶说：“与我们相宜的只有中间一个，就是规定范围的做法。我们把我们的读者规定为中等教育程度的青年。”

开明书店的图书出版，就是按照这个自我设定的“有所为”，次第展开的，比如《中学生》的创刊、开明版教科书的出版等等，一直到开明书店的招牌摘下，从未改变过。

对于自我设定之外的“有所不为”，开明书店的态度也是坚决的。叶圣陶强调“漫无标的，唯利是图，……与我们的意趣不相容，当然不取”①，“有所不为，明知对读者没有好处甚至有害的东西，我们一定不出”②。作为民国时期出版企业的总编辑，叶圣陶能有这样的主动觉悟和自我设定，已经远远超我们现在许多出版社了。“没有教益的书，盈利再多也不去沾边，当时风行的一些色情小说和低级趣味的读物，开明一本也不出。”③ 开明书店曾经的员工王久安，也如是回忆。

在笔者看来，开明书店的“有所为”，主导了它的出版范围和经营方向，进而决定了它的经济效益；而开明书店的“有所不为”，则界定了它的品牌形象和文化格局，进而决定了它的社会效益。

正因为“有所为”，保证了高端作者高质量书稿的不断开发；正因为“有所不为”，抬高了低端作者低质量书稿的出版门槛。从这个意义上讲，坚持“有所为有所不为”的出版方针，是开明书店图书高质量的前提条件。

二、“不重数量重质量”的竞争策略，是开明书店图书高质量的关键所在

开明书店从它诞生的第一天起，就面临着激烈的市场竞争。在这样的

① 叶圣陶. 开明书店二十周年［J］. 中学生，1946（8）.

② 叶圣陶. 开明书店创办六十周年纪念会上的讲话［M］//叶圣陶集：第17卷. 南京：江苏教育出版社，2004：401.

③ 王久安. 开明书店的成功之路［J］. 出版发行研究，1994（2）：46-49.

生存环境下，开明书店引人注目地选择了“不重数量重质量”的竞争策略，为自己在市场上争得了一席之地。比如开明书店教科书，之所以能够迅速从商务印书馆、中华书店等老牌教科书生产商的竞争中脱颖而出，其主要的秘诀就在于“以质量取胜”。

作为开明书店的掌舵人，章锡琛对于图书的质量，到了几乎苛求的地步。在编校质量上，一方面，章锡琛非常尊重作者，决不妄改原稿，特别是作品的观点和论断；另一方面，他又非常注重为作者改掉文稿中的错字舛句。

章锡琛还特别注重校对。“开明的校对人员，工作很细致，他们并不满足于对原稿负责，总要千方百计从稿件或校样中‘找出岔’来，把错字包括用错的标点符号一一消灭。不但校对如此，编辑人员对校样也认真负责，决不一目十行。”“开明对校对人员要求相当严格，决不允许在图书中有一个错字，因此编校人员在工作中一贯兢兢业业、全神贯注，办公室里鸦雀无声。作家秦牧在回忆当时去编辑部时，遇到这种肃静的气氛，自己便下意识地放轻了脚步。”①

在图书质量问题上，章锡琛“对于书商粗制滥造、唯利是图的作风深恶痛绝，因此，从《新女性》创刊，先生在书刊编印上就力求提高质量，举凡编审、校对、印刷、装订，以至纸张选用、封面装帧等，都十分考究。特别是要求书刊中尽力做到消灭错字，有的书已经印好，因发现了一个错字，也要返工重印”②。

与极端注重图书质量形成鲜明对比的是，开明书店还有一个数据，让我们今天的出版人不敢想象：开明书店 27 年里，居然只出书 1500 余种，平均一年仅出书 55 种！即使是在 1934—1936 年这样开明书店经营的高峰年代，1934 年新出图书也只有 95 种，1935 年 107 种，1936 年 93 种，均在百种左右徘徊。

质量高得出奇，数量少得可怜。开明书店的图书，可以如是概括。

我们知道，开明书店作为民国时期的一家民营出版机构，完全是靠卖书来养活自己的，靠卖书来吃饭的。这从《爱的教育》《开明活页文选》

---

① 王久安. 开明书店的成功之路 [J]. 出版发行研究，1994 (2)：46-49.

② 章士敭. 章锡琛先生传略 [M] //中国出版工作者协会. 我与开明. 北京：中国青年出版社，1985：173.

《开明英文读本》等几本书，被章锡琛等人直截了当地称“吃饭书”，就可以看出来[①]。在完全靠书吃饭的情况下，开明书店在出书数量的问题上，其实只有两种选择：

第一种选择是大量出书，广种薄收，叶圣陶称为“兼收并蓄，无所不包”。但是，这样的选择需要极强的经济实力，“需要大力量，不但财务要大，智力也要大，我们担当不了”；第二种选择是瞄准一至两个细分市场，以少量的出书品种，精准出击，以提高单品种效率为目标，让有限的图书品种发挥出预期的经济效益和社会效益，来养活开明书店。叶圣陶把这种选择称为“规定范围，不出限度”[②]。

今天来看，开明书店这种精准出击、提高单品种效率的做法，其主观上固然是经济实力所限，但其在客观上，却成为开明书店图书高质量的关键所在。

正因为出书品种少，才解放了开明书店编辑队伍的生产力，让编辑们得以在有限的审读书稿中，逐字逐句，精编精校，而不是像今天某些出版社的编辑那样，一个人一年可以审稿近千万字。

正因为出书品种少，才催生了开明书店领军团队的创造力，使得他们在激烈的市场竞争中，采取了以质量取胜的有效策略，而不是像当时某些出版商一样，采取大打价格战，甚至送钱送物等不正当竞争手段。

三、“俊彦云集大家辈出”的编辑队伍，是开明书店图书高质量的根本保障

高质量的图书，一定出自高质量的编辑之手。

公认的是，开明书店虽然在民国出版机构中经济规模较小，但它却拥有一支毫不逊色于商务印书馆和中华书局的超一流编辑队伍。开明书店的这支编辑队伍，就是一直被学者们美称为“开明人”的群体[③]。

而“开明人”的特点，也被总结评价为：学识渊博，朴质笃实，为人

---

① 章雪峰. 中国出版家·章锡琛［M］. 北京：人民出版社，2016：111-128.

② 叶圣陶. 开明书店二十周年［J］. 中学生，1946（8）.

③ 邱雪松. 开明书店、“开明人”与“开明风”：中国现代知识分子与出版的一种关系［D］. 上海：华东师范大学，2010.

正派，思想开明，待人真诚，对待工作一丝不苟①。事实证明，“开明人”当得起这个评价。

“开明人”中，俊彦云集，大家辈出。开明书店老板章锡琛，不仅学术精湛，著有《文学概论》《马氏文通校注》等书，而且被誉为“具有民族气节的爱国出版家”；开明书店第二任总编辑夏丏尊，是著名的文学家、出版家和翻译家；开明书店第三任总编辑叶圣陶，后任新中国第六届全国政协副主席，是文学家、教育家、出版家，有“优秀的语言艺术家”之称；开明书店编辑吕叔湘，也是著名语言学家，今天被编辑们奉为圭臬的《现代汉语词典》，就是他主持出版的。

还有漫画家丰子恺、篆刻家钱君匋、历史学家王伯祥、科普作家贾祖璋、科普作家顾均正、历史学家周予同、杂文家宋云彬、作家徐调孚、著名学者周振甫、出版家傅彬然，他们都是“开明人”，都拥有一个共同的身份——开明书店编辑。

毫无疑问，这是一个群星闪耀的编辑群体，也是中国编辑的“梦之队”。经由这样的编辑之手，进而生产出高质量的图书，自然是题中应有之义。高质量的编辑队伍，因此成为开明书店图书高质量的根本保障，进而也成为我们今天的出版机构进一步加强编辑队伍建设的依据所在。

① 刘霞. 开明书店的“开明人”与“开明风”［J］. 娄底师专学报，2003（4）：48-52.

20 世纪上半叶中国自主出版的英文报刊初探[①]

黄　芳

（南通大学文学院，江苏南通，226019）

摘要： 进入 20 世纪之后，为打破在华各国外文报刊对新闻报道与文化传播的垄断地位，中国政府部门、政党机关、文化团体和知识分子群体开启了自主创办并出版英文报刊的历史，力图建构自主的新闻出版传媒，推动中国文化自主向外传播。本文在文献史料收集与整理的基础上，简要概览中国自主出版英文报刊的历史并概述刊物基本特征，进而揭示出它们在中国出版及中西文化交流史上的独特价值和意义。

关键词： 英文报刊；自主出版；中西文化交流

鸦片战争后，外国人在华创办并出版了大量外文报纸，据方汉奇统计总数达 120 余种，以英文报刊为主[②]。这些外文报刊在促进商业信息传播的同时，也主导了中国的新闻时事及对外宣传。为打破外报的垄断地位，近代学人王韬曾撰文《上方照轩军门书》指出“中国之所宜自设者，不在乎华字日报，而在乎西字日报”[③]；此后陈衍发表《论中国宜设洋文报馆》[④] 一文，主张由中国人创办外文报刊，进行自主新闻传播与文化交流。进入 20 世纪以后，中国政府部门、政党机关、文化团体和知识分子群体开

---

① 本文为国家社会科学基金项目“20 世纪上半叶中国自主出版的英文报刊研究”（15BTQ042）阶段性研究成果。

② 方汉奇. 中国近代报刊史［M］. 太原：山西教育出版社，2012：32.

③ 戈公振. 中国报学史［M］. 北京：生活·读书·新知三联书店，2011：99.

④ 陈衍. 论中国宜设洋文报馆［M］//杨家骆. 戊戌变法文献汇编：第三册. 台北：鼎文书局，1973：197.

启了自主创办并出版英文报刊的历史。这些英文报刊创办经费以政府资助及广告收入为主，创办主体为中国现代知识分子，秉持不同于外国人在华所办英文报刊的文化立场，以丰富的新闻舆论报道及文学文化译介，推动中国文化向外传播，促进中西文化深入交流。

一、中国自主出版的英文报刊的历史及类型

20世纪初中国自主出版的早期英文报刊是 *Peking Daily News*（《北京日报》），于1909年由著名外交人士颜惠庆“动用各国事务衙门的钱办的，并自任主笔”①，揭开了中国自主出版英文报刊的历史。此后，为获得西方各国对中国革命的支持，孙中山及其追随者先后在上海、广州等地创办了 *The Republican Advocate*（*of China*）（《中华共和西报》）、*The China Republican*（《民国西报》）、*Canton Gazette*（《广州英文日报》）等英文报刊。随着西方各国在华势力的不断侵入，中国的民族主义思想日益高涨，众多有识之士力图通过创办英文报刊表达自主有效的新闻舆论思想。自20世纪20年代末期开始，中国自主出版的各种类型英文报刊开始大量涌现。据笔者初步统计，20世纪上半叶中国自主出版的重要英文报刊20余种，成为中国近现代报刊出版史不可或缺的组成部分。

（一）发展阶段

20世纪上半叶中国自主出版英文报刊的发展历程可以分成以下三个阶段：第一阶段自1909年至1927年，以中国国民党创办的英文时政刊物为主，以 *The China Republican*、*Peking Gazette*（《京报》）等刊物为代表：第二阶段自1928年至1945年，这一阶段是中国自主出版英文报刊最为活跃的时期，各种不同类型的英文报刊不断涌现。国民党在前期创办英文报刊的历史经验的基础上，非常重视英文报刊的政治宣传与舆论引导作用，通过收购外国人所办进而自主出版英文报刊的形式，先后出版了 *The China Press*（《大陆报》）、*The China Quarterly*（《中国季刊》）等刊物。与此同时，中国共产党在30年代为了反击政治压制，采取支持外国人创办

① 沈剑虹．漫谈国人自办的英文报［J］．传记文学，1985（46）：57．

进而自主出版英文报刊的形式，先后出版了 *China Forum*（《中国论坛》）、*China Defense League Newsletter*（《保卫中国同盟新闻通讯》）、*Chinese Writers*（《中国作家》）等刊物，对外进行政治宣传。此外，中国现代知识分子群体在这一时期创办了多种类型的英文报刊，如时政综合周刊 *The China Critic*（《中国评论周报》）、文化学术月刊 *T'ien Hsia Monthly*（《天下月刊》）、*Quarterly Bulletin of Chinese Biblography*（《图书季刊》）等，推动了中西文化深入交流与融合。第三阶段自 1946 年至 1950 年，以中国共产党创办的对外宣传英文刊物为主，以 *New China Weekly*（《新华周刊》）、*China Digest*（《中国文摘》）等刊物为代表。这一时期中国自主出版的英文报刊还包括在上海出版的 *Chinese Daily Tribune*（《自由论坛报》）、在香港出版的 *Hong Kong Tiger Standard*（《香港英文虎报》）等，丰富了此时期的英文报刊出版种类。

（二）刊物类型体系

基于不同的创办宗旨和编辑思想，中国自主出版的英文报刊可以分为时政外宣类报刊群系（包含国民党报刊群系、共产党报刊群系）、文化学术类报刊群系以及英语学习类报刊群系。时政外宣类报刊群系大多以其所支持的政党为主导，进行对外政治及新闻宣传，力图打破在华外国人所办英文报刊的新闻垄断，建立自主有效的新闻传媒。中国国民党自主出版的英文报刊注重译介西方资产阶级的政治、文化思想，并着力阐发中国传统文化内涵，确立精英化民族文化认同以推动建构政治认同；中国共产党自主出版的英文报刊注重译介世界无产阶级的政治、文化思想，并着力阐发民间文化内涵以确立大众化民族文化认同，促进巩固政治认同。文化学术类报刊群系由钱锺书、林语堂、吴经熊等中国现代知识分子创办，用以广泛吸纳外国文化思想，促进中国现代文化的生成与建构；同时又对中国文学及文化作品进行广泛译介，推动中国文化向外传播，表现出强烈的民族文化认同倾向与文化主体意识。英语学习类报刊群系大多由商务印书馆、中华书局及开明书店等现代知名出版机构创办并出版，发行量较大，读者为广大青年，以丰富的内容促进了中国现代青年的英语能力的提升。

二、中国自主出版的英文报刊的基本特征

近代以来英美各国在华所办的外文报刊在刊布商业信息、表达新闻舆论及传播现代科学知识等方面促进了中国近现代报刊出版业的发展，同时也为中国自主出版英文报刊提供经验借鉴。一大批最初在外报担任新闻记者及专栏主笔的中国知识分子，决定自主创办出版英文报刊，在栏目设置、广告宣传等刊物运作中移植引入外报的编辑出版策略，但同时秉持更加自主的办刊理念。

（一）办刊宗旨

晚清名臣熊希龄在游历欧美之后，有感于西方“知其于东方事实，全属隔膜之谈，故于吾国外交，多凭耳食，往往误会宗旨，相持不下”，曾呼吁当局政府设立环球通讯报社并创办洋文报刊，“庶几联国际之感情，解条文之误会，实于目前大局，极有关系”①。正是秉持着消除实情误会，促进文化交流的办刊理念，中国自主出版的英文报刊表达出极为坚定明确的办刊宗旨。出版于 1912 年 3 月的《中华共和西报》在其创刊号中“Editorials（编辑评论）”以“Our Aim（我们的目标）”为题阐明其创办宗旨是：以办报的形式表达国人的思想和立场，力图在日益强大和广阔的新闻网中，努力发出中国自己的声音，进而增进中国与世界深入了解和密切联系。《中国评论周报》在 1928 年的创刊词中表达了创办者对时局进展的关切，期待《中国评论周报》能够在动荡不安的形势下带来“一个愉快时代的开始”②，体现出创办者通过新闻舆论及文化传播来化解时局危机的美好愿望。创刊于 1935 年 8 月的《中国季刊》在“Foreward（前言）”中说，该刊致力于增进泛太平洋地区各国的相互了解，呈现建立在客观公正立场上有关中国问题的事实报道和观点表达。作为官方信息发布的平台，《民众论坛》在 20 世纪 30 年代的广告中宣称，该刊主要发布有关中外政治、经济及文化的官方消息及自由思想，力图深化中国与远东地区的相互

① 戈公振. 中国报学史［M］. 北京：生活·读书·新知三联书店，2011：100-101.

② Foreword［J］. The China Critic，1928，1（1）：1.

交流，促进彼此间关系的良性发展。创刊于1935年8月的《天下月刊》由中山文化教育馆资助创办，孙科撰写了发刊词，指出只有营造一种各国之间相互尊重的良好环境，才能给世界带来和平，并坚信文化的沟通与交流是实现这一理想最为有效的途径。创刊于1946年5月的《新华周刊》在前言中提出的创刊宗旨是：该刊是奉献给普通民众的，用来表达他们的情感、思想及渴望，主办者相信世界的民主和其他国家的协作将促进中国的民族独立及国家发展，并强调《中国文摘》将向世界呈现一个真实的中国图景。由此看来，这些英文报刊的创办宗旨都集中于构建自主有效的新闻及文化传播平台，促进世界对中国的了解。

（二）栏目设置

在发展初期，中国自主创办的英文报刊栏目设置较为简单，如《民国西报》开设的专栏有“Editorials（编辑评论）”“Telegrams（电讯）”“Notes from the Provinces（各省消息）”等，主要内容是以时事新闻及通讯报道来关注时政进展与中国社会现状。进入20世纪20年代以后，英文报刊栏目设置逐渐走向多样化。《中国评论周报》作为民国时期存续时间较长、享有广泛声誉的自办英文周刊，设立了涵盖新闻时政、文化时评、新书推介及政府公报等内容丰富的各种栏目，如“Editorial Paragraphs（时评）”“Editorials（社论）”“Special Articles（专论）”“The Little Critic（小评论）”“Book Review（新书介绍）”等。创刊之初《中国评论周报》的内容主要由专栏编辑撰写，“我们每人每期写一两篇文章，包括短评、社论、专文或书评，由各人自己选择，完全是义务性质，没有稿酬”①。随着战事时局的发展，《中国评论周报》的栏目设置强化了新闻报道内容，增加了“日本侵略”“上海抗战”“在伤员中”等专栏，反映上海军民抗击日本侵略者的光辉历程。由此可见，新闻舆论专栏成为时政外宣类英文报刊的主要栏目，而文化学术类英文报刊的栏目则主要有文学译介、文化专论及图书评论等。纯学术刊物《天下月刊》的主要栏目包括“Editorial Commentary（编辑评论）”“Articles（专论）”“Translations（翻译）”“Chronicle（文艺时评）”“Book reviews（书评）”等。进入20世纪30年代

① 陈石孚. 林语堂先生与我［J］. 传记文学，1977，31（6）.

后，中国自主出版的英文报刊栏目设置呈现出既注重新闻舆论及政治宣传，又积极倡导文学译介及文化交流。创刊于 1946 年的《中国文摘》开设“The Observer（观察家）”“Events in Brief（要闻综述）” “Statesmen's Forum（政治家论坛）”等时政专栏以外，还特别开设“Book Review（书评）”“Art Section（艺术）”“The Cultural Circles（文化界）”等专栏，对解放区的文学及文化成就进行了全面的译介与宣传。由此看来，中国自主出版的英文报刊在栏目设置中兼顾新闻时事评论、政治思想宣传与文学文化译介的融合，刊物内容不断走向丰富及深化，形成了日益独立而成熟的办刊理念与编辑思想。

（三）广告宣传

中国自主出版的英文报刊上登载了大量中文、英文及中英双语广告，形成了独特的广告营销策略。一方面，刊物创办者非常重视利用商业广告的功能，在自身刊物上刊载各类商品及信息广告，获得广告费用以维持并扩大刊物的经营；另一方面，其他刊物上发布宣传广告以扩大自身刊物的知名度与影响力。《天下月刊》虽然得到中山文教馆资金支持，办刊经费相对充足，但仍然刊载了种类丰富的商品广告，总数达 584 则，主要包括生活消费品广告、航空海运广告及书刊广告等，广告主来自国内外不同的企业公司及文化机构。与此类似，《中国评论周报》《民众论坛》《中国季刊》等英文报刊上也登载了大量商品广告。这些广告不仅推广了国外最新生产的商品，如最新药品、名牌汽车及邮轮航线等，引入了最为时尚现代的生活理念，同时也将产自中国的丝绸、茶叶等国货精品进行了推介，向外传播中国文化。此外，中国自主出版的英文报刊上还登载了大量图书报刊及出版社广告，如《亚洲周刊》、《密勒氏评论周报》、《大陆报》、别发洋行、商务印书馆、哥伦比亚大学出版社等，构建了一个相互关联的英文报刊体系及出版营销网络；尤其是以《中国评论周报》《民众论坛》《中国季刊》《天下月刊》等 20 世纪 30 年代在上海出版的自办英文报刊群系为主体，共同营造了一个极为开阔的文化交流空间。中国现代知识分子通过广告中的书刊信息，把握国际最前沿的知识动态，形成了开放多元的文化观念。

三、中国自主出版的英文报刊的编辑作者群体

自近代以来，上海建立起完备发达的图书报刊出版传媒体系，为中国现代知识分子提供了安身立命及著书立说的现实空间。通过参与到现代出版文化产业中，中国现代知识分子不仅收获了丰厚的经济利益，也经由图书报刊表达各自独特的思想，引领并促进了中国现代文化的发展；同时他们还借助英文报刊与聚集在上海的外国知识分子进行丰富的文化交流活动，形成了一个密切互动的中外知识分子群体，这其中不仅包括董显光、林语堂、桂中枢等拥有相近学缘的中国知识分子，还包括福开森、伊罗生等兼具多重身份的外国知识分子。

（一）学缘相近的中国知识分子

随着中国近现代报刊出版业的不断发展繁荣，燕京大学、圣约翰大学等高等学府纷纷设立报学系，用以培养中国现代新闻出版人才；同时，董显光、汪英宾、赵敏恒等一大批在美国密苏里及哥伦比亚大学获得新闻专业学位的中国知识分子陆续回国，担任各大报刊的记者与编辑；这些来自圣约翰大学、清华大学等学校的师生及海外回国的新闻专业人士构成了中国自主创办及出版英文报刊的主体力量。《中国评论周报》的编辑作者群体主要由桂中枢、潘光旦、林语堂、钱锺书等清华师生组成。《中国季刊》首任主编是曾任清华大学校长的曹云祥，编委会成员包括董显光、夏晋麟、桂中枢以及刘大钧、邝耀坤等人。《天下月刊》的主要编辑有吴经熊、温源宁、林语堂、全增嘏、姚莘农（姚克）等人。以中国自主出版的英文报刊为中心形成了一个成员众多的英文报人群体，他们大多毕业于清华大学、圣约翰大学、哈佛大学、哥伦比亚大学等国内外知名学府，共同的学缘使得他们能够建立起更密切的关系；开阔的文化视野使得他们成为学界名流与政界精英，在政治、外交、法学及文学等各个领域成就非凡。在共同合力自主创办英文报刊之前，他们就已具有丰富的报刊实践经验，陈钦仁曾在汉口主持英文《前锋报》，桂中枢曾是《密勒氏评论报》及《大陆报》文笔犀利的英文编辑，陆梅僧是知名的广告学专家，林语堂则是英文报刊及图书编辑家，这些编辑作者们的实践经验有力促进了中国自主出版

英文报刊顺利创办及迅速发展。由此，这个英文报人群体在新闻实践、文化论著以及国际交往活动中，建构了他们独特的文化成就与学术贡献，也促进了中国现代新闻学、政治学、经济学及社会学等现代学术体系的建立与发展。

（二）多重身份的外国知识分子

近代以来大量外国人进入中国从事经商、传教、新闻及外交等各种事务，其中一部分人对中国文化产生了浓厚的兴趣，在工作之余撰写汉学研究论著发表在英文报刊上，如创刊于1872年的英文报刊《中国评论》吸引了理雅各（J. Legge）、嘉约翰（J. G. Kerr）、费笠士（G. Phillips）等人参与撰稿①。受此传统影响，当时聚集在香港、广州及上海等口岸城市的外国知识分子开始创办英文报刊进行汉学研究，如福开森1923年在上海创办了《中国科学与美术》杂志。与此同时，在华外国知识分子还成为中国自主出版的英文报刊的积极撰稿者，如英裔“澳门史”研究专家查尔斯·R. 鲍克塞（C. R. Boxer）、加拿大裔美国“中国文物、艺术”研究专家福开森（John Calvin Ferguson）、法国耶稣会传教士裴化行（Henri Bernard）、英国文学家朱利安·贝尔（Julian Bell）以及英裔意大利学者哈尔德·艾克顿（Harold Acton）等。他们以多样化的专业研究为国人自办的英文报刊贡献了内容丰富的文化论著，同时还与中国知识分子展开广泛而深入的文化专题探讨，如福开森与吴经熊在《天下月刊》上探讨宗教文化与思想，哈尔德·艾克顿与北大学生陈世骧合作翻译了中国现代新诗发表在《天下月刊》上，项美丽与温源宁、姚克在《中国评论周报》上围绕婚姻问题展开激烈讨论，这些探讨与合作共同促进了中西文化交流。中国共产党主办的英文报刊也吸引了大批支持和同情中国革命的外国知识分子参与，如1932年在上海创刊的《中国论坛》就借助了美国记者伊罗生的独特身份来创办，向外宣传左翼的文学及文化思想。1938年保卫中国同盟在香港编辑出版了英文刊物《保卫中国同盟新闻通讯》，“先后参加《保盟通讯》英文版编辑工作的有约翰·利宁（John Lining）、伊斯雷尔·爱泼斯

① 王国强. “侨居地汉学”与十九世纪末英国汉学之发展：以《中国评论》为中心的讨论 [J]. 清史研究，2007 (4)：55.

坦（Israel Epstein）、詹姆斯·贝特兰等人”[①]。1941 年在延安出版的外文刊物《中国通讯》（Report from China）也邀请了马海德（乔治·海德姆）（美国人）、巴苏华（比乔埃·库玛尔·巴苏）（印度人）等人加入[②]。在华外国知识分子的参与使得中国自主出版的英文报刊呈现出了更为开阔的文化视域，在向中国读者介绍传播西方文化及思想的同时，尤其注重对中国文化的阐发与研究，促进了中国文化的向外传播。

四、结语

中国自主出版的英文报刊作为独特的历史存在，不仅见证了中国近现代报刊发展史的辉煌，也昭示了中国现代知识分子跨语际文化实践的成就。随着 20 世纪 90 年代以来新闻传播与编辑出版史研究的不断深入，这些英文报刊也逐渐引发了国内外学界的共同关注。《中国评论周报》《天下月刊》《中国季刊》《中国文摘》等存续时间长、影响广泛的代表性英文报刊被影印出版，同时国外有关中国近现代英文报刊的文献数据库如“ProQuest 历史报纸：近现代中国英文报纸库（1832—1953 年）”“中国与现代世界：传教士、汉学与文学期刊（1817—1949 年）”也收录了在中国出版发行的几十种英文报刊，其中包括中国自主出版的英文报刊。这些英文报刊为解读中国近现代历史及文化发展提供了丰富而新颖的文献史料，尤其为中国自主对外政治宣传和文化传播提供了真实有效的历史镜鉴。然而，在有关中国近现代报刊发展史、新闻出版史及文化交流史等相关整体性研究论著中，中国自主出版英文报刊的历史未能获得充分且有效的关注，近来的相关研究仍然停留于文献梳理与个案分析；期待在不久的将来，这些中国自主出版的英文报刊能够被列为独立的研究对象，获得更为全面而深入的研究，进一步拓展中国新闻传播、编辑出版史、文化交流史及知识子思想史的研究空间。

① 黄士芳. 向世界传播中国抗战的实况：记《保卫中国同盟新闻通讯》[J]. 新闻大学，1995（4）：38-40.

② 杨莹，姚远. 中国外文对外宣传期刊的历史考察［J］. 咸阳师范学院学报，2006（6）.

关于上海沦陷时期名取洋之助与太平印刷出版公司的考察①

涂晓华

（中国传媒大学新闻学院，北京，100024）

摘要：本文考察了上海沦陷时期名取洋之助创办的太平印刷出版公司，同时论述了出版公司运营中与太平书局、《女声》杂志的关系，以历史描述的方式，揭示在上海沦陷时期一段与出版相关的历史。

关键词：名取洋之助；太平印刷出版公司；太平书局

上海沦陷时期的杂志，除了统治出版业的官办杂志社外，还有其他一些出版渠道，如民间私人出版杂志，这种杂志最多也最有活力，但是能继续办下去的杂志很少。第三种是各种报刊出版的杂志，如《杂志》社就隶属《新中国报》。上海沦陷区有价值的文学创作与文学评论，也主要刊登在这一时期的文学与含文学的杂志上，杂志界复苏之后渐渐出现以新进文学为主的局面。

一、摄影家名取洋之助：太平印刷出版公司的策划者

关于太平印刷出版公司的创办史料笔者找到的不多，综合草野心平②、

---

① 本文为基金项目：日本住友财团的亚洲关联项目研究“田村俊字研究”成果。

② 草野心平，诗人，1903 年—1988 年，日本福岛县上小川村出生、长大，16 岁进庆应义塾普通部（旧制中学），18 岁始在中国广东岭南大学（现中山大学）留学。回日本后以《蛙》《富士山》等获得诗名，但是作为诗人无法维持生计，开过饭店、做过校对、当过新闻记者等，生活一直十分贫困。汪伪政权成立后，受时任日伪宣传部部长的大学同学林柏生所邀，前往南京担任日伪宣传部顾问。战后任日本文艺家协会理事、日本现代诗人会会长等职务，1982 年出版《草野心平全集》共 12 卷。

会田纲雄①、川锅东策②等一些当时在上海、南京的日本人回忆来看，太平印刷出版公司的策划者是摄影家名取洋之助③。

在七七事变以后，东京的国际报道写真工艺株式会社④在上海设置了上海总局，名取洋之助被派驻在上海，并接受日军报道部管理。据川锅东策分析，名取因此建立了与上海陆军报道部秋山邦雄部长的关系。

1941 年 12 月太平洋战争爆发，上海全面沦陷，日军占领租界并接收所谓英美“敌国”资产。12 月 8 日下午，共同租界香港路的英国人经营的密林顿（ミリントン）出版印刷公司被宣布由上海陆军报道部管理，名取洋之助被委派为新任社长，负责经营与管理。密林顿是以印刷英文出版物为主的工厂，但是也备有汉字的活字，有十台大型英国制造的印刷机，可进行活字版和平版印刷，接收时仓库中有 700 多轧滚纸。1941 年 12 月 9 日，该公司被改名为太平印刷出版公司，责任管理者主要是名取从东京请来的保科清春、浅井富士雄以及原密林顿被留用的日本人大川，印刷工人仍是被留用的中国人，另有几名俄罗斯的技术人员。共有 150 多名员工的太平出版印刷公司从一开始就是日本帝国主义用武力强占的产物。

太平印刷出版公司机构正如招牌所示包括印刷和出版两项业务，垄断了上海市主要的与市民生活相关的定期刊物（例如电话号码簿等等）和军用印刷品的印刷，同时也承担《太平月刊》《长江周刊》⑤ 的出版，这些都是日本情报部门控制的刊物。尽管得到了日军的支持，拿到了配给纸名

---

① 会田纲雄，诗人，1914 年在东京出生。沦陷时期在上海工作，《历程》同人，主要诗集《鹹湖》获高村光太郎奖、《遗言》获读卖文学奖，另有评论集《人物誌》等）。

② 川锅东策，沦陷时期太平印刷出版公司的编辑。

③ 名取洋之助，摄影家，1910 年—1962 年，1928 年庆应义塾普通部毕业后前往德国留学，1932 年作为德国通讯社的日本特派员在德国、日本、美国、中国战场摄影，1937 年 9 月，受中支派遣军报道部的邀请到达上海，太平洋战争后出任太平出版印刷公司社长，太平书局幕后经营者，在中国组织图片报道“宣抚班”。战争后期向日本士兵做道德教育：“禁止杀戮”“禁止抢劫”等，战后，在日本创办《週刊サンニュース》杂志。1956 年作为“纪念鲁迅逝世 20 周年”日本首次文化访华团成员之一，是来到新中国访问的第一个日本摄影家。

④ 东京国际报道写真工艺株式会社上海总局制作人员还有高桥锦吉、龜倉雄策、土门拳等，拓展中国业务。

⑤ 原为《鄂报》，被改名《长江画刊》继续出版，日本情报刊物。《太平洋周报》与太平印刷出版公司的关系还待考证。

额，但是太平印刷出版公司实行自负盈亏的企业制，为了开拓所谓的“对支文化业务”，名取洋之助接连不断遇到资金的苦恼。名取并不满足于只是承担《长江画刊》《太平月刊》的出版。他计划面向孩子、面向妇女、面向中国知识分子等出版各种类型的杂志和书籍。从与军队的关系来说，名取洋之助的身份是所谓被雇用的委托经营人而已，但他的野心也许是将太平印刷出版公司①建成一个比北京沦陷区的武德报社更好的出版集团。

1942年年底，31岁的名取洋之助从上海前往南京与从未谋面的草野心平相会，当时草野心平38岁，是汪伪政府的宣传部门顾问。作为庆应义塾普通部学生，草野心平是名取的前辈，之后草野被聘为太平印刷出版公司的顾问，他一月从南京来到上海一次，与名取洋之助商量关于对华出版的计划，致力于所谓的“日中友好和平工作”。

杂志《女声》的创刊是名取洋之助的主意，名取洋之助的传记作者三神真磨在一封信中说道：有关《女声》杂志的创刊，名取洋之助应该被考虑为创办人。当初，他作为发行人，提供了办公室、纸张等等必要的东西，同时为《女声》考虑寻找中国人编辑、日本人编辑助手……名取并不喜欢写自己只是发行人②。

1942年春天，在草野心平的介绍下，在东京当编辑的川锅东策加入太平印刷出版公司，并为预备创刊的几本新杂志奔走。首先，面向孩子的月刊《新少年》创刊，接着面向女性的月刊《女声》得到了日本驻南京大使馆报道部松平忠久的支持，得到保证配给纸张的承诺和驻上海日本总领事馆委托的身份。当时的太平印刷出版公司位于香港路，一层是印刷车间，三层150平方米的编辑室用胶合板打好房间隔断，设有《长江画刊》编辑部，编辑是三井，另外设有《新少年》编辑室，由评论家室伏高信的女儿室伏古乐担任主编，封面与插图由村尾绚子负责。虽说《新少年》每期只

---

① 太平印刷出版公司后来承担《长江画刊》《风雨谈》《太平月刊》以及《女声》等定期刊物和部分单行本的印刷发行，并一直协助上海自然科学研究所的医生研究论丛《现代医学》的复刊。该刊编辑是陶晶孙和小宫义孝。

② 王红著《上海时代的田村俊子》，参见《中国女性史研究》，中国女性史研究会平成10年6月，这封信是名取洋之助传记作者三神1998年5月11日寄给王红的信，三神强调“我的说法是充分根据已去世的草野心平、会田纲雄、三井真磨等人当面采访的材料”。

有 20 页，但设计十分新颖。

无独有偶，此时田村俊子手持日本左翼朋友平等俊成的介绍信前往南京与草野心平见面，她被介绍给上海的名取洋之助。三人谈起正在创办的一份以中国女性读者为对象的杂志《女声》，田村俊子无疑成为担任《女声》社社长的最佳人选①。

《女声》获得了“国民政府宣传部登记证第 262 号”的刊行许可，而日资太平出版印刷公司保证配给纸张的承诺并承担了印制，田村俊子得到了驻上海日本总领事馆委托的身份，《女声》创刊了。关于此点正如梅娘所说：“为《女声》奠定物质基础的这几项，是《女声》胎里带来的缺陷。这个不三不四的出身，使中国人侧目相看敬而远之。”② 这也成为日后人们判定《女声》为汉奸杂志的有力依据。尽管《女声》的发起人是名取洋之助，但《女声》的性质、内容都是田村俊子所定，《女声》的编辑风格也是田村俊子决定的。所以，在谈到《女声》的创刊时，田村俊子仍然不失为创刊者。

田村俊子接手《女声》的工作后，经过二十天的准备③，于 1942 年 5 月 15 日，她以“左俊芝”的中国名字，主持发行了第一期《女声》月刊。《女声》刚发行时，“真是凤毛麟角的少数，至于妇女读物更可说一句‘绝无仅有’了”④。《女声》与同时期别的杂志并没有太多交往，《女声》只在晚其一年多创刊的《风雨谈》杂志上刊登过广告启事，将《女声》的主要内容、体式、工艺、定价、出版周期、销售途径等交代得一清二楚。

---

① 1942 年初春在南京，田村俊子与名取洋之助见面。田村俊子的面貌与举动都显得十分年轻，事实上她当时已经 58 岁。名取洋之助记得家中母亲的书橱里藏有田村俊子的小说，对这位前辈女性作家心存敬畏。田村俊子在七七事变后的 1938 年 12 月下旬来到中国，当时她已在中国流浪了 3 年，她借住在北京辟才胡同的日本左翼人士平等俊成家中。由此可以看出接近于真实的历史应该是：想办杂志的名取洋之助与想做事情（一直在寻找合适的机会）的田村俊子在草野心平的关系下很快就《女声》杂志的创刊达成一致意见，名取洋之助提供办杂志所需要的硬件设施，田村俊子负责编辑刊物。

② 梅娘．两个女人和一份妇女杂志［J］．外国文艺，2000（3）．

③ 参见《女声》创刊号的“余声”。

④ 参见《女声》第 3 卷第 12 期的“先声”。

二、《女声》杂志的“独立”

1943年年初以太平印刷出版公司搬家为契机发生了两件事情，一是《女声》杂志的“独立”事件，二是太平书局的成立。

在《女声》的发展过程中，笔者注意到《女声》一直努力谋求从太平印刷出版公司独立出来。

1943年汪伪政府与日本帝国主义关于租界返还的条约，直接影响到太平印刷出版公司的工作。受租界内敌人资产的管理以及受陆海军势力范围变更的余波影响①，太平印刷出版公司由陆军转划归海军管理，被命令搬到小沙渡路ケーリー・アンド・ウオーレス印刷公司②。1943年年初，在太平印刷出版公司从香港路搬到小沙渡路之前，“佐藤俊子（即田村）提出让《女声》杂志社从太平出版印刷公司中独立出去”③。

在了解《女声》的独立事件时，笔者以为有必要简单叙述一下田村俊子与名取洋之助的关系。1942年初春在南京，草野心平将田村俊子介绍给名取洋之助。俊子当时已经58岁，只比名取洋之助的母亲小1岁。名取洋之助记得家中母亲的书橱里藏有田村俊子的小说，自然对这位前辈女性作家心存敬畏。同时日本传记小说中认为少年就留学德国的名取洋之助对田村俊子的不愿受到束缚、奔放的性格抱有亲近感。但是，在田村俊子看来，名取洋之助尽管工作精力旺盛却是一个粗线条的人，他并不能微妙地

① 马光仁. 上海新闻史［M］. 上海：复旦大学出版社，1996. 太平洋战争爆发后在上海租界的接管上，日本陆海军内部矛盾很明显，后经协商统一步骤、分权管理。租界返回后，进一步划分陆海军在上海公共租界内的警备区，沿黄浦江一线由外滩至虞洽卿路为海军警备区，当时日本驻沪海军报道部部长为海军大佐镰田，太平印刷出版公司转归海军报道部管理。这大概也就是后来所说的《女声》受到“日本大使馆”和“日本海军部”合办的说法来源。

② 三神真彦. わがままいっぱい名取洋之助［M］. 东京：筑摩书房，1988. 太平印刷出版公司搬家迁往一栋四层楼，最上层是职工食堂和日本员工宿舍，三层是文选植字部门，二层是印刷机器，一层除装订之外是其他编辑、营业、经理等事务部门。

③ 三神真彦. わがままいっぱい名取洋之助［M］. 东京：筑摩书房，1988：299. 提及太平印刷出版公司搬家在1943年5月下旬，但从杂志社的地址变更可见搬家是在1943年1月中旬到2月初。

体会一个作家的心灵。笔者所见到的日本人的回忆文章，多是站在名取洋之助的立场，批评田村俊子强悍的性格。笔者以为，田村俊子作为一名左翼作家，从一开始她就明显意识到自己思想立场与名取洋之助的区别。名取洋之助当时十分热衷于“中日和平宣传事业”，对所谓和平事业的走向及历史的命运，身为作家有自己独立思想的田村俊子自然有更敏锐的洞察力，这种巨大的差异是名取与田村俊子矛盾的焦点，可能也是田村俊子极力要摆脱太平印刷出版公司的重要原因。

综合日本的相关史料所说，《女声》当时事实上尽管得到一些好的评价，但是月发行五六千册的《女声》要独立出去困难是显而易见的，独立之后，除了维持编辑们的工资之外，事务所、编辑费用、纸张、印刷装订的费用都必须自己承担。太平印刷出版公司的日本职工认为田村俊子期待脱离太平印刷出版公司独自经营《女声》杂志，他们认为在独立宣言发表之后，田村俊子也意识到预想太过乐观，但是俊子已经无法忍耐名取洋之助作为事实上的《女声》发行人，执意“独立”。面对田村俊子，名取只好做出让步，他一方面不愿意放弃《女声》，但是他也不可能解雇田村俊子。这其中有草野心平的关系，另外东京的朋友小林勇以及小泉信三都曾写信要他好好关照田村俊子。最终名取洋之助答应编辑事务放任，但发行权不转让。结果是《女声》尽管发表了独立宣言，暂时仍然由太平出版印刷公司无偿提供编辑室，提供给《女声》的纸张①只收一半的价钱，而印刷尽可能地仍由太平印刷出版公司给予通融。事实上，《女声》社不久就搬离了刚搬家的太平印刷出版公司，田村为了维护《女声》的出版，将更多的精力放在了寻找资金等上面。据太平印刷出版公司日本职工分析认为，她与日本大使馆建立了更直接的联系，也就更能脱离名取洋之助的限制。

1943 年 2 月第 1 卷第 10 期开始《女声》的内页上注明太平印刷出版公司和《女声》杂志社地址为小沙渡路 489 号，但是《女声》杂志之前从未出现过的编辑室第一次出现，住所改为爱多亚路，5 月移往爱多亚路 160 号，1943 年 4 月第 1 卷第 12 期内页上一直以来的发行者和发行所的《女

① 沦陷时期办报刊最重要的条件就是配给纸张的供给，其市场价格往往是拿到配给纸张时的好几倍甚至十多倍。例如当时的三青团、一些杂志的配给纸张就被卖掉。

声》社消失了，发行者改为左俊芝，发行所变为太平印刷出版公司。从10月开始搬到上海虎丘路142号的一室。直到1944年2月第2卷第10期开始《女声》社与编辑室在内页上写明为同一个地址，也承担发行所的名义。之后一直到1945年7月最后一期太平出版印刷公司在《女声》杂志的内业介绍上只是作为印刷者出现。其间1943年11月15日《女声》杂志上太平印刷出版公司地址曾改为上海西康路489号，但是门牌号码与电话号码均未改变，笔者推测西康路即原来的小沙渡路，抗战胜利后，太平印刷出版公司被国民党接收。

由《女声》社这样的一个轨迹读者可看到《女声》社不断谋求独立的努力。1944年太平洋战争的败势已经对文化工作也产生了影响，太平出版印刷公司的《长江画刊》年内停刊，《新少年》的存续也很危险，《女声》同样要休刊的情报也陆续传出。

在此笔者想就《女声》的资金问题谈一谈。武田泰淳在《上海的萤火》中曾提及《女声》由海军出资，阿部知二以田村俊子为原型的创作《花影》中也谈道："佐藤（指田村）从北平搬到上海来，在大使馆和日本人经营的太平出版印刷公司的援助下，开始做华文的妇女杂志。"[①] 另外，根据相关史料记载，当时对属于"和平刊物"的报刊，政府都给与一定的补助。《女声》想必并不例外，也能拿到政府的补助。而太平出版印刷公司由海军报道部管理，这自然就成为《女声》由日本海军出资的说法来源。

就目前笔者掌握的材料来推测，《女声》第1期到第9期完全是由太平印刷出版公司负责出版。《女声》在1943年2月15日后[②]从太平印刷出版公司搬家出来，编辑室独立，考虑到隶属太平印刷出版公司的不少刊物都被迫停刊，可证维系《女声》的部分资金来源应该是田村俊子的奔波，《女声》杂志直至1945年7月停刊，一期没有中断过。

由于政治势力的复杂，沦陷时期出版界的情况也是很复杂的。《文史》[③]的主编金性尧[④]曾在2004年出版的《闭关录》中谈到作为编辑他至今还

① 阿部知二. 花影［M］//阿部知二集：第五卷. 东京：河出书房，1975：236.

② 参见《女声》第1卷第10期封底地址。

③ 《文史》共出3期，从1944年11月到1945年7月。

④ 金性尧即文载道。

不知道沦陷时期著名散文杂志《古今》为何停刊，也不知道《文史》的始末。他说，"《文史》前后共三期，想不到这三本短命的刊物，却有如此复杂的内幕"，"我的原来想法是：把《文史》继续办下去，经费由《新中国报》负担，我只管稿子，与政治（如情报工作之类）并无关系"①。

《女声》每个月到底能拿到多少钱的补助大概永远只能是一个谜。《女声》依靠发行量与广告收入能维持收支吗？广告收入在杂志的发行中占多大的份额？这些疑问的产生也是自然而然的。《女声》创刊号上倒登有具体的广告价目，最贵的一整版为1200元，四分之一的文字栏250元。但是以后各期均未见再刊行广告价目。恐怕广告多为一些熟悉的关系客户，价钱都由田村俊子登门去交涉，所以广告的价钱和登与否关系并不大，为了节约版面干脆不登。《女声》大的广告客户有第一制药株式会社、太平书局、盐野义商店、德昌烟工厂等。但在田村俊子去世后关露所编的两期中这些公司的广告都没有了。由此可知田村俊子筹集资金的辛苦，更见她对《女声》的贡献。据梅娘2003年10月告诉笔者在20世纪40年代北京一份杂志如果能卖到2000份，基本就可以自负盈亏。在可以有限周旋的政治空间内，《女声》的发行量对田村俊子坚持她的文化办刊原则不能不说是有作用的。

三、太平书局的成立

《女声》独立的同时，另外一件因太平出版印刷公司搬家而发生的事情是太平书局的成立。关于太平书局，就笔者所查阅中国国内以及日本的资料，包括当时的报纸杂志都语焉不详。以下是笔者综合相关各种史料所整理出来的一个有关太平书局的基本线索。

太平洋战争爆发后，物价飞涨，市民生活受到极大的威胁。同时，由于严格的言论控制，上海出版界几乎陷入瘫痪的状态。当时，在华中地区，上海的内山书店和南京的东京神田三省堂的分店三通书局（由伊东照晁负责）是大书店，但是，书店配给公司只有很少的进书册数，很难维

---

① 金性尧. 闭关录［M］. 上海：上海古籍出版社，2004.

持。甚至连老字号内山书店也是书源日渐呈现出枯竭的严峻形势。在这种情况下，担任汪伪宣传部顾问的草野心平为了“繁荣”沦陷区出版的局面，他以太平出版印刷公司顾问的身份制定了详细的“出版的大纲”，为此他多次往返于南京和上海之间，该大纲刊登在1943年（昭和十八年十一月）发行的月刊杂志《黄鸟》第四号上。草野心平特别关注翻译书籍的出版，他曾与上海的井本威夫约定翻译出版一些英文著作。太平书局就是在这样的背景下成立的，它实际上是太平出版印刷公司出版部部分业务独立出来的结果。草野心平与名取洋之助主张书局直接面向中国读者，考虑出版一些中国读者有阅读兴趣的书籍，同时可借助中国文化人出版新的杂志。太平出版印刷公司搬家以后，由于公司已经远离上海市中心，太平书局的位置就被选在市中心的福州路①，这样太平印刷出版公司在市中心也就仍有活动的场所。

在上海与草野心平关系密切的文化人主要有柳雨生②和陶亢德③，因此在草野心平的推荐下，以陶柳两人为中心，正式成立太平书局，并且于1943年秋天创办了文艺类杂志《风雨谈》，由太平印刷出版公司印刷。太平书局最早出版的书为草野翻译的中岛敦的《李陵》以及《プロッホ木版画集》两书，《プロッホ木版画集》是以黄包车车夫的生活为中心创作的诗歌和版画集，著者为草野心平和名取洋之助共同的朋友、聋哑人、德国的版画家プロッホ。当时《杂志》④ 在文化短讯中这么评价太平书局：该局出书，在两君主持下，向以价廉见长，以论内容，自亦精谨。总之，因为太平书局有日本背景，它是沦陷时期上海少数还能出版单行本的书局之一。通过翻阅报刊以及沦陷时期出版书籍的出版广告和预告，笔者整理出太平书局以下不够完整的出版书单。

《中国新国民运动论文集》（柳雨生编、朝岛雨之助翻译，1943 年

---

① 福州路即四马路，饮食店等等的娱乐街，当时上海中心主要有九江路（通称二马路）主要是银行街，汉口路（三马路）是新闻社、剧场、书店等等的文化中心。

② 柳雨生，主编《风雨谈》之前也在汪伪政权宣传部工作，抗战胜利后被判“汉奸罪”。后成为著名汉学家，现在澳大利亚国立大学中文系退休。英文名字：Liu Tsun-Yan.

③ 陶亢德，时任汪伪《中华日报》主编。抗战胜利后被判“汉奸罪”。

④ 杂志，1945，15（1）.

9月，日文）、《予且著短篇小说集》（1943年7月，中文）、《四幕剧：余生》（韦端生著，1943年）、《儒教之精神》（武内义雄著、高明译，1942年11月）、《孙文论集》（汤良礼编，小仓满翻译，日文，1942年）、《癞院受胎及其他五编：北条民雄短篇小说集》（北条民雄著、许竹园译，1943年，中文）、《现代日本短篇集》（许竹园译）、《黄包车》（DLブロッハ画，草野心平文，1942年12月，中文与日文并用）、《人生悲喜剧》（丁谛著）、《二舅》（秦廋鹃著）、《两都集》（纪果庵著）、《牛骨集》（陶晶孙著，1944年5月）、《何若杂文》、《夜珠集》（谭正壁著，1944年6月）、《风土小记》（文载道著）、《七女书》（予且著）、《立春以前》（周作人著，1945年8月）、《都会儿女》（许季木著）、《当代女作家小说选》（苏青等著）、《海市吟》（谭惟翰著）、《文艺论丛》（杨之华著，1944年6月）、《现代日本小说选集：第一集》（章克标翻译，1943年8月，中文）、《黎明》（武者小路实笃著，张我军翻译，1944年4月）、《现代散文随笔集》（苏青等著）、《青年》（林房雄著、张庸吾翻译，1943年7月，中文）、《现代中国短篇小说选集：第一辑》（室伏克拉拉翻译）、《现代中国短篇小说选集：第二辑》（室伏克拉拉翻译）、《中国的豚》（沼田宏著）、《支那人的日本语研究》（菊冲德平著）、《华谱兰语》（小宫义孝著）、《江南博物志》（小实著，1944年11月）、《苦口甘口》（周作人著）、《现代散文随笔选》（周作人等著）、《一士谈荟》（徐一士著，1945年6月）、《洋鬼子在中国》（许季木译）、《人物风俗之度从谭》（瞿兑之著）、《六十回忆》（周越然著）、《中国的猪》（沼田宏著，1943年1月，日文）、《论蒋介石》（陈彬龢著，日本领事馆特别调查班翻译，1943年?）、《日本语教授法》（渡边正文著，1943年?）、《日本语中国语会话集》（渡边正文著，1943年?）、《日本语纸牌》（太平书局编纂）、《大东亚经济建设原理》、《伟人与志士》（连环画）、《新国民运动歌曲集》（宣传部编）、《怎样学习日语呢》、《现代散文随笔选》（讯风编，1944年1月）、《现代日本小说选集：第二集》（章克标翻译，1943年8月，1944年4月出版，中文）、《出发》（路易士著，1944年5月）、《风土小记》（文载道著，1944年7月）、《支那人的日本语研究》（菊冲德平著，1944年7月，太平出版印刷公司出版部）、《入狱记》（杨光政著、1944年8月）、《留香记》（予且著、神谷赞翻译，1944年8月，日文）、《中华民国居留》（池田克己著，1944年8月，日文）、《李陵》（中岛敦著、卢嘉锡翻译，1944 年 8 月，中文)、《甲申集》(陶亢德，1944 年，中文)、《六十回忆》(周越然，1944 年 12 月)、《当代女作家小说选》(谭正壁编，1944 年 12 月)、《怎样读通日语》、《芭蕉俳句集》(徐白林翻译，1944 年 5 月，中文)、《森鸥外选集》(王真夫翻译，1944 年 6 月)、《芥川龙之介选集》(王真夫翻译，1944 年 6 月)。

新世纪国学类图书出版热现象研究

——从国学电视传播的视角

田全喜

（湖北经济学院信息管理与统计学院，湖北武汉，430205）

摘要： 国学类图书出版产业的繁荣受政府支持、社会倡导以及学界引领等诸多因素的影响。在媒介融合的传播环境中，国学电视传播是国学出版影响力不断扩大的重要原因。国学电视传播推动国学热向多面延伸，向纵深推进，这不失为推动国学类图书出版产业发展的一个路径。

关键词： 国学传播；电视栏目；国学类图书出版

“国学”，这个延续数千年几经变更的历史名词，在近年变得炙手可热，甚至可谓最近十余年来中国思想文化界的高频关键词。进入21世纪以来，“国学热”持续高涨。作为对国学热潮的回应，国学类图书出版一时间呈井喷之势。以国学类图书中的经典名著《国学概论》（章太炎著）为例，仅2011年至2010年十年间，《国学概论》就有23个版本。尤其是中华书局，在2001年将《国学概论》纳入“国学入门丛书”，2009年又将其收入“跟国学大师学国学丛书”之中，销量可观①。文化思潮与书刊出版从来都是彼此相生的。国学类图书出版的回暖，得益于政府的支持、社会的倡导和学界的引领。还必须指出的是，电视媒介对国学的传播也对国学类图书出版产生着潜移默化的积极影响。

如果我们对中国当代文化的现状稍加审视，便会发现一个显著特征：在有主观意愿的前提下，人人都可以接近文化，而且这种机会和可能性比

---

① 刘姝. 版本流变中的国学类图书出版趋势：以章太炎《国学概论》为例［J］. 中国出版史研究，2018（2）：104.

以往大大增加。当然，这种广泛的接近性的实现，得益于大众传媒[①]。一部文学作品面世之初，如果没有被传媒纳入大众文化的版图，它从被关注，再到广为熟知，甚而传承演变为经典，多数只能依靠文人学士口口相传。但是，如果它有幸搭乘影像的快车那就会红遍大江南北，原作的知名度可能也在改变后芝麻开花节节高。试问，如果没有中央电视台《百家讲坛》的热播，《论语》《诗经》《道德经》《周易》等国学经典的畅销又从何而来[②]?《百家讲坛》这个原本在"绝对睡眠时间"播出，让"学术走向大众"的电视讲坛栏目使中国历史、传统文化走向寻常百姓家，推动了国学勃兴，引发了深远的影响。最突出的表现就是多家地方电视台纷纷效仿，生产出一批叫好又叫座的国学电视栏目。

一、国学在电视媒介中悄然走红

国学电视栏目是电视媒介基于对国学消费性生产的大众化表达。当大批学者还在为国学的概念争论不休时，国学已经搭乘电视媒介这趟高速列车悄然走红。电视荧屏上出现的一批叫好又叫座的国学电视栏目在让人困惑的同时，也引起各方关注。一部分人哀声长叹：国学从学院走向市井，此乃国学的悲哀；一部分人大声疾呼：弘扬国学的春天终于来临！无论分歧的沟壑多么深广，有一点确为双方的共识：媒介化时代的到来，为国学传播带来了前所未有的便捷。

由于社会历史文化等诸多原因，国学一度被人们避而远之，仅有小部分人把它用于修身养性和学术研究。长此以往，即使在国学逐渐升温的今天，远离生活、过于高冷、不够通俗已然成为人们对国学的固有印象。以《百家讲坛》为代表的国学电视节目把悬于神龛之中，具有原创气质和时代特征的国学知识请下神坛，并从国学中寻找与现代对接的阀门，叩问理性的思考与思想的发酵，与大众共飨人生况味。诚如英国学者康纳所言："一种令人不安的流动性开始影响传统上作为大学独占领地的高雅文化与通俗文化的分界线。诸如电视、电影这样的通俗文化形式开始自称具有高雅文化的某

① 周宪．文化表征与文化研究［M］．北京：北京大学出版社，2007：71.

② 王伟．文化研究与中国问题［M］．上海：上海三联书店，2016：81.

些严肃性，而高雅文化也采纳了某些通俗艺术的形式和特征。”①

从表达形式来看，国学电视节目是一种“集体狂欢式”的文化表达。国学电视节目通过稀释文化浓度，降低消费门槛，采取“高度娱乐和表演性质的结构方式，在当前时代中寻回‘传统文化’的语境现实性”②，把国学从精英文化供人膜拜的神坛拉回至大众文化人间烟火的喧嚣之地。琴棋书画剑、诗酒茶花香……国学电视节目就是通过这些表征中华传统文化的符号，实现大众传播媒介对文化意识的承载，且已经成为媒介进行文化再现的一种有力路径。这类节目之所以受到观众青睐，“是节目中颇具亲民色彩的文化表达形式与多数人愿意采纳的文化习得方式有不少‘暗合’之处”③。也正因如此，才会出现“国学明星”“国学达人”“国学大咖”等类似的头衔和称谓。

一个个“现象级”国学电视节目圈粉无数，激活了国人血脉中潜在的国学基因，燃起了大众了解国学的兴趣，在全社会营造了学习国学的氛围。媒介专家靳智伟和北京师范大学教授康震一致认为，中国人的“诗心”从未消亡，中国受众有着浓厚的诗词文化情节，《中国诗词大会》之所以走红，正是因为激活了藏在人们心中热爱诗词的热情④。

你方唱罢我登场的国学电视节目把中国电视荧屏装扮得活泼热闹，丰富了电视节目生态，打破了电视剧与综艺娱乐节目“二分天下”的局面，不仅使国学获得社会各界的广泛关注，为电视文化节目的运作提供了有益的经验和范本，还引发了一系列连锁反应。

二、国学电视传播拉动国学类图书出版产业增长

当一种电视文化原有的意义在传播过程中产生出新的价值或意义，或

① 史蒂文·康纳. 后现代主义文化：当代理论导引［M］. 严忠志，译. 北京：商务印书馆，2002：23.

② 颜梅，何天平. 电视文化类节目的嬗变轨迹及文化反思［J］. 现代传播，2017（7）：89.

③ 颜梅，何天平. 电视文化类节目的嬗变轨迹及文化反思［J］. 现代传播，2017（7）：89.

④ 章琰. 国学节目圈粉无数综艺迎来“文艺复兴”［N］. 羊城晚报，2017-02-13（B01）.

者这种文化的传播面增加而使传播后的文化相比传播前的文化有了某种增值放大，这就是电视文化的增值现象。一方面表现为量的增加，另一方面表现为质的增值①。国学节目热从电视荧屏不断席卷到文化出版领域，如音像制品、电子书，尤其是图书出版业。国学电视传播有力地带动了国学图书出版产业，无论是国学图书的出版，还是国学图书的销售，都出现了数量惊人的增长，创造了电视文化增值景观。

在目前所有的国学电视节目中，讲坛类节目涉及国学内容广泛，造就的“学术明星”最多，因而以《百家讲坛》为代表的讲坛类节目对国学类图书出版的带动最为显著。可以说，《百家讲坛》的成功衍生了巨大的附加产值：2004年，阎崇年根据讲稿修改增订而成的《正说清十二帝》，上市3个月累计销售16万册，出版后的1年内销量即达到32万册。殊不知，在阎崇年未上《百家讲坛》走红之前，他的著作《袁崇焕传》只卖出200册，而这本著作正是他被节目组选中的学术实力证明。2005年，以讲坛内容为基础改编的《刘心武揭秘〈红楼梦〉》在作者与红学家的激烈争辩中狂销60万册。2006年上海文艺出版社以500万元的高价夺得《易中天品三国》（上）的版权，首批印量55万册，2个月之内数次重印，销量超过200万册。2006年国庆长假期间，《百家讲坛》栏目连续7天播出系列讲座《于丹〈论语〉心得》。仅仅过了1个月，图书版《于丹〈论语〉心得》旋即在中华书局出版，首次印量竟多达60万册，且1个月之内两次重印，印数已达百万。2008年1月，王立群教授以在《百家讲坛》所作同名讲座内容为蓝本而撰写的《王立群读〈史记〉之项羽》，在重庆出版集团出版时首印20万册，且销量一直在不断刷新。这样的发行业绩与以往的普及性人文社科类出版物相比，无异于天文数字。此外，姚淦铭的《老子与百姓生活》、纪连海的《历史上的和珅》等书发行量也都不俗。不仅如此，《百家讲坛》还带动了原本滞销的经典读本的销售，各大出版社借势推出各种解读传统文化的普及读物，为“国学热”再添一把旺火②。

阎崇年老先生很有感触地说，他研究了一辈子清史，出版了20多本学术专著、发表了几百篇学术论文，但他的知名度仅仅是在学术界，出的书

① 张建，夏光富. 电视节目解析［M］. 重庆：重庆大学出版社，2015：135.

② 赖黎捷. 媒体奇观视域下的中国电视娱乐文化转型研究［M］. 广州：暨南大学出版社，2013：86.

也从没有卖火过，但《百家讲坛》让他火了，仅《正说清朝十二帝》一书就发行了几十万册之多，这样的印数他以前是想都不敢想的①。

如果说《百家讲坛》掀起了第一波国学图书出版浪潮，2013 年 8 月播出的《中国汉字听写大会》节目唤醒了更多人对汉字的兴趣和对汉字背后中华文化的学习，更是促进了与汉字有关的图书发行。2014 年 8 月由接力出版社出版的《中国汉字听写大会·我的趣味汉字世界》获得了社会的广泛认可与支持，该套图书上市 4 个月便销售 16 万册，入选《中国新闻出版报》8 月优秀畅销书榜总榜前 10 名，并且入选中国图书评论学会“大众好书榜”。2015 年，中国第一部现代意义上的辞书——《辞源》推出了第三版，在中国港澳台地区和美国、法国、日本、韩国、老挝等国家同步上市，好评率高达 99%。

无独有偶，2017 年 2 月《中国诗词大会》刚刚落幕，全民读诗的热潮随即开启。“《中国诗词大会》大热后，诗词类图书一下子成了市场爆款。……不仅《唐诗三百首》《宋词三百首》等古诗词选集有多个版本在热销，《中国诗词大会》同名图书、《凯叔选给孩子的 99 首词》、《一剪宋朝的时光》等诗词赏析解读类图书也屡屡登上畅销书排行榜前 10 名。截止到 2017 年 8 月份，节目同名图书《中国诗词大会》（上、下册）已累计销售 34 万套（68 万册），目前还在不断加印。”② 在当当网，中国古诗词类图书销量明显上升，环比增长 5 倍。诗词类图书能拔得 2017 年图书热销爆品的头筹，其偶然原因在于搭上了热门电视节目的顺风车③。

国学电视节目除了在促进国学图书销量上功不可没，还催生了一批国学图书。“面对传统文化类图书出版的形势大好，一些出版社自然瞄准时机，以最快时间推出各种各样的传统文化经典普及读物，不禁让读者眼花缭乱。”④ 这些图书既有国学电视节目中嘉宾的著作，还有与国学电视节目

---

① 赵晓峰. 电视讲坛还很兴盛 各种“讲坛”都很火爆［EB/OL］.［2008-12-14］http://yule.sohu.com/20081214/n261195759.shtml.

② 邢虹，李洋.《中国诗词大会》带火诗词类图书［N］. 南京日报，2017-03-01（B4）.

③ 中国出版传媒商报. 诗词书热销背后的营销路径［EB/OL］.［2017-02-28］. http://www.etjbooks.com.cn/show.aspx?generalid=42685&nodeid=7.

④ 魏沛娜.“传统文化热”带动图书出版［N］. 深圳商报，2017-08-07（C01）.

主题接近的图书。以蒙曼、郦波、康震为例，三位均是名副其实的国学知识分子，分别担当过多档国学电视节目的点评嘉宾，出版的与国学电视节目相关的著作成果丰硕：蒙曼出版著作 13 部，郦波出版著作 15 部，康震出版著作 11 部，其中相当一些图书是根据他们在电视节目中的讲稿蓝本编著而成。

事实上，每一档国学电视栏目引爆荧屏后，都会刺激相关主题的国学图书出版。2017 年上半年出版业七大关键词其中之一就是“传统文化热”。除了中华书局、凤凰出版社等大部分专业类和古籍类出版社之外，还有不少非专业古籍出版社出版了大量传统文化经典普及本。

当然，短时间内有这么多同类图书问世，质量上不免出现同质化或粗制滥造的现象。但国学图书出版数量和出版种类数量的增长客观有力地说明，国学电视节目已经渐渐形成了一个庞大的文化产业链，在创造自身品牌文化价值的同时也带动了国学图书出版产业的繁荣。

2016—2018 年出版文化史研究论著目录

范　军　辑录

辑录说明： 主要辑录 2016 年至 2018 年中国大陆地区（也收有少数台湾地区的）有关出版文化史方面的论著、译著、资料集，按照出版的时间先后进行编排。笔者 2005 年在《出版科学》上首次推出《出版文化史研究论著目录（2000—2004）》，之后在该刊每年推出上一年度相关研究书目，最后一个年度是 2012 年的书目（2013 年刊行）。2014、2015 年因该刊连续刊登笔者“区域性出版史料经眼录”9 篇，暂停了年度论著目录。2016 年，我们将 2013—2015 年的相关书目合并刊载于《出版科学》2016 年第 5 期，形成连贯性资料汇编，以方便国内外关心出版文化史的朋友。这次，时隔 3 年后再次将 2016—2018 年相关书目汇辑推出。

2016 年

《民国报业的巨头——亲历者讲述》　文昊编著。北京：中国文史出版社，2013.1。

《辞源史论》　乔永著。北京：商务印书馆国际有限公司，2016.1。

《藏书家》（第 20 辑）　宫晓卫主编。济南：齐鲁书社，2016.1。

《作为武器的图书——二战时期以全球市场为目标的宣传、出版与较量》　约翰·B. 亨奇著，蓝胤淇译。北京：商务印书馆，2016.1。

《特立独行的企鹅：艾伦莱恩与他的时代》　杰里米·刘易斯著。北京：人民文学出版社，2016.1。

《革命与媒介——辛亥首义的报刊动员及报道》　丁苗苗著。上海：

上海三联文化传播有限公司，2016.2。

《在文学与抗战之间——〈七月〉〈希望〉研究》 张玲丽著。武汉：武汉大学出版社，2016.2。

《京口书史》 徐苏著。镇江：江苏大学出版社，2016.2。

《〈东方杂志〉广告研究》 罗奕著。厦门：厦门大学出版社，2016.2。

《探寻丢失的历史：〈我的前半生〉出版史话》 孟向荣著。北京：中国文史出版社，2016.3。

《读书为上：五百年图书发现史》 玛格丽特·威尔斯著，康慨译。杭州：浙江大学出版社，2016.3。

《水浒续书研究》 魏永生著。新北：花木兰文化出版社，2016.3。

《商务印书馆企业制度研究（1897—1949）》 范军、何国梅著。新北：花木兰文化出版社，2016.3。

《新中国民营报纸的消失（1949—1957）》（上、下） 郑宇丹著。新北：花木兰文化出版社，2016.3。

《中国近现代新闻出版法制研究》（上、下） 殷莉著。新北：花木兰文化出版社，2016.3。

《〈万国公报〉与近代科技文化传播》 邓绍根著。新北：花木兰文化出版社，2016.3。

《大变局中的民间报人与报刊》（修订版） 陈建云著。新北：花木兰文化出版社，2016.3。

《中国古代报刊法制发展史》 倪延年著。新北：花木兰文化出版社，2016.3。

《读书为上：五百年图书发现史》 玛格丽特·威尔斯著，慷慨译。杭州：浙江大学出版社，2016.3。

《探寻丢失的历史——〈我的前半生〉出版史话》 孟向荣著。北京：中国文史出版社，2016.3。

《天下最好的主编——褚钰泉先生纪念文集》 纪念文集编委会编。南昌：二十一世纪出版社，2016.4。

《相约在书店》 范用著，子聪编。南京：江苏凤凰文艺出版社，2016.4。

《古书之爱》 韦力著。北京：中华书局，2016.4。

《建本》 （福建省）南平市建阳区地方志编撰委员会编。福州：海峡书局，2016.4。

《〈新青年〉广告研究》 汪耀华著。上海：上海书店出版社，2016.4。

《迈入出版家行列》（第二部） 中国出版协会、韬奋基金会联合编撰。北京：线装书局，2016.5。

《台湾报业：历史、现状与展望》 陈致中著。台北：风云时代出版公司，2016.5。

《一个人的出版史（2）》 俞晓群著。上海：上海三联文化传播有限公司，2016.6。

《中国报业管理学史（1834—1949）》 曾来梅著。北京：中国社会科学出版社，2016.7。

《中国出版家 章锡琛》 章雪峰著。北京：人民出版社，2016.7。

《中国出版家 巴金》 孙晶著。北京：人民出版社，2016.7。

《中国出版家 赵家璧》 芦姗姗著。北京：人民出版社，2016.7。

《中国出版家 陆费逵》 周其厚著。北京：人民出版社，2016.7。

《封面民国》 何小兰编著。北京：东方出版社，2016.7。

《新记〈大公报〉再研究》 俞凡著。北京：中国社会科学出版社，2016.8。

《先锋书店，生于1996年》 钱小华等著。北京：中信出版社，2016.8。

《中国当代文学史料丛书·文学期刊、社团与流派史料卷》 吴秀明主编。杭州：浙江大学出版社，2016.8。

《先秦两汉出版史论》 刘光裕著。济南：齐鲁书社，2016.9。

《隐秘依然璀璨——著名出版家汤季宏的传奇一生》 本书编委会编。上海：东方出版中心，2016.9。

《一个人的出版史（3）》 俞晓群著。上海：上海三联文化传播有限公司，2016.9。

《襄阳新闻事业史稿（1949—2014）》 管文娟著。武汉：华中师范大学出版社，2016.9。

《辽宁报业通史（1899—1998）》　《辽宁报业通史（1899—1998）》编委会编。沈阳：辽宁人民出版社，2016.9。

《翻译出版与学术传播——商务印书馆地理学译著出版史》　肖超著。北京：商务印书馆，2016.9。

《一个人的出版史（2003—2015）》　俞晓群著。上海：上海三联文化传播有限公司，2016.9。

《叶圣陶编辑思想研究》　叶圣陶编辑出版思想专业委员会编。北京：开明出版社，2016.9。

《朝内166：我亲历的当代文学》　何启治著。北京：人民文学出版社，2016.9。

《大时代里的小杂志：〈读书〉杂志研究》　庞海音著。北京：中央编译出版社，2016.9。

《永恒的记忆：宋木文同志纪念文集》　中国出版协会、中国出版集团公司编。北京：人民出版社，2016.10。

《民国时期出版史料续编》（全20册）　吴永贵编。北京：国家图书馆出版社，2016.10。

《庐山藏书史》　滑红彬著，甘筱青编。南昌：江西人民出版社，2016.10。

《大时代里的小杂志——〈读书〉杂志研究》　庞海音著。北京：中央编译出版社，2016.10。

《李敖登陆记：出版背后的故事》　李昕著。深圳：深圳报业集团出版社，2016.10。

《民主革命时期的中共报刊与马克思主义中国化》　赵付科著。北京：经济科学出版社，2016.10。

《中国印刷史研究》　辛德勇著。北京：生活·读书·新知三联书店，2016.11。

《民国新闻史研究（2016）》　倪延年主编。南京：南京师范大学出版社，2016.11。

《英国插画师》　崔莹著。北京：生活·读书·新知三联书店，2016.11。

《种瓜得豆：清末民初的阅读文化与接受政治》　张仲民著。北京：

社会科学文献出版社，2016.11。

《亲历学林社二十年》　雷群明著。上海：学林出版社，2016.11。

《20 世纪中国著名编辑出版家研究资料汇辑》(11)　段乐川等编。开封：河南大学出版社，2016.11。

《近代中国报刊与社会重构的传媒镜像（1915—1937)》　王天根著。合肥：合肥工业大学出版社，2016.11。

《文体问题——现代中国的文学社团和文学杂志 1911—1937》　贺麦晓著，陈太胜译。北京：北京大学出版社，2016.11。

《近代女性期刊性别叙事研究》　杜若松著。北京：中国社会科学出版社，2016.12。

《极简图书史》　罗德里克·卡夫、萨拉·阿亚德著，戚昕、潘肖蔷译。北京：电子工业出版社，2016.12。

《思考出版：文化的力量——广西师范大学出版社 30 年经营实务(1986—2016)》　广西师范大学出版社编。桂林：广西师范大学出版社，2016.12。

《商务印书馆与中国现代女性启蒙》　王鑫著。北京：商务印书馆，2016.12。

《清代山东刻书史》(上、中、下)　唐桂艳著。济南：齐鲁书社，2016.12。

《中国出版史论》　刘兰肖著。北京：中国书籍出版社，2016.12。

《新型劳动关系下的工会报刊研究（1995—2010 年)》　李双等著。北京：知识产权出版社，2016.12。

2017 年

《起步的十年——茅盾在商务印书馆》　商务印书馆编。北京：商务印书馆，2017.1。

《中国高校科技期刊百年史》(上、下)　姚远、颜帅著。北京：清华大学出版社，2017.1。

《重庆近代报业图史初编（1897—1949)》　蔡斐主编。重庆：重庆出版社，2017.1。

《薪火相继——南方报业社长总编辑口述史》（第二辑） 吴自力编著。北京：经济日报出版社，2017.1。

《书史纵横——中国文化中的典籍》 程章灿、许勇著。南京：江苏人民出版社，2017.1。

《纸上的文学记忆——民国文学短刊经眼录》 何宝民著。郑州：海燕出版社，2017.1。

《当代台湾财经杂志发展研究》 吴琳琳著。厦门：厦门大学出版社，2017.1。

《中国出版家 叶圣陶》 商金林著。北京：人民出版社，2017.1。

《中国出版家 邹韬奋》 陈辉著。北京：人民出版社，2017.1。

《中国出版家 郑振铎》 向敏著。北京：人民出版社，2017.1。

《中国出版家 张元济》 卢仁龙著。北京：人民出版社，2017.2。

《湖南期刊研究》（第 1 辑） 欧阳勋著。长沙：湖南大学出版社，2017.2。

《宋代新闻传播与政治文化传播史稿》 刘大明著。北京：中国传媒大学出版社，2017.2。

《雕版印刷》 崔雁南著。济南：泰山出版社，2017.2。

《活字印刷》 鲁海著。济南：泰山出版社，2017.2。

《张元济画传》 姜荣根著。北京：商务印书馆，2017.3。

《从书籍史到阅读史：阅读史研究理论与方法》 戴联斌著。北京：新星出版社，2017.3。

《傅璇琮先生纪念集》 中华书局编辑部编。北京：中华书局，2017.3。

《〈亚泉杂志〉与近代西方化学在中国的传播》 陈镱文著。北京：科学出版社，2017.3。

《书楼觅踪》（三卷本） 韦力著。北京：中信出版社，2017.4。

《清末民初石印术与石印本研究》 杨丽莹著。上海：上海古籍出版社，2017.4。

《中国古代图书史——以图书为中心的中国古代文化史》 陈力著。北京：社会科学文献出版社，2017.4。

《中国出版史》 肖东发、杨虎著。北京：北京大学出版社，2017.4。

《20世纪中国著名编辑出版家研究资料汇辑》(12)　段乐川等编。开封：河南大学出版社，2017.4。

《典瑞流芳——民国大出版家夏瑞芳》　赵俊迈著。北京：商务印书馆，2017.4。

《重庆近代报业图史初编（1897—1949)》　蔡斐著。重庆：重庆出版社，2017.4。

《德国新闻传播史》　吴璟薇著。北京：人民日报出版社，2017.4。

《中国新华书店发展大系·安徽卷》　《中国新华书店发展大系·安徽卷：1949—2017》编纂委员会编。合肥：安徽人民出版社，2017.4。

《中国新华书店发展大系·浙江卷》　《中国新华书店发展大系·浙江卷：1949—2017》编纂委员会编。杭州：浙江人民出版社，2017.4。

《中国新华书店发展大系·上海卷》　《中国新华书店发展大系·上海卷：1949—2017》编纂委员会编。上海：上海人民出版社，2017.4。

《中国新华书店发展大系·甘肃卷》　《中国新华书店发展大系·甘肃卷：1949—2017》编纂委员会编。兰州：甘肃人民出版社，2017.4。

《中国新华书店发展大系·宁夏卷》　《中国新华书店发展大系·宁夏卷：1949—2017》编纂委员会编。银川：宁夏人民出版社，2017.4。

《中国新华书店发展大系·湖南卷》　《中国新华书店发展大系·湖南卷：1949—2017》编纂委员会编。长沙：湖南人民出版社，2017.4。

《中国新华书店发展大系·湖北卷》　《中国新华书店发展大系·湖北卷：1949—2017》编纂委员会编。武汉：湖北人民出版社，2017.4。

《中国新华书店发展大系·辽宁卷》　《中国新华书店发展大系·辽宁卷：1948—2017》编纂委员会编。沈阳：辽宁人民出版社，2017.4。

《中国新华书店发展大系·吉林卷》　《中国新华书店发展大系·吉林卷：1949—2017》编纂委员会编。长春：吉林人民出版社，2017.4。

《中国新华书店发展大系·云南卷》　《中国新华书店发展大系·云南卷：1950—2017》编纂委员会编。昆明：云南人民出版社，2017.4。

《中国新华书店发展大系·北京卷》　《中国新华书店发展大系·北京卷：1947—2017》编纂委员会编。北京：北京出版社，2017.4。

《中国新华书店发展大系·重庆卷》　《中国新华书店发展大系·重庆卷：1949—2017》编纂委员会编。重庆：重庆出版社，2017.4。

《中国新华书店发展大系·山东卷》　《中国新华书店发展大系·山东卷：1943—2017》编纂委员会编。济南：山东人民出版社，2017.4。

《中国新华书店发展大系·河北卷》　《中国新华书店发展大系·河北卷：1941—2017》编纂委员会编。石家庄：河北人民出版社，2017.4。

《中国新华书店发展大系·福建卷》　《中国新华书店发展大系·福建卷：1949—2017》编纂委员会编。福州：福建人民出版社，2017.4。

《中国新华书店发展大系·海南卷》　《中国新华书店发展大系·海南卷：1950—2017》编纂委员会编。海口：海南出版社，2017.4。

《中国新华书店发展大系·总店卷》　《中国新华书店发展大系·总店卷：1937—2017》编纂委员会编。北京：人民出版社，2017.5。

《中国新华书店发展大系·协会卷》　《中国新华书店发展大系·协会卷：2003—2017》编纂委员会编。北京：人民出版社，2017.5。

《中国新华书店发展大系·河南卷》　《中国新华书店发展大系·河南卷：1949—2017》编纂委员会编。郑州：河南人民出版社，2017.5。

《中国新华书店发展大系·四川卷》　《中国新华书店发展大系·河南卷：1949—2017》编纂委员会编。成都：四川人民出版社，2017.5。

《中国新华书店发展大系·青海卷》　《中国新华书店发展大系·青海卷：1949—2017》编纂委员会编。西宁：青海人民出版社，2017.5。

《中国新华书店发展大系·贵州卷》　《中国新华书店发展大系·贵州卷：1949—2017》编纂委员会编。贵阳：贵州人民出版社，2017。

《中国新华书店发展大系·广西卷》　《中国新华书店发展大系·广西卷：1949—2017》编纂委员会编。南宁：广西人民出版社，2017。

《中国新华书店发展大系·广东卷》　《中国新华书店发展大系·广东卷：1949—2017》编纂委员会编。广州：广东人民出版社，2017。

《中国新华书店发展大系·陕西卷》　《中国新华书店发展大系·陕西卷：1949—2017》编纂委员会编。西安：陕西人民出版社，2017。

《中国新华书店发展大系·西藏卷》　《中国新华书店发展大系·陕西卷：1950—2017》编纂委员会编。拉萨：西藏人民出版社，2017。

《中国新华书店发展大系·内蒙古卷》　《中国新华书店发展大系·内蒙古卷：1949—2017》编纂委员会编。呼和浩特：内蒙古人民出版社，2017。

《中国新华书店发展大系·黑龙江卷》　《中国新华书店发展大系·黑龙江卷：1949—2017》编纂委员会编。哈尔滨：黑龙江人民出版社，2017。

《中国新华书店发展大系·天津卷》　《中国新华书店发展大系·天津卷：1949—2017》编纂委员会编。天津：天津人民出版社，2017。

《中国新华书店发展大系·江西卷》　《中国新华书店发展大系·江西卷：1949—2017》编纂委员会编。南昌：广西人民出版社，2017。

《宋代出版史》（上、下）　田建平著。北京：人民出版社，2017.5。

《陕甘宁边区新闻事业》　李文著。北京：人民出版社，2017.5。

《出版家黄洛峰》　辛锋著。昆明：云南人民出版社，2017.5。

《杖乡集》　俞晓群著。杭州：浙江大学出版社，2017.6。

《新时期〈红岩〉杂志的旗帜与道路》　黄洁著。重庆：西南师范大学出版社，2017.6。

《穿越岁月的文学刊物和作家》（一）　丁言模著。北京：中国社会出版社，2017.7。

《书书书》　周越然著。沈阳：北方文艺出版社，2017.7。

《旧籍丛话》　周越然著。沈阳：北方文艺出版社，2017.7。

《一片二片三四片——钟叔河散文精选》　钟叔河著。深圳：海天出版社，2017.7。

《报人赵超构》　富晓春著。上海：文汇出版社，2017.8。

《书里书外——张元济与现代中国出版》　柳和城著。上海：上海交通大学出版社，2017.8。

《中国二十世纪三十年代新文学广告研究》　彭林祥著。武汉：湖北人民出版社，2017.8。

《我的阅读史》（第2版）　洪子诚著。北京：北京大学出版社，2017.8。

《〈新月〉：一种同人期刊与自由媒介的综合透视》　史习斌著。北京：中国社会科学出版社，2017.8。

《新中国期刊（1956—1966）》　童忠全著。上海：上海远东出版社，2017.8。

《中国新华书店发展大系·山西卷》　《中国新华书店发展大系·山西卷：1949—2017》编纂委员会编纂。太原：山西人民出版社，2017.8。

《中国新华书店发展大系·江苏卷》　《中国新华书店发展大系·江苏卷：1949—2017》编纂委员会编纂。南京：江苏人民出版社，2017.8。

《左图右史与画中有话：中国近现代画报研究（1874—1949）》　吴果中著。北京：北京大学出版社，2017.9。

《中外出版史》　万安伦著。北京：高等教育出版社，2017.9。

《槐市书话》　拓晓堂著。北京：商务印书馆，2017.9。

《明代建阳书坊之小说刊刻》　涂秀红著。武汉：人民出版社，2017.9。

《文心书简——周振甫信札集》　周佩兰、冀勤编。北京：北京出版社，2017.9。

《古书之美》　庆山、韦力著。北京：新星出版社，2017.10。

《当代东北地区少数民族新闻传播史研究》　于凤静著。北京：中国社会科学出版社，2017.10。

《一个出版人的自述：历史回望纪事（1927—2013）》　方厚枢著。北京：中国书籍出版社，2017.10。

《穿越岁月的文学刊物和作家》（二）　丁言模著。北京：中国社会出版社，2017.11。

《阅读史导论》　王龙编著。北京：国家图书馆出版社，2017.11。

《做书的日子》　李昕著。深圳：深圳报业集团出版社，2017.11。

《崇文书局及晚清官书局研究论集》　范军主编。武汉：崇文书局，2017.12。

《中国三大宗教报刊》　罗文达、陈鸿舜著，王海、祝海林、文青译。北京：中央编译出版社，2017.12。

《在华传教士出版简史》　金多士著，王海译。北京：中央编译出版社，2017.12。

《日文图书汉译出版史》　田雁著。南京：南京大学出版社，2017.12。

《清代木刻蒙古文出版文化发展研究》（蒙文版）　白兰英著。呼和浩特：内蒙古科技出版社，2017。

2018年

《一生能读多少书——我的私人阅读史》　范福潮著。北京：东方出版社，2018.1。

《中国近现代出版法规章则大全》　汪耀华编著。上海：上海书店出版社，2018.1。

《民国图书出版史编年（1912—1949）》（全三册）　吴永贵著。北京：社会科学文献出版社，2018.1。

《中国期刊史》（五卷本）　石峰主编。北京：人民出版社，2018.1。

《范式的变更：新报刊史书写》　黄旦主编。上海：上海交通大学出版社，2018.1。

《中国新闻漫画发展史》　甘险峰著。济南：山东大学出版社，2018.1。

《经典企鹅：从封面到封面》　保罗·巴克利著，邹欢译。上海：上海人民出版社，2018.1。

《嗜书、藏书、出书的一生——张元济传》　张学继著。北京：团结出版社，2018.1。

《张元济日记》　张元济著。北京：商务印书馆，2018.1。

《郑振铎日记》　郑振铎著。北京：商务印书馆，2018.1。

《上海图书馆藏张元济古籍题跋真迹》　上海图书馆编。北京：国家图书馆出版社，2018.1。

《汉水上游报刊史话》　付鹏、周尚原、程培长编著。北京：中国文联出版社，2018.2。

《版权的起源》　马克·罗斯著，杨明译。北京：商务印书馆，2018.2。

《中国出版家　王云五》　俞晓群著。北京：人民出版社，2018.3。

《中国出版家　邵洵美》　周海波著。北京：人民出版社，2018.3。

《中国出版家　舒新城》　欧阳敏著。北京：人民出版社，2018.3。

《中国出版家　陈原》　仝冠军、蔡长虹、张婧著。北京：人民出版社，2018.3。

《中国出版家　徐伯昕》　张文彦著。北京：人民出版社，2018.3。

《五四报刊通信栏与多重对话研究》　王玉春著。北京：人民出版社，2018.3。

《中国报业40年（1978—2018）》　张建星编著。北京：人民日报出版社，2018.4。

《中国报业40年》　张建星主编。北京：人民日报出版社，2018.4。

《中国新闻事业编年史》（第二版）　方汉奇主编。福州：福建人民出版社，2018.4。

《做书的故事》　李昕著。北京：人民出版社，2018.4。

《中国古代物质文化史（书籍）》　张芳著。北京：开明出版社，2018.4。

《“孤岛”气候与海派气质——“孤岛”时期艺术期刊研究（1937—1941）》　游溪著。北京：中国社会科学出版社，2018.4。

《书贩笑忘录》　陈晓维著。北京：中华书局，2018.5。

《〈共产党宣言〉传播史》　张亮、乔茂林著。南京：江苏人民出版社，2018.5。

《世界报刊史：报刊的起源、发展与作用》　乔治·维尔著，康志洪、王海译。北京：科学出版社，2018.6。

《人民出版社珍藏名家书信手迹选》　本书编委会编。北京：人民出版社，2018.5（内部刊行）。

《叶圣陶日记》　叶圣陶著。北京：商务印书馆，2018.6。

《上海出版改革40年》　政协上海市文史资料委员会、上海市新闻出版局、中国近现代新闻出版博物馆（筹）编著。上海：上海教育出版社，2018.6。

《新闻出版博物馆》（2018年第1期）　新闻出版博物馆（筹）编。上海：学林出版社，2018.6。

《中国近现代漫画新闻史》　胡正强著。北京：人民出版社，2018.6。

《我与译林——半生书缘一世情》　李景端著。南京：江苏人民出版社，2018.6。

《菊品人生张元济——纪念张元济先生诞辰150周年暨第五届张元济学术思想研讨会论文集》　张元济研究会、张元济图书馆编。杭州：浙江工商大学出版社，2018.7。

《王云五先生年谱》（全四册）　王寿南著，林桶法增修。台北：台湾商务印书馆，2018.7。

《〈文艺月刊〉（1930—1941）研究》　王晶著。广州：暨南大学出版社，2018.7。

《一个人的文学史》 陈永新著。上海：上海文艺出版社，2018.8。

《苦斗与壮游：王云五评传》 金炳亮著。广州：广东人民出版社，2018.8。

《清末民初的石印术与石印本研究——以上海地区为中心》 杨丽莹著。上海：上海古籍出版社，2018.8。

《寻访官书局》 韦力著。南昌：江西高校出版社，2018.8。

《纲为国本——晚清官书局研究》 王晓霞著。南昌：江西高校出版社，2018.8。

《文化浙商与中国现代出版文化构建》 朱利民著。杭州：浙江工商大学出版社，2018.8。

《爱看书的插画》 汪家明著。北京：生活·读书·新知三联书店，2018.9。

《“左联”时期的左翼杂志与左翼文艺运动》 李淑英著。台北：花木兰文化事业有限公司，2018.9。

《预告、呈现、揭示——文学广告视角的现代文学传播研究（1915—1949）》 胡明宇著。台北：花木兰文化事业有限公司，2018.9。

《民国文学机制与〈小说月报〉（1910—1931）研究框架述略》 李直机著。台北：花木兰文化事业有限公司，2018.9。

《重审中国新诗的发生——以“新诗集”的出版、接受与评价为线索》 姜涛著。台北：花木兰文化事业有限公司，2018.9。

《〈真美善〉的法国文学译介研究》 吕洁宇著。台北：花木兰文化事业有限公司，2018.9。

《中国地区比较新闻史》 宁树藩主编。上海：复旦大学出版社，2018.9。

《书店寻踪》 韦力著。北京：中华书局，2018.9。

《书肆寻踪》 韦力著。北京：中华书局，2018.9。

《中国出版家 王伯祥》 张建安著。北京：人民出版社，2018.10。

《中国出版家 钱君匋 曹辛之》 钟桂松著。北京：人民出版社，2018.10。

《中国出版家 金灿然》 齐浣心著。北京：人民出版社，2018.10。

《宋代书籍出版史研究》　田建平著。北京：人民出版社，2018.10。

《文化浙商与中国现代出版文化构建》　朱利民著。杭州：浙江工商大学出版社，2018.10。

《1979—2008 中国纸媒广告中的文化符号和文化价值观——以〈新民晚报〉〈时装〉杂志为个案》　吴辉著。北京：中国社会科学出版社，2018.10。

《新世纪以来学术期刊研究资料》　李宗刚、孙昕光编选。济南：山东人民出版社，2018.10。

《中国报学史》　戈公振著。北京：朝华出版社，2018.10。

《20 世纪中国翻译史学史》　邹振环著。上海：中西书局，2018.11。

《书坊寻踪：私家古旧书店之旅》　韦力著。北京：中华书局，2018.11。

《中国出版家　罗竹风》　许志杰著。北京：人民出版社，2018.12。

《中国新闻出版业改革开放 40 年》　范军、李晓晔主编。北京：中国书籍出版社，2018.12。

《中国早期期刊历史系谱》（全二册）　张宝明主编。北京：人民出版社，2018.12。

注：此文系作者承担的第二届湖北文化名家专项课题“中国出版文化史研究书录（1949—2019）”的阶段性成果。

后 记

这本《华中学术传播论坛（第二辑）》是2018年12月武汉会议的论文结集，所收文章主要围绕改革开放四十年来的编辑出版史研究的回顾与前瞻展开，部分文章范围上有所拓展。论坛的举办，在学术界特别是出版史学界产生了一定的影响。会议的部分优秀论文后来陆续在国内学术期刊上发表，其中包括吴永贵的《中西相遇：西式中文活字的技术社会史考察》，秦升泽、吴平的《编辑出版史研究四十年——基于CiteSpace知识图谱分析》，黄林的《中国近代出版史研究的去熟悉化问题》，黄海飞、邵小莉的《1981年版〈鲁迅全集〉编注过程中的“题解”风波》，陈川的《改革开放以来中国出版技术史研究回顾》，万滢安的《改革开放40年的童书译介出版》以及何国梅的《试论图文出版盛行下的阅读嬗变及其应对》。这些文章刊出后，已有多篇被二次文献摘编、转载，也从一个侧面说明了我们论坛的水平。限于篇幅，这些已经发表了的论文我们便没有再收录进来。

今年早些时，华中师范大学文化传播研究中心正式成立了，作为“保留节目”的“华中学术传播论坛”第三届即将举办。论坛举办的时间比过去两届有所提前，改在了桂子山最美的金秋十月。这次会议，将围绕“文学出版与传播”这个主题展开讨论，希望对出版史和出版文化的研究有所助益，也希望对我们华中师范大学中国语言文学一流学科的建设有所推进。

范军　2019年10月17日于武昌桂子山